HÉBREU

VOCABULAIRE

FRANÇAIS
HÉBREU

Les mots les plus utiles
Pour enrichir votre vocabulaire et aiguiser
vos compétences linguistiques

9000 mots

Vocabulaire Français-Hébreu pour l'autoformation. 9000 mots
Dictionnaire thématique

Par Andrey Taranov

Les dictionnaires T&P Books ont pour but de vous aider à apprendre, à mémoriser et à réviser votre vocabulaire en langue étrangère. Ce dictionnaire thématique couvre tous les grands domaines du quotidien: l'économie, les sciences, la culture, etc ...

Acquérir du vocabulaire avec les dictionnaires thématiques T&P Books vous offre les avantages suivants:

- Les données d'origine sont regroupées de manière cohérente, ce qui vous permet une mémorisation lexicale optimale
- La présentation conjointe de mots ayant la même racine vous permet de mémoriser des groupes sémantiques entiers (plutôt que des mots isolés)
- Les sous-groupes sémantiques vous permettent d'associer les mots entre eux de manière logique, ce qui facilite votre consolidation du vocabulaire
- Votre maîtrise de la langue peut être évaluée en fonction du nombre de mots acquis

T&P Books Publishing
www.tpbooks.com

ISBN: 978-1-78716-410-9

Ce livre existe également en format électronique.
Pour plus d'informations, veuillez consulter notre site: www.tpbooks.com ou rendez-vous sur ceux des grandes librairies en ligne.

VOCABULAIRE HÉBREU POUR L'AUTOFORMATION
Dictionnaire thématique

Les dictionnaires T&P Books ont pour but de vous aider à apprendre, à mémoriser et à réviser votre vocabulaire en langue étrangère. Ce lexique présente, de façon thématique, plus de 9000 mots les plus fréquents de la langue.

- Ce livre comporte les mots les plus couramment utilisés
- Son usage est recommandé en complément de l'étude de toute autre méthode de langue
- Il répond à la fois aux besoins des débutants et à ceux des étudiants en langues étrangères de niveau avancé
- Il est idéal pour un usage quotidien, des séances de révision ponctuelles et des tests d'auto-évaluation
- Il vous permet de tester votre niveau de vocabulaire

Spécificités de ce dictionnaire thématique:

- Les mots sont présentés de manière sémantique, et non alphabétique
- Ils sont répartis en trois colonnes pour faciliter la révision et l'auto-évaluation
- Les groupes sémantiques sont divisés en sous-groupes pour favoriser l'apprentissage
- Ce lexique donne une transcription simple et pratique de chaque mot en langue étrangère

Ce dictionnaire comporte 256 thèmes, dont:

les notions fondamentales, les nombres, les couleurs, les mois et les saisons, les unités de mesure, les vêtements et les accessoires, les aliments et la nutrition, le restaurant, la famille et les liens de parenté, le caractère et la personnalité, les sentiments et les émotions, les maladies, la ville et la cité, le tourisme, le shopping, l'argent, la maison, le foyer, le bureau, la vie de bureau, l'import-export, le marketing, la recherche d'emploi, les sports, l'éducation, l'informatique, l'Internet, les outils, la nature, les différents pays du monde, les nationalités, et bien d'autres encore ...

TABLE DES MATIÈRES

GUIDE DE PRONONCIATION

Nom de la lettre	Lettre	Exemple en hébreu	Alphabet phonétique T&P	Exemple en français
Aleph	א	אריה	[ɑ], [ɑ:]	classe
	א	אחד	[ɛ], [ɛ:]	arène
	א	מָאָה	[']	coup de glotte
Beth	ב	בית	[b]	bureau
Gimel	ג	גמל	[g]	gris
Gimel+geresh	'ג	ג'ונגל	[ʤ]	adjoint
Dalet	ד	דג	[d]	document
He	ה	הר	[h]	[h] aspiré
Vav	ו	וסת	[v]	rivière
Zayin	ז	זאב	[z]	gazeuse
Zayin+geresh	'ז	ז'ורנל	[ʒ]	jeunesse
Het	ח	חוט	[x]	scots - nicht, allemand - Dach
Tet	ט	טוב	[t]	tennis
Yod	י	יום	[j]	maillot
Kaf	כ ך	בריש	[k]	bocal
Lamed	ל	לחם	[l]	vélo
Mem	מ ם	מלך	[m]	minéral
Nun	נ ן	גר	[n]	ananas
Samech	ס	סוס	[s]	syndicat
Ayin	ע	עין	[ɑ], [ɑ:]	classe
	ע	תָשעִים	[']	consonne fricative pharyngale voisée
Pe	פ ף	פיל	[p]	panama
Tsade	צ ץ	צעצוע	[ts]	gratte-ciel
Tsade+geresh	'צ'ץ	צ'ק	[tʃ]	match
Qof	ק	קוף	[k]	bocal
Resh	ר	רכבת	[r]	R vibrante
Shin	ש	שלחן, עָשרִים	[s], [ʃ]	syndicat, chariot
Tav	ת	תפוז	[t]	tennis

11

ABRÉVIATIONS
employées dans ce livre

Abréviations en français

adj	-	adjective
adv	-	adverbe
anim.	-	animé
conj	-	conjonction
dénombr.	-	dénombrable
etc.	-	et cetera
f	-	nom féminin
f pl	-	féminin pluriel
fam.	-	familiar
fem.	-	féminin
form.	-	formal
inanim.	-	inanimé
indénombr.	-	indénombrable
m	-	nom masculin
m pl	-	masculin pluriel
m, f	-	masculin, féminin
masc.	-	masculin
math	-	mathematics
mil.	-	militaire
pl	-	pluriel
prep	-	préposition
pron	-	pronom
qch	-	quelque chose
qn	-	quelqu'un
sing.	-	singulier
v aux	-	verbe auxiliaire
v imp	-	verbe impersonnel
vi	-	verbe intransitif
vi, vt	-	verbe intransitif, transitif
vp	-	verbe pronominal
vt	-	verbe transitif

Abréviations en hébreu

ז	-	masculin
ז"ר	-	masculin pluriel
ז , נ	-	masculin, féminin
נ	-	féminin
נ"ר	-	féminin pluriel

CONCEPTS DE BASE

Concepts de base. Partie 1

1. Les pronoms

je	ani	אֲנִי (ז, נ)
tu (masc.)	ata	אַתָּה (ז)
tu (fem.)	at	אַתְּ (נ)
il	hu	הוּא (ז)
elle	hi	הִיא (נ)
nous	a'naxnu	אֲנַחְנוּ (ז, נ)
vous (m)	atem	אַתֶּם (ז״ר)
vous (f)	aten	אַתֶּן (נ״ר)
vous (form., sing.)	ata, at	אַתָּה (ז), אַתְּ (נ)
vous (form., pl)	atem, aten	אַתֶּם (ז״ר), אַתֶּן (נ״ר)
ils	hem	הֵם (ז״ר)
elles	hen	הֵן (נ״ר)

2. Adresser des vœux. Se dire bonjour. Se dire au revoir

Bonjour! (fam.)	ʃalom!	שָׁלוֹם!
Bonjour! (form.)	ʃalom!	שָׁלוֹם!
Bonjour! (le matin)	'boker tov!	בּוֹקֶר טוֹב!
Bonjour! (après-midi)	tsaha'rayim tovim!	צָהֳרַיִים טוֹבִים!
Bonsoir!	'erev tov!	עֶרֶב טוֹב!
dire bonjour	lomar ʃalom	לוֹמַר שָׁלוֹם
Salut!	hai!	הַיי!
salut (m)	ahlan	אַהְלַן
saluer (vt)	lomar ʃalom	לוֹמַר שָׁלוֹם
Comment ça va?	ma ʃlomxa?	מַה שְׁלוֹמְךָ? (ז)
Comment allez-vous?	ma ʃlomex?, ma ʃlomxa?	מַה שְׁלוֹמֵךְ? (נ), מַה שְׁלוֹמְךָ?(ז)
Quoi de neuf?	ma xadaʃ?	מַה חָדָשׁ?
Au revoir! (form.)	lehitra'ot!	לְהִתְרָאוֹת!
Au revoir! (fam.)	bai!	בַּיי!
À bientôt!	lehitra'ot bekarov!	לְהִתְרָאוֹת בְּקָרוֹב!
Adieu!	lehitra'ot!	לְהִתְרָאוֹת!
dire au revoir	lomar lehitra'ot	לוֹמַר לְהִתְרָאוֹת
Salut! (À bientôt!)	bai!	בַּיי!
Merci!	toda!	תּוֹדָה!
Merci beaucoup!	toda raba!	תּוֹדָה רַבָּה!
Je vous en prie	bevakaʃa	בְּבַקָשָׁה

| Il n'y a pas de quoi | al lo davar | עַל לֹא דָבָר |
| Pas de quoi | ein be'ad ma | אֵין בְּעַד מָה |

Excuse-moi!	slixa!	סְלִיחָה!
Excusez-moi!	slixa!	סְלִיחָה!
excuser (vt)	lis'loax	לִסְלוֹחַ

s'excuser (vp)	lehitnatsel	לְהִתְנַצֵּל
Mes excuses	ani mitnatsel, ani mitna'tselet	אֲנִי מִתְנַצֵּל (ז), אֲנִי מִתְנַצֶּלֶת (נ)
Pardonnez-moi!	ani mitsta'er, ani mitsta''eret	אֲנִי מִצְטַעֵר (ז), אֲנִי מִצְטַעֶרֶת (נ)
pardonner (vt)	lis'loax	לִסְלוֹחַ
C'est pas grave	lo nora	לֹא נוֹרָא
s'il vous plaît	bevakaʃa	בְּבַקָשָׁה

N'oubliez pas!	al tiʃkax!	אַל תְשְׁכַּח! (ז)
Bien sûr!	'betax!	בֶּטַח!
Bien sûr que non!	'betax ʃelo!	בֶּטַח שֶׁלֹּא!
D'accord!	okei!	אוֹקֵיי!
Ça suffit!	maspik!	מַסְפִּיק!

3. Comment s'adresser à quelqu'un

Excusez-moi!	slixa!	סְלִיחָה!
monsieur	adon	אָדוֹן
madame	gvirti	גְבִרְתִּי
madame (mademoiselle)	'gveret	גְבֶרֶת
jeune homme	baxur tsa'ir	בָּחוּר צָעִיר
petit garçon	'yeled	יֶלֶד
petite fille	yalda	יַלְדָה

4. Les nombres cardinaux. Partie 1

zéro	'efes	אֶפֶס (ז)
un	exad	אֶחָד (ז)
une	axat	אַחַת (נ)
deux	'ʃtayim	שְׁתַּיִם (נ)
trois	ʃaloʃ	שָׁלוֹשׁ (נ)
quatre	arba	אַרְבַּע (נ)

cinq	xameʃ	חָמֵשׁ (נ)
six	ʃeʃ	שֵׁשׁ (נ)
sept	'ʃeva	שֶׁבַע (נ)
huit	'ʃmone	שְׁמוֹנֶה (נ)
neuf	'teʃa	תֵּשַׁע (נ)

dix	'eser	עֶשֶׂר (נ)
onze	axat esre	אַחַת-עֶשְׂרֵה (נ)
douze	ʃteim esre	שְׁתֵּים-עֶשְׂרֵה (נ)
treize	ʃloʃ esre	שְׁלוֹשׁ-עֶשְׂרֵה (נ)
quatorze	arba esre	אַרְבַּע-עֶשְׂרֵה (נ)
quinze	xameʃ esre	חָמֵשׁ-עֶשְׂרֵה (נ)
seize	ʃeʃ esre	שֵׁשׁ-עֶשְׂרֵה (נ)

dix-sept	ʃva esre	שְׁבַע-עֶשְׂרֵה (נ)
dix-huit	ʃmone esre	שְׁמוֹנֶה-עֶשְׂרֵה (נ)
dix-neuf	tʃa esre	תְּשַׁע-עֶשְׂרֵה (נ)
vingt	esrim	עֶשְׂרִים
vingt et un	esrim ve'eχad	עֶשְׂרִים וְאֶחָד
vingt-deux	esrim u'ʃnayim	עֶשְׂרִים וּשְׁנַיִים
vingt-trois	esrim uʃloʃa	עֶשְׂרִים וּשְׁלוֹשָׁה
trente	ʃloʃim	שְׁלוֹשִׁים
trente et un	ʃloʃim ve'eχad	שְׁלוֹשִׁים וְאֶחָד
trente-deux	ʃloʃim u'ʃnayim	שְׁלוֹשִׁים וּשְׁנַיִים
trente-trois	ʃloʃim uʃloʃa	שְׁלוֹשִׁים וּשְׁלוֹשָׁה
quarante	arba'im	אַרְבָּעִים
quarante et un	arba'im ve'eχad	אַרְבָּעִים וְאֶחָד
quarante-deux	arba'im u'ʃnayim	אַרְבָּעִים וּשְׁנַיִים
quarante-trois	arba'im uʃloʃa	אַרְבָּעִים וּשְׁלוֹשָׁה
cinquante	χamiʃim	חֲמִישִׁים
cinquante et un	χamiʃim ve'eχad	חֲמִישִׁים וְאֶחָד
cinquante-deux	χamiʃim u'ʃnayim	חֲמִישִׁים וּשְׁנַיִים
cinquante-trois	χamiʃim uʃloʃa	חֲמִישִׁים וּשְׁלוֹשָׁה
soixante	ʃiʃim	שִׁישִׁים
soixante et un	ʃiʃim ve'eχad	שִׁישִׁים וְאֶחָד
soixante-deux	ʃiʃim u'ʃnayim	שִׁישִׁים וּשְׁנַיִים
soixante-trois	ʃiʃim uʃloʃa	שִׁישִׁים וּשְׁלוֹשָׁה
soixante-dix	ʃiv'im	שִׁבְעִים
soixante et onze	ʃiv'im ve'eχad	שִׁבְעִים וְאֶחָד
soixante-douze	ʃiv'im u'ʃnayim	שִׁבְעִים וּשְׁנַיִים
soixante-treize	ʃiv'im uʃloʃa	שִׁבְעִים וּשְׁלוֹשָׁה
quatre-vingts	ʃmonim	שְׁמוֹנִים
quatre-vingt et un	ʃmonim ve'eχad	שְׁמוֹנִים וְאֶחָד
quatre-vingt deux	ʃmonim u'ʃnayim	שְׁמוֹנִים וּשְׁנַיִים
quatre-vingt trois	ʃmonim uʃloʃa	שְׁמוֹנִים וּשְׁלוֹשָׁה
quatre-vingt-dix	tiʃim	תִּשְׁעִים
quatre-vingt et onze	tiʃim ve'eχad	תִּשְׁעִים וְאֶחָד
quatre-vingt-douze	tiʃim u'ʃayim	תִּשְׁעִים וּשְׁנַיִים
quatre-vingt-treize	tiʃim uʃloʃa	תִּשְׁעִים וּשְׁלוֹשָׁה

5. Les nombres cardinaux. Partie 2

cent	'me'a	מֵאָה (נ)
deux cents	ma'tayim	מָאתַיִים
trois cents	ʃloʃ me'ot	שְׁלוֹשׁ מֵאוֹת (נ)
quatre cents	arba me'ot	אַרְבַּע מֵאוֹת (נ)
cinq cents	χameʃ me'ot	חָמֵשׁ מֵאוֹת (נ)
six cents	ʃeʃ me'ot	שֵׁשׁ מֵאוֹת (נ)
sept cents	ʃva me'ot	שְׁבַע מֵאוֹת (נ)

| huit cents | ʃmone me'ot | שְׁמוֹנֶה מֵאוֹת (נ) |
| neuf cents | tʃa me'ot | תֵּשַׁע מֵאוֹת (נ) |

mille	'elef	אֶלֶף (ז)
deux mille	al'payim	אַלְפַּיִם (ז)
trois mille	'ʃloʃet alafim	שְׁלוֹשֶׁת אֲלָפִים (ז)
dix mille	a'seret alafim	עֲשֶׂרֶת אֲלָפִים (ז)
cent mille	'me'a 'elef	מֵאָה אֶלֶף (ז)

| million (m) | milyon | מִילְיוֹן (ז) |
| milliard (m) | milyard | מִילְיַארְד (ז) |

6. Les nombres ordinaux

premier (adj)	riʃon	רִאשׁוֹן
deuxième (adj)	ʃeni	שֵׁנִי
troisième (adj)	ʃliʃi	שְׁלִישִׁי
quatrième (adj)	revi'i	רְבִיעִי
cinquième (adj)	χamiʃi	חֲמִישִׁי

sixième (adj)	ʃiʃi	שִׁישִׁי
septième (adj)	ʃvi'i	שְׁבִיעִי
huitième (adj)	ʃmini	שְׁמִינִי
neuvième (adj)	tʃi'i	תְּשִׁיעִי
dixième (adj)	asiri	עֲשִׂירִי

7. Nombres. Fractions

fraction (f)	'ʃever	שֶׁבֶר (ז)
un demi	'χetsi	חֲצִי (ז)
un tiers	ʃliʃ	שְׁלִישׁ (ז)
un quart	'reva	רֶבַע (ז)

un huitième	ʃminit	שְׁמִינִית (נ)
un dixième	asirit	עֲשִׂירִית (נ)
deux tiers	ʃnei ʃliʃim	שְׁנֵי שְׁלִישִׁים (ז)
trois quarts	'ʃloʃet riv'ei	שְׁלוֹשֶׁת רְבָעֵי

8. Les nombres. Opérations mathématiques

soustraction (f)	χisur	חִיסוּר (ז)
soustraire (vt)	leχaser	לְחַסֵּר
division (f)	χiluk	חִילּוּק (ז)
diviser (vt)	leχalek	לְחַלֵּק

addition (f)	χibur	חִיבּוּר (ז)
additionner (vt)	leχaber	לְחַבֵּר
ajouter (vt)	leχaber	לְחַבֵּר
multiplication (f)	'kefel	כֶּפֶל (ז)
multiplier (vt)	lehaχpil	לְהַכְפִּיל

9. Les nombres. Divers

chiffre (m)	sifra	סִפְרָה (נ)
nombre (m)	mispar	מִסְפָּר (ז)
adjectif (m) numéral	ʃem mispar	שֵׁם מִסְפָּר (ז)
moins (m)	'minus	מִינוּס (ז)
plus (m)	plus	פְּלוּס (ז)
formule (f)	nusχa	נוּסְחָה (נ)

calcul (m)	χiʃuv	חִישׁוּב (ז)
compter (vt)	lispor	לִסְפּוֹר
calculer (vt)	leχaʃev	לְחַשֵׁב
comparer (vt)	lehaʃvot	לְהַשְׁווֹת

Combien?	'kama?	כַּמָה?
somme (f)	sχum	סְכוּם (ז)
résultat (m)	totsa'a	תּוֹצָאָה (נ)
reste (m)	ʃe'erit	שְׁאֵרִית (נ)

quelques ...	'kama	כַּמָה
peu de ...	ktsat	קְצָת
peu de ... (dénombr.)	me'at	מְעַט
peu de ... (indénombr.)	me'at	מְעַט
reste (m)	ʃe'ar	שְׁאָר (ז)
un et demi	eχad va'χetsi	אֶחָד וָחֵצִי (ז)
douzaine (f)	tresar	תְּרֵיסָר (ז)

en deux (adv)	'χetsi 'χetsi	חֵצִי חֵצִי
en parties égales	ʃave beʃave	שׁוֹוֶה בְּשׁוֹוֶה
moitié (f)	'χetsi	חֵצִי (ז)
fois (f)	'pa'am	פַּעַם (נ)

10. Les verbes les plus importants. Partie 1

aider (vt)	la'azor	לַעֲזוֹר
aimer (qn)	le'ehov	לֶאֱהוֹב
aller (à pied)	la'leχet	לָלֶכֶת
apercevoir (vt)	lasim lev	לָשִׂים לֵב
appartenir à ...	lehiʃtayeχ	לְהִשְׁתַיֵיך

appeler (au secours)	likro	לִקְרוֹא
attendre (vt)	lehamtin	לְהַמְתִין
attraper (vt)	litfos	לִתְפּוֹס
avertir (vt)	lehazhir	לְהַזְהִיר

avoir (vt)	lehaχzik	לְהַחְזִיק
avoir confiance	liv'toaχ	לִבְטוֹחַ
avoir faim	lihyot ra'ev	לִהְיוֹת רָעֵב

avoir peur	lefaχed	לְפַחֵד
avoir soif	lihyot tsame	לִהְיוֹת צָמֵא
cacher (vt)	lehastir	לְהַסְתִיר
casser (briser)	liʃbor	לִשְׁבּוֹר

cesser (vt)	lehafsik	לְהַפְסִיק
changer (vt)	leʃanot	לְשַׁנּוֹת
chasser (animaux)	latsud	לָצוּד
chercher (vt)	leχapes	לְחַפֵּשׂ
choisir (vt)	livχor	לִבְחוֹר
commander (~ le menu)	lehazmin	לְהַזְמִין
commencer (vt)	lehatχil	לְהַתְחִיל
comparer (vt)	lehaʃvot	לְהַשְׁווֹת
comprendre (vt)	lehavin	לְהָבִין
compter (dénombrer)	lispor	לִסְפּוֹר
compter sur ...	lismoχ al	לִסְמוֹךְ עַל
confondre (vt)	lehitbalbel	לְהִתְבַּלְבֵּל
connaître (qn)	lehakir et	לְהַכִּיר אֶת
conseiller (vt)	leyaʿets	לְיַיעֵץ
continuer (vt)	lehamʃiχ	לְהַמְשִׁיךְ
contrôler (vt)	liʃlot	לִשְׁלוֹט
courir (vi)	laruts	לָרוּץ
coûter (vt)	laʿalot	לַעֲלוֹת
créer (vt)	litsor	לִיצוֹר
creuser (vt)	laχpor	לַחְפּוֹר
crier (vi)	litsʿok	לִצְעוֹק

11. Les verbes les plus importants. Partie 2

décorer (~ la maison)	lekaʃet	לְקַשֵּׁט
défendre (vt)	lehagen	לְהָגֵן
déjeuner (vi)	le'eχol aruχat tsaha'rayim	לֶאֱכוֹל אֲרוּחַת צָהֳרַיִים
demander (~ l'heure)	liʃol	לִשְׁאוֹל
demander (de faire qch)	levakeʃ	לְבַקֵּשׁ
descendre (vi)	la'redet	לָרֶדֶת
deviner (vt)	lenaχeʃ	לְנַחֵשׁ
dîner (vi)	le'eχol aruχat 'erev	לֶאֱכוֹל אֲרוּחַת עֶרֶב
dire (vt)	lomar	לוֹמַר
diriger (~ une usine)	lenahel	לְנַהֵל
discuter (vt)	ladun	לָדוּן
donner (vt)	latet	לָתֵת
donner un indice	lirmoz	לִרְמוֹז
douter (vt)	lefakpek	לְפַקְפֵּק
écrire (vt)	liχtov	לִכְתּוֹב
entendre (bruit, etc.)	liʃmoʿa	לִשְׁמוֹעַ
entrer (vi)	lehikanes	לְהִיכָּנֵס
envoyer (vt)	liʃloaχ	לִשְׁלוֹחַ
espérer (vi)	lekavot	לְקַווֹת
essayer (vt)	lenasot	לְנַסּוֹת
être (vi)	lihyot	לִהְיוֹת
être d'accord	lehaskim	לְהַסְכִּים
être nécessaire	lehidareʃ	לְהִידָרֵשׁ

être pressé	lemaher	לְמַהֵר
étudier (vt)	lilmod	לִלְמוֹד
excuser (vt)	lis'loaχ	לִסְלוֹחַ
exiger (vt)	lidroʃ	לִדְרוֹשׁ
exister (vi)	lehitkayem	לְהִתְקַיֵּם
expliquer (vt)	lehasbir	לְהַסְבִּיר

faire (vt)	la'asot	לַעֲשׂוֹת
faire tomber	lehapil	לְהַפִּיל
finir (vt)	lesayem	לְסַיֵּם
garder (conserver)	liʃmor	לִשְׁמוֹר
gronder, réprimander (vt)	linzof	לִנְזוֹף

informer (vt)	leho'dia	לְהוֹדִיעַ
insister (vi)	lehit'akeʃ	לְהִתְעַקֵּשׁ
insulter (vt)	leha'aliv	לְהַעֲלִיב
inviter (vt)	lehazmin	לְהַזְמִין
jouer (s'amuser)	lesaχek	לְשַׂחֵק

12. Les verbes les plus importants. Partie 3

libérer (ville, etc.)	leʃaχrer	לְשַׁחְרֵר
lire (vi, vt)	likro	לִקְרוֹא
louer (prendre en location)	liskor	לִשְׂכּוֹר
manquer (l'école)	lehaχsir	לְהַחְסִיר
menacer (vt)	le'ayem	לְאַיֵּם

mentionner (vt)	lehazkir	לְהַזְכִּיר
montrer (vt)	lehar'ot	לְהַרְאוֹת
nager (vi)	lisχot	לִשְׂחוֹת
objecter (vt)	lehitnaged	לְהִתְנַגֵּד
observer (vt)	litspot, lehaʃkif	לִצְפּוֹת, לְהַשְׁקִיף

ordonner (mil.)	lifkod	לִפְקוֹד
oublier (vt)	liʃ'koaχ	לִשְׁכּוֹחַ
ouvrir (vt)	lif'toaχ	לִפְתּוֹחַ
pardonner (vt)	lis'loaχ	לִסְלוֹחַ
parler (vi, vt)	ledaber	לְדַבֵּר

participer à ...	lehiʃtatef	לְהִשְׁתַּתֵּף
payer (régler)	leʃalem	לְשַׁלֵּם
penser (vi, vt)	laχʃov	לַחְשׁוֹב
permettre (vt)	leharʃot	לְהַרְשׁוֹת
plaire (être apprécié)	limtso χen be'ei'nayim	לִמְצוֹא חֵן בְּעֵינַיִים

plaisanter (vi)	lehitba'deaχ	לְהִתְבַּדֵּחַ
planifier (vt)	letaχnen	לְתַכְנֵן
pleurer (vi)	livkot	לִבְכּוֹת
posséder (vt)	lihyot 'ba'al ʃel	לִהְיוֹת בַּעַל שֶׁל
pouvoir (v aux)	yaχol	יָכוֹל
préférer (vt)	leha'adif	לְהַעֲדִיף

| prendre (vt) | la'kaχat | לָקַחַת |
| prendre en note | lirʃom | לִרְשׁוֹם |

prendre le petit déjeuner	le'eχol aruχat 'boker	לֶאֱכוֹל אֲרוּחַת בּוֹקֶר
préparer (le dîner)	levaʃel	לְבַשֵׁל
prévoir (vt)	laχazot	לַחֲזוֹת

prier (~ Dieu)	lehitpalel	לְהִתְפַּלֵּל
promettre (vt)	lehav'tiaχ	לְהַבְטִיחַ
prononcer (vt)	levate	לְבַטֵּא
proposer (vt)	leha'tsi'a	לְהַצִּיעַ
punir (vt)	leha'aniʃ	לְהַעֲנִישׁ

13. Les verbes les plus importants. Partie 4

recommander (vt)	lehamlits	לְהַמְלִיץ
regretter (vt)	lehitsta'er	לְהִצְטַעֵר
répéter (dire encore)	laχazor al	לַחֲזוֹר עַל
répondre (vi, vt)	la'anot	לַעֲנוֹת
réserver (une chambre)	lehazmin meroʃ	לְהַזְמִין מֵרֹאשׁ

rester silencieux	liʃtok	לִשְׁתּוֹק
réunir (regrouper)	le'aχed	לְאַחֵד
rire (vi)	litsχok	לִצְחוֹק
s'arrêter (vp)	la'atsor	לַעֲצוֹר
s'asseoir (vp)	lehityaʃev	לְהִתְיַשֵּׁב

sauver (la vie à qn)	lehatsil	לְהַצִּיל
savoir (qch)	la'da'at	לָדַעַת
se baigner (vp)	lehitraχets	לְהִתְרַחֵץ
se plaindre (vp)	lehitlonen	לְהִתְלוֹנֵן
se refuser (vp)	lesarev	לְסָרֵב

se tromper (vp)	lit'ot	לִטְעוֹת
se vanter (vp)	lehitravrev	לְהִתְרַבְרֵב
s'étonner (vp)	lehitpale	לְהִתְפַּלֵּא
s'excuser (vp)	lehitnatsel	לְהִתְנַצֵּל
signer (vt)	laχtom	לַחְתּוֹם

signifier (vt)	lomar	לוֹמַר
s'intéresser (vp)	lehit'anyen be...	לְהִתְעַנְיֵין בְּ...
sortir (aller dehors)	latset	לָצֵאת
sourire (vi)	leχayeχ	לְחַיֵּיךְ
sous-estimer (vt)	leham'it be''ereχ	לְהַמְעִיט בְּעֵרֶךְ

suivre ... (suivez-moi)	la'akov aχarei	לַעֲקוֹב אַחֲרֵי
tirer (vi)	lirot	לִירוֹת
tomber (vi)	lipol	לִיפּוֹל
toucher (avec les mains)	la'ga'at	לָגַעַת
tourner (~ à gauche)	lifnot	לִפְנוֹת

traduire (vt)	letargem	לְתַרְגֵּם
travailler (vi)	la'avod	לַעֲבוֹד
tromper (vt)	leramot	לְרַמּוֹת
trouver (vt)	limtso	לִמְצוֹא
tuer (vt)	laharog	לַהֲרוֹג
vendre (vt)	limkor	לִמְכּוֹר

venir (vi)	leha'gi'a	לְהַגִּיעַ
voir (vt)	lir'ot	לִרְאוֹת
voler (avion, oiseau)	la'uf	לָעוּף
voler (qch à qn)	lignov	לִגְנוֹב
vouloir (vt)	lirtsot	לִרְצוֹת

14. Les couleurs

couleur (f)	'tseva	צֶבַע (ז)
teinte (f)	gavan	גָּווֶן (ז)
ton (m)	gavan	גָּווֶן (ז)
arc-en-ciel (m)	'keʃet	קֶשֶׁת (נ)
blanc (adj)	lavan	לָבָן
noir (adj)	ʃaχor	שָׁחוֹר
gris (adj)	afor	אָפוֹר
vert (adj)	yarok	יָרוֹק
jaune (adj)	tsahov	צָהוֹב
rouge (adj)	adom	אָדוֹם
bleu (adj)	kaχol	כָּחוֹל
bleu clair (adj)	taχol	תְּכֹל
rose (adj)	varod	וָרוֹד
orange (adj)	katom	כָּתוֹם
violet (adj)	segol	סָגוֹל
brun (adj)	χum	חוּם
d'or (adj)	zahov	זָהוֹב
argenté (adj)	kasuf	כָּסוּף
beige (adj)	beʒ	בֶּז'
crème (adj)	be'tseva krem	בְּצֶבַע קרֶם
turquoise (adj)	turkiz	טוּרקִיז
rouge cerise (adj)	bordo	בּוֹרדוֹ
lilas (adj)	segol	סָגוֹל
framboise (adj)	patol	פָּטוֹל
clair (adj)	bahir	בָּהִיר
foncé (adj)	kehe	כֵּהֶה
vif (adj)	bohek	בּוֹהֵק
de couleur (adj)	tsiv'oni	צִבעוֹנִי
en couleurs (adj)	tsiv'oni	צִבעוֹנִי
noir et blanc (adj)	ʃaχor lavan	שָׁחוֹר-לָבָן
unicolore (adj)	χad tsiv'i	חַד-צִבעִי
multicolore (adj)	sasgoni	סַסגּוֹנִי

15. Les questions

| Qui? | mi? | מִי? |
| Quoi? | ma? | מָה? |

Où? (~ es-tu?)	'eifo?	אֵיפֹה?
Où? (~ vas-tu?)	le'an?	לְאָן?
D'où?	me''eifo?	מֵאֵיפֹה?
Quand?	matai?	מָתַי?
Pourquoi? (~ es-tu venu?)	'lama?	לָמָה?
Pourquoi? (~ t'es pâle?)	ma'du'a?	מַדוּעַ?

À quoi bon?	biʃvil ma?	בִּשְׁבִיל מָה?
Comment?	eiχ, keitsad?	כֵּיצַד? אֵיךְ?
Quel? (à ~ prix?)	'eize?	אֵיזֶה?
Lequel?	'eize?	אֵיזֶה?

À qui? (pour qui?)	lemi?	לְמִי?
De qui?	al mi?	עַל מִי?
De quoi?	al ma?	עַל מָה?
Avec qui?	im mi?	עִם מִי?

| Combien? | 'kama? | כַּמָה? |
| À qui? | ʃel mi? | שֶׁל מִי? |

16. Les prépositions

avec (~ toi)	im	עִם
sans (~ sucre)	bli, lelo	בְּלִי, לְלֹא
à (aller ~ ...)	le...	לְ...
de (au sujet de)	al	עַל
avant (~ midi)	lifnei	לִפְנֵי
devant (~ la maison)	lifnei	לִפְנֵי

sous (~ la commode)	mi'taχat le...	מִתַּחַת לְ...
au-dessus de ...	me'al	מֵעַל
sur (dessus)	al	עַל
de (venir ~ Paris)	mi, me	מִ, מֵ
en (en bois, etc.)	mi, me	מִ, מֵ

| dans (~ deux heures) | toχ | תוֹךְ |
| par dessus | 'dereχ | דֶּרֶךְ |

17. Les mots-outils. Les adverbes. Partie 1

Où? (~ es-tu?)	'eifo?	אֵיפֹה?
ici (c'est ~)	po, kan	פֹּה, כָּאן
là-bas (c'est ~)	ʃam	שָׁם

| quelque part (être) | 'eifo ʃehu | אֵיפֹה שֶׁהוּא |
| nulle part (adv) | beʃum makom | בְּשׁוּם מָקוֹם |

| près de ... | leyad ... | לְיַד ... |
| près de la fenêtre | leyad haχalon | לְיַד הַחַלוֹן |

| Où? (~ vas-tu?) | le'an? | לְאָן? |
| ici (Venez ~) | 'hena, lekan | הֵנָּה; לְכָאן |

là-bas (j'irai ~)	leʃam	לְשָׁם
d'ici (adv)	mikan	מִכָּאן
de là-bas (adv)	miʃam	מִשָּׁם
près (pas loin)	karov	קָרוֹב
loin (adv)	raxok	רָחוֹק
près de (~ Paris)	leyad	לְיַד
tout près (adv)	karov	קָרוֹב
pas loin (adv)	lo raxok	לֹא רָחוֹק
gauche (adj)	smali	שְׂמָאלִי
à gauche (être ~)	mismol	מִשְּׂמֹאל
à gauche (tournez ~)	'smola	שְׂמֹאלָה
droit (adj)	yemani	יְמָנִי
à droite (être ~)	miyamin	מִיָּמִין
à droite (tournez ~)	ya'mina	יָמִינָה
devant (adv)	mika'dima	מִקָּדִימָה
de devant (adj)	kidmi	קִדְמִי
en avant (adv)	ka'dima	קָדִימָה
derrière (adv)	me'axor	מֵאָחוֹר
par derrière (adv)	me'axor	מֵאָחוֹר
en arrière (regarder ~)	a'xora	אֲחוֹרָה
milieu (m)	'emtsa	אֶמְצַע (ז)
au milieu (adv)	ba''emtsa	בָּאֶמְצַע
de côté (vue ~)	mehatsad	מֵהַצַּד
partout (adv)	bexol makom	בְּכָל מָקוֹם
autour (adv)	misaviv	מִסָּבִיב
de l'intérieur	mibifnim	מִבִּפְנִים
quelque part (aller)	le'an ʃehu	לְאָן שֶׁהוּא
tout droit (adv)	yaʃar	יָשָׁר
en arrière (revenir ~)	baxazara	בַּחֲזָרָה
de quelque part (n'import d'où)	me'ei ʃam	מֵאֵי שָׁם
de quelque part (on ne sait pas d'où)	me'ei ʃam	מֵאֵי שָׁם
premièrement (adv)	reʃit	רֵאשִׁית
deuxièmement (adv)	ʃenit	שֵׁנִית
troisièmement (adv)	ʃliʃit	שְׁלִישִׁית
soudain (adv)	pit'om	פִּתְאוֹם
au début (adv)	behatslaxa	בַּהַתְחָלָה
pour la première fois	lariʃona	לָרִאשׁוֹנָה
bien avant …	zman rav lifnei …	זְמַן רַב לִפְנֵי …
de nouveau (adv)	mexadaʃ	מֵחָדָשׁ
pour toujours (adv)	letamid	לְתָמִיד
jamais (adv)	af 'pa'am, me'olam	מֵעוֹלָם, אַף פַּעַם
de nouveau, encore (adv)	ʃuv	שׁוּב

maintenant (adv)	axʃav, ka'et	עַכְשָׁיו, כָּעֵת
souvent (adv)	le'itim krovot	לְעִיתִים קְרוֹבוֹת
alors (adv)	az	אָז
d'urgence (adv)	bidxifut	בִּדְחִיפוּת
d'habitude (adv)	be'derex klal	בְּדֶרֶךְ כְּלָל

à propos, ...	'derex 'agav	דֶּרֶךְ אַגַּב
c'est possible	efʃari	אֶפְשָׁרִי
probablement (adv)	kanir'e	כַּנִּרְאֶה
peut-être (adv)	ulai	אוּלַי
en plus, ...	xuts mize ...	חוּץ מִזֶּה ...
c'est pourquoi ...	laxen	לָכֵן
malgré ...	lamrot ...	לַמְרוֹת ...
grâce à ...	hodot le...	הוֹדוֹת לְ...

quoi (pron)	ma	מָה
que (conj)	ʃe	שֶׁ
quelque chose (Il m'est arrivé ~)	'maʃehu	מַשֶּׁהוּ
quelque chose (peut-on faire ~)	'maʃehu	מַשֶּׁהוּ
rien (m)	klum	כְּלוּם

qui (pron)	mi	מִי
quelqu'un (on ne sait pas qui)	'miʃehu, 'miʃehi	מִישֶׁהוּ (ז), מִישֶׁהִי (נ)
quelqu'un (n'importe qui)	'miʃehu, 'miʃehi	מִישֶׁהוּ (ז), מִישֶׁהִי (נ)

personne (pron)	af exad, af axat	אַף אֶחָד (ז), אַף אַחַת (נ)
nulle part (aller ~)	leʃum makom	לְשׁוּם מָקוֹם
de personne	lo ʃayax le'af exad	לֹא שַׁיָּךְ לְאַף אֶחָד
de n'importe qui	ʃel 'miʃehu	שֶׁל מִישֶׁהוּ

comme ça (adv)	kol kax	כָּל־כָּךְ
également (adv)	gam	גַּם
aussi (adv)	gam	גַּם

18. Les mots-outils. Les adverbes. Partie 2

Pourquoi?	ma'du'a?	מַדּוּעַ?
pour une certaine raison	miʃum ma	מִשּׁוּם־מָה
parce que ...	miʃum ʃe	מִשּׁוּם שֶׁ
pour une raison quelconque	lematara 'kolʃehi	לְמַטָּרָה כָּלְשֶׁהִי

et (conj)	ve ...	וְ ...
ou (conj)	o	אוֹ
mais (conj)	aval, ulam	אֲבָל, אוּלָם
pour ... (prep)	biʃvil	בִּשְׁבִיל

trop (adv)	yoter midai	יוֹתֵר מִדַּי
seulement (adv)	rak	רַק
précisément (adv)	bediyuk	בְּדִיּוּק
près de ... (prep)	be"erex	בְּעֵרֶךְ
approximativement	be"erex	בְּעֵרֶךְ
approximatif (adj)	meʃo'ar	מְשׁוֹעָר

presque (adv)	kim'at	כְּמְעָט
reste (m)	ʃe'ar	שְׁאָר (ז)
l'autre (adj)	aχer	אַחֵר
autre (adj)	aχer	אַחֵר
chaque (adj)	kol	כָּל
n'importe quel (adj)	kolʃehu	כָּלְשֶׁהוּ
beaucoup de (indénombr.)	harbe	הַרְבֵּה
beaucoup de (dénombr.)	harbe	הַרְבֵּה
plusieurs (pron)	harbe	הַרְבֵּה
tous	kulam	כּוּלָם
en échange de ...	tmurat ...	תְּמוּרַת ...
en échange (adv)	bitmura	בִּתְמוּרָה
à la main (adv)	bayad	בְּיָד
peu probable (adj)	safek im	סָפֵק אִם
probablement (adv)	karov levadai	קָרוֹב לְוַודַאי
exprès (adv)	'davka	דַווְקָא
par accident (adv)	bemikre	בְּמִקְרֶה
très (adv)	me'od	מְאוֹד
par exemple (adv)	lemaʃal	לְמָשָׁל
entre (prep)	bein	בֵּין
parmi (prep)	be'kerev	בְּקֶרֶב
autant (adv)	kol kaχ harbe	כָּל-כָּךְ הַרְבֵּה
surtout (adv)	bimyuχad	בְּמִיוּחָד

Concepts de base. Partie 2

19. Les jours de la semaine

lundi (m)	yom ʃeni	יוֹם שֵׁנִי (ז)
mardi (m)	yom ʃliʃi	יוֹם שְׁלִישִׁי (ז)
mercredi (m)	yom revi'i	יוֹם רְבִיעִי (ז)
jeudi (m)	yom χamiʃi	יוֹם חֲמִישִׁי (ז)
vendredi (m)	yom ʃiʃi	יוֹם שִׁישִׁי (ז)
samedi (m)	ʃabat	שַׁבָּת (נ)
dimanche (m)	yom riʃon	יוֹם רִאשׁוֹן (ז)
aujourd'hui (adv)	hayom	הַיּוֹם
demain (adv)	maχar	מָחָר
après-demain (adv)	maχara'tayim	מָחֳרָתַיִם
hier (adv)	etmol	אֶתְמוֹל
avant-hier (adv)	ʃilʃom	שִׁלְשׁוֹם
jour (m)	yom	יוֹם (ז)
jour (m) ouvrable	yom avoda	יוֹם עֲבוֹדָה (ז)
jour (m) férié	yom χag	יוֹם חַג (ז)
jour (m) de repos	yom menuχa	יוֹם מְנוּחָה (ז)
week-end (m)	sof ʃa'vu'a	סוֹף שָׁבוּעַ
toute la journée	kol hayom	כָּל הַיּוֹם
le lendemain	lamaχarat	לַמָּחֳרָת
il y a 2 jours	lifnei yo'mayim	לִפְנֵי יוֹמַיִם
la veille	'erev	עֶרֶב
quotidien (adj)	yomyomi	יוֹמְיוֹמִי
tous les jours	midei yom	מִדֵּי יוֹם
semaine (f)	ʃa'vua	שָׁבוּעַ (ז)
la semaine dernière	baʃa'vu'a ʃe'avar	בַּשָׁבוּעַ שֶׁעָבַר
la semaine prochaine	baʃa'vu'a haba	בַּשָׁבוּעַ הַבָּא
hebdomadaire (adj)	ʃvu'i	שָׁבוּעִי
chaque semaine	kol ʃa'vu'a	כָּל שָׁבוּעַ
2 fois par semaine	pa'a'mayim beʃa'vu'a	פַּעֲמַיִם בְּשָׁבוּעַ
tous les mardis	kol yom ʃliʃi	כָּל יוֹם שְׁלִישִׁי

20. Les heures. Le jour et la nuit

matin (m)	'boker	בּוֹקֶר (ז)
le matin	ba'boker	בַּבּוֹקֶר
midi (m)	tsaha'rayim	צָהֳרַיִם (ז״ר)
dans l'après-midi	aχar hatsaha'rayim	אַחַר הַצָהֳרַיִם
soir (m)	'erev	עֶרֶב (ז)
le soir	ba''erev	בָּעֶרֶב

nuit (f)	'laila	לַיְלָה (ז)
la nuit	ba'laila	בַּלַּיְלָה
minuit (f)	χatsot	חֲצוֹת (נ)
seconde (f)	ʃniya	שְׁנִיָּה (נ)
minute (f)	daka	דַּקָּה (נ)
heure (f)	ʃa'a	שָׁעָה (נ)
demi-heure (f)	χatsi ʃa'a	חֲצִי שָׁעָה (נ)
un quart d'heure	'reva ʃa'a	רֶבַע שָׁעָה (ז)
quinze minutes	χameʃ esre dakot	חָמֵשׁ עֶשְׂרֵה דַּקּוֹת
vingt-quatre heures	yemama	יְמָמָה (נ)
lever (m) du soleil	zriχa	זְרִיחָה (נ)
aube (f)	'ʃaχar	שַׁחַר (ז)
point (m) du jour	'ʃaχar	שַׁחַר (ז)
coucher (m) du soleil	ʃki'a	שְׁקִיעָה (נ)
tôt le matin	mukdam ba'boker	מֻקְדָּם בַּבּוֹקֶר
ce matin	ha'boker	הַבּוֹקֶר
demain matin	maχar ba'boker	מָחָר בַּבּוֹקֶר
cet après-midi	hayom aχarei hatzaha'rayim	הַיּוֹם אַחֲרֵי הַצָּהֳרַיִים
dans l'après-midi	aχar hatsaha'rayim	אַחַר הַצָּהֳרַיִים
demain après-midi	maχar aχarei hatsaha'rayim	מָחָר אַחֲרֵי הַצָּהֳרַיִים
ce soir	ha''erev	הָעֶרֶב
demain soir	maχar ba''erev	מָחָר בָּעֶרֶב
à 3 heures précises	baʃa'a ʃaloʃ bediyuk	בְּשָׁעָה שָׁלוֹשׁ בְּדִיּוּק
autour de 4 heures	bisvivot arba	בְּסַבִיבוֹת אַרְבַּע
vers midi	ad ʃteim esre	עַד שְׁתַּיִים־עֶשְׂרֵה
dans 20 minutes	be'od esrim dakot	בְּעוֹד עֶשְׂרִים דַּקּוֹת
dans une heure	be'od ʃa'a	בְּעוֹד שָׁעָה
à temps	bazman	בַּזְמַן
... moins le quart	'reva le...	רֶבַע לְ...
en une heure	toχ ʃa'a	תּוֹךְ שָׁעָה
tous les quarts d'heure	kol 'reva ʃa'a	כָּל רֶבַע שָׁעָה
24 heures sur 24	misaviv laʃa'on	מִסָּבִיב לַשָּׁעוֹן

21. Les mois. Les saisons

janvier (m)	'yanu'ar	יָנוּאַר (ז)
février (m)	'febru'ar	פֶבְּרוּאַר (ז)
mars (m)	merts	מֶרְץ (ז)
avril (m)	april	אַפְּרִיל (ז)
mai (m)	mai	מַאי (ז)
juin (m)	'yuni	יוּנִי (ז)
juillet (m)	'yuli	יוּלִי (ז)
août (m)	'ogust	אוֹגוּסְט (ז)
septembre (m)	sep'tember	סֶפְּטֶמְבֶּר (ז)
octobre (m)	ok'tober	אוֹקְטוֹבֶּר (ז)
novembre (m)	no'vember	נוֹבֶמְבֶּר (ז)
décembre (m)	de'tsember	דֶּצֶמְבֶּר (ז)

printemps (m)	aviv	אָבִיב (ז)
au printemps	ba'aviv	בָּאָבִיב
de printemps (adj)	avivi	אָבִיבִי

été (m)	'kayits	קַיִץ (ז)
en été	ba'kayits	בַּקַיִץ
d'été (adj)	ketsi	קֵיצִי

automne (m)	stav	סְתָיו (ז)
en automne	bestav	בְּסְתָיו
d'automne (adj)	stavi	סְתָווִי

hiver (m)	'xoref	חוֹרֶף (ז)
en hiver	ba'xoref	בַּחוֹרֶף
d'hiver (adj)	xorpi	חוֹרְפִּי

mois (m)	'xodeʃ	חוֹדֶשׁ (ז)
ce mois	ha'xodeʃ	הַחוֹדֶשׁ
le mois prochain	ba'xodeʃ haba	בַּחוֹדֶשׁ הַבָּא
le mois dernier	ba'xodeʃ ʃe'avar	בַּחוֹדֶשׁ שֶׁעָבַר

il y a un mois	lifnei 'xodeʃ	לִפְנֵי חוֹדֶשׁ
dans un mois	be'od 'xodeʃ	בְּעוֹד חוֹדֶשׁ
dans 2 mois	be'od xod'ʃayim	בְּעוֹד חוֹדְשַׁיִים
tout le mois	kol ha'xodeʃ	כָּל הַחוֹדֶשׁ
tout un mois	kol ha'xodeʃ	כָּל הַחוֹדֶשׁ

mensuel (adj)	xodʃi	חוֹדְשִׁי
mensuellement	xodʃit	חוֹדְשִׁית
chaque mois	kol 'xodeʃ	כָּל חוֹדֶשׁ
2 fois par mois	pa'a'mayim be'xodeʃ	פַּעֲמַיִים בְּחוֹדֶשׁ

année (f)	ʃana	שָׁנָה (נ)
cette année	haʃana	הַשָּׁנָה
l'année prochaine	baʃana haba'a	בַּשָּׁנָה הַבָּאָה
l'année dernière	baʃana ʃe'avra	בַּשָּׁנָה שֶׁעָבְרָה

il y a un an	lifnei ʃana	לִפְנֵי שָׁנָה
dans un an	be'od ʃana	בְּעוֹד שָׁנָה
dans 2 ans	be'od ʃna'tayim	בְּעוֹד שְׁנָתָיִים
toute l'année	kol haʃana	כָּל הַשָּׁנָה
toute une année	kol haʃana	כָּל הַשָּׁנָה

chaque année	kol ʃana	כָּל שָׁנָה
annuel (adj)	ʃnati	שְׁנָתִי
annuellement	midei ʃana	מִדֵי שָׁנָה
4 fois par an	arba pa'amim be'xodeʃ	אַרְבַּע פְּעָמִים בְּחוֹדֶשׁ

date (f) (jour du mois)	ta'arix	תַּאֲרִיך (ז)
date (f) (~ mémorable)	ta'arix	תַּאֲרִיך (ז)
calendrier (m)	'luax ʃana	לוּחַ שָׁנָה (ז)

six mois	xatsi ʃana	חָצִי שָׁנָה (ז)
semestre (m)	ʃiʃa xodaʃim, xatsi ʃana	חָצִי שָׁנָה, שִׁישָׁה חוֹדָשִׁים
saison (f)	ona	עוֹנָה (נ)
siècle (m)	'me'a	מֵאָה (נ)

22. La notion de temps. Divers

temps (m)	zman	זְמַן (ז)
moment (m)	'rega	רֶגַע (ז)
instant (m)	'rega	רֶגַע (ז)
instantané (adj)	miyadi	מִיָדִי

laps (m) de temps	tkufa	תְקוּפָה (נ)
vie (f)	χayim	חַיִים (ז"ר)
éternité (f)	'netsaχ	נֶצַח (ז)

époque (f)	idan	עִידָן (ז)
ère (f)	idan	עִידָן (ז)
cycle (m)	maχzor	מַחֲזוֹר (ז)
période (f)	tkufa	תְקוּפָה (נ)
délai (m)	tkufa	תְקוּפָה (נ)

avenir (m)	atid	עָתִיד (ז)
prochain (adj)	haba	הַבָּא
la fois prochaine	ba'pa'am haba'a	בַּפַּעַם הַבָּאָה
passé (m)	avar	עָבָר (ז)
passé (adj)	ʃe'avar	שֶׁעָבַר
la fois passée	ba'pa'am hako'demet	בַּפַּעַם הַקוֹדֶמֶת

plus tard (adv)	me'uχar yoter	מְאוּחָר יוֹתֵר
après (prep)	aχarei	אַחֲרֵי
à présent (adv)	kayom	כַּיוֹם
maintenant (adv)	aχʃav, ka'et	עַכְשָׁיו, כָּעֵת
immédiatement	miyad	מִיָד
bientôt (adv)	bekarov	בְּקָרוֹב
d'avance (adv)	meroʃ	מֵרֹאשׁ

il y a longtemps	mizman	מִזְמַן
récemment (adv)	lo mizman	לֹא מִזְמַן
destin (m)	goral	גוֹרָל (ז)
souvenirs (m pl)	ziχronot	זִיכְרוֹנוֹת (ז"ר)
archives (f pl)	arχiyon	אַרְכִיוֹן (ז)

pendant … (prep)	bezman ʃel …	בְּזְמַן שֶׁל …
longtemps (adv)	zman rav	זְמַן רַב
pas longtemps (adv)	lo zman rav	לֹא זְמַן רַב
tôt (adv)	mukdam	מוּקְדָם
tard (adv)	me'uχar	מְאוּחָר

pour toujours (adv)	la'netsaχ	לָנֶצַח
commencer (vt)	lehatχil	לְהַתְחִיל
reporter (retarder)	lidχot	לִדְחוֹת

en même temps (adv)	bo zmanit	בּוֹ זְמַנִית
en permanence (adv)	bikvi'ut	בִּקְבִיעוּת
constant (bruit, etc.)	ka'vu'a	קָבוּעַ
temporaire (adj)	zmani	זְמַנִי
parfois (adv)	lif'amim	לִפְעָמִים
rarement (adv)	le'itim reχokot	לְעִיתִים רְחוֹקוֹת
souvent (adv)	le'itim krovot	לְעִיתִים קְרוֹבוֹת

23. Les contraires

riche (adj)	aʃir	עָשִׁיר
pauvre (adj)	ani	עָנִי
malade (adj)	χole	חוֹלֶה
en bonne santé	bari	בָּרִיא
grand (adj)	gadol	גָּדוֹל
petit (adj)	katan	קָטָן
vite (adv)	maher	מַהֵר
lentement (adv)	le'at	לְאַט
rapide (adj)	mahir	מָהִיר
lent (adj)	iti	אִיטִי
joyeux (adj)	sa'meaχ	שָׂמֵחַ
triste (adj)	atsuv	עָצוּב
ensemble (adv)	be'yaχad	בְּיַחַד
séparément (adv)	levad	לְבַד
à haute voix	bekol ram	בְּקוֹל רָם
en silence	belev, be'ʃeket	בְּלֵב, בְּשֶׁקֶט
haut (adj)	ga'voha	גָּבוֹהַּ
bas (adj)	namuχ	נָמוּךְ
profond (adj)	amok	עָמוֹק
peu profond (adj)	radud	רָדוּד
oui (adv)	ken	כֵּן
non (adv)	lo	לֹא
lointain (adj)	raχok	רָחוֹק
proche (adj)	karov	קָרוֹב
loin (adv)	raχok	רָחוֹק
près (adv)	samuχ	סָמוּךְ
long (adj)	aroχ	אָרוֹךְ
court (adj)	katsar	קָצָר
bon (au bon cœur)	tov lev	טוֹב לֵב
méchant (adj)	raʃa	רָשָׁע
marié (adj)	nasui	נָשׂוּי
célibataire (adj)	ravak	רַוָּק
interdire (vt)	le'esor al	לָאֱסוֹר עַל
permettre (vt)	leharʃot	לְהַרְשׁוֹת
fin (f)	sof	סוֹף (ז)
début (m)	hatχala	הַתְחָלָה (נ)

| gauche (adj) | smali | שְׂמָאלִי |
| droit (adj) | yemani | יְמָנִי |

| premier (adj) | riʃon | רִאשׁוֹן |
| dernier (adj) | aχaron | אַחֲרוֹן |

| crime (m) | 'peʃa | פֶּשַׁע (ז) |
| punition (f) | 'oneʃ | עוֹנֶשׁ (ז) |

| ordonner (vt) | letsavot | לְצַוּוֹת |
| obéir (vt) | letsayet | לְצַיֵּת |

| droit (adj) | yaʃar | יָשָׁר |
| courbé (adj) | me'ukal | מְעוּקָל |

| paradis (m) | gan 'eden | גַּן עֵדֶן (ז) |
| enfer (m) | gehinom | גֵּיהִינוֹם (ז) |

| naître (vi) | lehivaled | לְהִיוָּלֵד |
| mourir (vi) | lamut | לָמוּת |

| fort (adj) | χazak | חָזָק |
| faible (adj) | χalaʃ | חַלָּשׁ |

| vieux (adj) | zaken | זָקֵן |
| jeune (adj) | tsa'ir | צָעִיר |

| vieux (adj) | yaʃan | יָשָׁן |
| neuf (adj) | χadaʃ | חָדָשׁ |

| dur (adj) | kaʃe | קָשֶׁה |
| mou (adj) | raχ | רַךְ |

| chaud (tiède) | χamim | חָמִים |
| froid (adj) | kar | קַר |

| gros (adj) | ʃamen | שָׁמֵן |
| maigre (adj) | raze | רָזֶה |

| étroit (adj) | tsar | צַר |
| large (adj) | raχav | רָחָב |

| bon (adj) | tov | טוֹב |
| mauvais (adj) | ra | רַע |

| vaillant (adj) | amits | אַמִּיץ |
| peureux (adj) | paχdani | פַּחְדָּנִי |

24. Les lignes et les formes

carré (m)	ri'bu'a	רִיבּוּעַ (ז)
carré (adj)	meruba	מְרוּבָּע
cercle (m)	ma'agal, igul	מַעְגָּל, עִיגוּל (ז)
rond (adj)	agol	עָגוֹל

| triangle (m) | meʃulaʃ | מְשׁוּלָשׁ (ז) |
| triangulaire (adj) | meʃulaʃ | מְשׁוּלָשׁ |

ovale (m)	e'lipsa	אֶלִיפְּסָה (נ)
ovale (adj)	e'lipti	אֶלִיפְּטִי
rectangle (m)	malben	מַלְבֵּן (ז)
rectangulaire (adj)	malbeni	מַלְבְּנִי

pyramide (f)	pira'mida	פִּירָמִידָה (נ)
losange (m)	me'uyan	מְעוּיָן (ז)
trapèze (m)	trapez	טְרַפֵּז (ז)
cube (m)	kubiya	קוּבִּיָּיה (נ)
prisme (m)	minsara	מִנְסָרָה (נ)

circonférence (f)	ma'agal	מַעְגָּל (ז)
sphère (f)	sfira	סְפִירָה (נ)
globe (m)	kadur	כַּדּוּר (ז)

diamètre (m)	'koter	קוֹטֶר (ז)
rayon (m)	'radyus	רַדְיוּס (ז)
périmètre (m)	hekef	הֶיקֵף (ז)
centre (m)	merkaz	מֶרְכָּז (ז)

horizontal (adj)	ofki	אוֹפְקִי
vertical (adj)	anaχi	אֲנָכִי
parallèle (f)	kav makbil	קַו מַקְבִּיל (ז)
parallèle (adj)	makbil	מַקְבִּיל

ligne (f)	kav	קַו (ז)
trait (m)	kav	קַו (ז)
ligne (f) droite	kav yaʃar	קַו יָשָׁר (ז)
courbe (f)	akuma	עֲקוּמָה (נ)
fin (une ~ ligne)	dak	דַּק
contour (m)	mit'ar	מִתְאָר (ז)

intersection (f)	χituχ	חִיתּוּךְ (ז)
angle (m) droit	zavit yaʃara	זָווִית יְשָׁרָה (נ)
segment (m)	mikta	מִקְטָע (ז)
secteur (m)	gizra	גִּזְרָה (נ)
côté (m)	'tsela	צֶלַע (ז)
angle (m)	zavit	זָווִית (נ)

25. Les unités de mesure

poids (m)	miʃkal	מִשְׁקָל (ז)
longueur (f)	'oreχ	אוֹרֶךְ (ז)
largeur (f)	'roχav	רוֹחַב (ז)
hauteur (f)	'gova	גּוֹבַה (ז)
profondeur (f)	'omek	עוֹמֶק (ז)
volume (m)	'nefaχ	נֶפַח (ז)
aire (f)	'ʃetaχ	שֶׁטַח (ז)

| gramme (m) | gram | גְּרָם (ז) |
| milligramme (m) | miligram | מִילִיגְרָם (ז) |

33

kilogramme (m)	kilogram	קִילוֹגְרָם (ז)
tonne (f)	ton	טוֹן (ז)
livre (f)	'pa'und	פָּאוּנד (ז)
once (f)	'unkiya	אוּנקְיָה (נ)

mètre (m)	'meter	מֶטֶר (ז)
millimètre (m)	mili'meter	מִילִימֶטֶר (ז)
centimètre (m)	senti'meter	סֶנטִימֶטֶר (ז)
kilomètre (m)	kilo'meter	קִילוֹמֶטֶר (ז)
mille (m)	mail	מַייל (ז)

pouce (m)	inʧ	אִינְטְ' (ז)
pied (m)	'regel	רֶגֶל (נ)
yard (m)	yard	יַרד (ז)

mètre (m) carré	'meter ra'vu'a	מֶטֶר רָבוּעַ (ז)
hectare (m)	hektar	הֶקְטָר (ז)

litre (m)	litr	לִיטֶר (ז)
degré (m)	ma'ala	מַעֲלָה (נ)
volt (m)	volt	ווֹלט (ז)
ampère (m)	amper	אַמפֶּר (ז)
cheval-vapeur (m)	'koaχ sus	כּוֹחַ סוּס (ז)

quantité (f)	kamut	כַּמוּת (נ)
un peu de ...	ktsat ...	קְצָת ...
moitié (f)	'χetsi	חֲצִי (ז)
douzaine (f)	tresar	תְרֵיסָר (ז)
pièce (f)	yeχida	יְחִידָה (נ)

dimension (f)	'godel	גוֹדֶל (ז)
échelle (f) (de la carte)	kne mida	קְנֵה מִידָה (ז)

minimal (adj)	mini'mali	מִינִימָאלִי
le plus petit (adj)	hakatan beyoter	הַקָטָן בְּיוֹתֵר
moyen (adj)	memutsa	מְמוּצָע
maximal (adj)	maksi'mali	מַקסִימָלִי
le plus grand (adj)	hagadol beyoter	הַגָדוֹל בְּיוֹתֵר

26. Les récipients

bocal (m) en verre	tsin'tsenet	צִנְצֶנֶת (נ)
boîte, canette (f)	paχit	פַּחִית (נ)
seau (m)	dli	דְלִי (ז)
tonneau (m)	χavit	חָבִית (נ)

bassine, cuvette (f)	gigit	גִיגִית (נ)
cuve (f)	meiχal	מֵיכָל (ז)
flasque (f)	meimiya	מֵימִייָה (נ)
jerrican (m)	'dʒerikan	גָ'רִיקָן (ז)
citerne (f)	meχalit	מֵיכָלִית (נ)

tasse (f), mug (m)	'sefel	סֵפֶל (ז)
tasse (f)	'sefel	סֵפֶל (ז)

soucoupe (f)	taχtit	תַּחְתִּית (נ)
verre (m) (~ d'eau)	kos	כּוֹס (נ)
verre (m) à vin	ga'vi'a	גָּבִיעַ (ז)
faitout (m)	sir	סִיר (ז)

bouteille (f)	bakbuk	בַּקְבּוּק (ז)
goulot (m)	tsavar habakbuk	צַוַּאר הַבַּקְבּוּק (ז)

carafe (f)	kad	כַּד (ז)
pichet (m)	kankan	קַנְקַן (ז)
récipient (m)	kli	כְּלִי (ז)
pot (m)	sir 'χeres	סִיר חֶרֶס (ז)
vase (m)	agartal	אֲגַרְטָל (ז)

flacon (m)	tsloχit	צְלוֹחִית (נ)
fiole (f)	bakbukon	בַּקְבּוּקוֹן (ז)
tube (m)	ffo'feret	שְׁפוֹפֶרֶת (נ)

sac (m) (grand ~)	sak	שַׂק (ז)
sac (m) (~ en plastique)	sakit	שַׂקִּית (נ)
paquet (m) (~ de cigarettes)	χafisa	חֲפִיסָה (נ)

boîte (f)	kufsa	קוּפְסָה (נ)
caisse (f)	argaz	אַרְגָּז (ז)
panier (m)	sal	סַל (ז)

27. Les matériaux

matériau (m)	'χomer	חוֹמֶר (ז)
bois (m)	ets	עֵץ (ז)
en bois (adj)	me'ets	מֵעֵץ

verre (m)	zχuχit	זְכוּכִית (נ)
en verre (adj)	mizχuχit	מִזְּכוּכִית

pierre (f)	'even	אֶבֶן (נ)
en pierre (adj)	me''even	מֵאֶבֶן

plastique (m)	'plastik	פְּלַסְטִיק (ז)
en plastique (adj)	mi'plastik	מִפְּלַסְטִיק

caoutchouc (m)	'gumi	גּוּמִי (ז)
en caoutchouc (adj)	mi'gumi	מִגּוּמִי

tissu (m)	bad	בַּד (ז)
en tissu (adj)	mibad	מִבַּד

papier (m)	neyar	נְיָיר (ז)
de papier (adj)	mineyar	מִנְּיָיר

carton (m)	karton	קַרְטוֹן (ז)
en carton (adj)	mikarton	מִקַּרְטוֹן
polyéthylène (m)	'nailon	נַיְילוֹן (ז)
cellophane (f)	tselofan	צֶלוֹפָן (ז)

linoléum (m)	li'nole'um	לינוֹליאוֹם (ז)
contreplaqué (m)	dikt	דיקט (ז)

porcelaine (f)	χar'sina	חרסינה (נ)
de porcelaine (adj)	meχar'sina	מחרסינה
argile (f)	χarsit	חרסית (נ)
de terre cuite (adj)	me'χeres	מחרס
céramique (f)	ke'ramika	קרמיקה (נ)
en céramique (adj)	ke'rami	קרמי

28. Les métaux

métal (m)	ma'teχet	מתכת (נ)
métallique (adj)	mataχti	מתכתי
alliage (m)	sag'soget	סגסוגת (נ)

or (m)	zahav	זהב (ז)
en or (adj)	mizahav, zahov	מזהב, זהוב
argent (m)	'kesef	כסף (ז)
en argent (adj)	kaspi	כספי

fer (m)	barzel	ברזל (ז)
en fer (adj)	mibarzel	מברזל
acier (m)	plada	פלדה (נ)
en acier (adj)	miplada	מפלדה
cuivre (m)	ne'χoʃet	נחושת (נ)
en cuivre (adj)	mine'χoʃet	מנחושת

aluminium (m)	alu'minyum	אלומיניום (ז)
en aluminium (adj)	me'alu'minyum	מאלומיניום
bronze (m)	arad	ארד (ז)
en bronze (adj)	me'arad	מארד

laiton (m)	pliz	פליז (ז)
nickel (m)	'nikel	ניקל (ז)
platine (f)	'platina	פלטינה (נ)
mercure (m)	kaspit	כספית (נ)
étain (m)	bdil	בדיל (ז)
plomb (m)	o'feret	עופרת (נ)
zinc (m)	avaʦ	אבץ (ז)

L'HOMME

L'homme. Le corps humain

29. L'homme. Notions fondamentales

être (m) humain	ben adam	בֶּן אָדָם (ז)
homme (m)	'gever	גֶּבֶר (ז)
femme (f)	iʃa	אִשָּׁה (נ)
enfant (m, f)	'yeled	יֶלֶד (ז)
fille (f)	yalda	יַלְדָּה (נ)
garçon (m)	'yeled	יֶלֶד (ז)
adolescent (m)	'na'ar	נַעַר (ז)
vieillard (m)	zaken	זָקֵן (ז)
vieille femme (f)	zkena	זְקֵנָה (נ)

30. L'anatomie humaine

organisme (m)	guf ha'adam	גּוּף הָאָדָם (ז)
cœur (m)	lev	לֵב (ז)
sang (m)	dam	דָּם (ז)
artère (f)	'orek	עוֹרֵק (ז)
veine (f)	vrid	וְרִיד (ז)
cerveau (m)	'moaχ	מוֹחַ (ז)
nerf (m)	atsav	עָצָב (ז)
nerfs (m pl)	atsabim	עֲצַבִּים (ז״ר)
vertèbre (f)	χulya	חוּלְיָה (נ)
colonne (f) vertébrale	amud haʃidra	עַמּוּד הַשִּׁדְרָה (ז)
estomac (m)	keiva	קֵיבָה (נ)
intestins (m pl)	me''ayim	מֵעַיִים (ז״ר)
intestin (m)	me'i	מְעִי (ז)
foie (m)	kaved	כָּבֵד (ז)
rein (m)	kilya	כִּלְיָה (נ)
os (m)	'etsem	עֶצֶם (נ)
squelette (f)	'ʃeled	שֶׁלֶד (ז)
côte (f)	'tsela	צֵלַע (ז)
crâne (m)	gul'golet	גּוּלְגּוֹלֶת (נ)
muscle (m)	ʃrir	שְׁרִיר (ז)
biceps (m)	ʃrir du raʃi	שְׁרִיר דּוּ-רָאשִׁי (ז)
triceps (m)	ʃrir tlat raʃi	שְׁרִיר תְּלַת-רָאשִׁי (ז)
tendon (m)	gid	גִּיד (ז)
articulation (f)	'perek	פֶּרֶק (ז)

poumons (m pl)	re'ot	רֵיאוֹת (נ״ר)
organes (m pl) génitaux	evrei min	אֶבְרֵי מִין (ז״ר)
peau (f)	or	עוֹר (ז)

31. La tête

tête (f)	roʃ	רֹאשׁ (ז)
visage (m)	panim	פָּנִים (ז״ר)
nez (m)	af	אַף (ז)
bouche (f)	pe	פֶּה (ז)
œil (m)	'ayin	עַיִן (נ)
les yeux	ei'nayim	עֵינַיִם (נ״ר)
pupille (f)	iʃon	אִישׁוֹן (ז)
sourcil (m)	gaba	גַּבָּה (נ)
cil (m)	ris	רִיס (ז)
paupière (f)	af'af	עַפְעַף (ז)
langue (f)	laʃon	לָשׁוֹן (נ)
dent (f)	ʃen	שֵׁן (נ)
lèvres (f pl)	sfa'tayim	שְׂפָתַיִם (נ״ר)
pommettes (f pl)	atsamot leχa'yayim	עַצְמוֹת לְחָיַיִם (נ״ר)
gencive (f)	χani'χayim	חֲנִיכַיִם (ז״ר)
palais (m)	χeχ	חֵךְ (ז)
narines (f pl)	neχi'rayim	נְחִירַיִם (ז״ר)
menton (m)	santer	סַנְטֵר (ז)
mâchoire (f)	'leset	לֶסֶת (נ)
joue (f)	'leχi	לְחִי (נ)
front (m)	'metsaχ	מֵצַח (ז)
tempe (f)	raka	רַקָּה (נ)
oreille (f)	'ozen	אוֹזֶן (נ)
nuque (f)	'oref	עוֹרֶף (ז)
cou (m)	tsavar	צַוָּאר (ז)
gorge (f)	garon	גָּרוֹן (ז)
cheveux (m pl)	se'ar	שֵׂיעָר (ז)
coiffure (f)	tis'roket	תִּסְרֹקֶת (נ)
coupe (f)	tis'poret	תִּסְפֹּרֶת (נ)
perruque (f)	pe'a	פֵּאָה (נ)
moustache (f)	safam	שָׂפָם (ז)
barbe (f)	zakan	זָקָן (ז)
porter (~ la barbe)	legadel	לְגַדֵּל
tresse (f)	tsama	צַמָּה (נ)
favoris (m pl)	pe'ot leχa'yayim	פֵּאוֹת לְחָיַיִם (נ״ר)
roux (adj)	'dʒindʒi	ג׳ינג׳י
gris, grisonnant (adj)	kasuf	כָּסוּף
chauve (adj)	ke'reaχ	קֵירֵחַ
calvitie (f)	ka'raχat	קָרַחַת (נ)
queue (f) de cheval	'kuku	קוּקוּ (ז)
frange (f)	'poni	פּוֹנִי (ז)

32. Le corps humain

main (f)	kaf yad	כַּף יָד (נ)
bras (m)	yad	יָד (נ)
doigt (m)	'etsba	אֶצְבַּע (נ)
orteil (m)	'bohen	בּוֹהֶן (נ)
pouce (m)	agudal	אֲגוּדָל (ז)
petit doigt (m)	'zeret	זֶרֶת (נ)
ongle (m)	tsi'poren	צִיפּוֹרֶן (ז)
poing (m)	egrof	אֶגְרוֹף (ז)
paume (f)	kaf yad	כַּף יָד (נ)
poignet (m)	'ʃoreʃ kaf hayad	שׁוֹרֶשׁ כַּף הַיָד (ז)
avant-bras (m)	ama	אַמָה (נ)
coude (m)	marpek	מַרְפֵּק (ז)
épaule (f)	katef	כָּתֵף (נ)
jambe (f)	'regel	רֶגֶל (נ)
pied (m)	kaf 'regel	כַּף רֶגֶל (נ)
genou (m)	'bereχ	בֶּרֶךְ (נ)
mollet (m)	ʃok	שׁוֹק (ז)
hanche (f)	yareχ	יָרֵךְ (ז)
talon (m)	akev	עָקֵב (ז)
corps (m)	guf	גּוּף (ז)
ventre (m)	'beten	בֶּטֶן (נ)
poitrine (f)	χaze	חָזֶה (ז)
sein (m)	ʃad	שַׁד (ז)
côté (m)	tsad	צַד (ז)
dos (m)	gav	גַב (ז)
reins (région lombaire)	mot'nayim	מוֹתְנַיִים (ז"ר)
taille (f) (~ de guêpe)	'talya	טַלְיָה (נ)
nombril (m)	tabur	טַבּוּר (ז)
fesses (f pl)	aχo'rayim	אֲחוֹרַיִים (ז"ר)
derrière (m)	yaʃvan	יַשְׁבָן (ז)
grain (m) de beauté	nekudat χen	נְקוּדַת חֵן (נ)
tache (f) de vin	'ketem leida	כֶּתֶם לֵידָה (ז)
tatouage (m)	ka'a'ku'a	קַעֲקוּעַ (ז)
cicatrice (f)	tsa'leket	צַלֶקֶת (נ)

Les vêtements & les accessoires

33. Les vêtements d'extérieur

vêtement (m)	bgadim	בְּגָדִים (ז״ר)
survêtement (m)	levuʃ elyon	לְבוּש עֶלְיוֹן (ז)
vêtement (m) d'hiver	bigdei 'χoref	בִּגְדֵי חוֹרֶף (ז״ר)
manteau (m)	me'il	מְעִיל (ז)
manteau (m) de fourrure	me'il parva	מְעִיל פַּרְוָוה (ז)
veste (f) de fourrure	me'il parva katsar	מְעִיל פַּרְוָוה קָצָר (ז)
manteau (m) de duvet	me'il puχ	מְעִיל פּוּךְ (ז)
veste (f) (~ en cuir)	me'il katsar	מְעִיל קָצָר (ז)
imperméable (m)	me'il 'geʃem	מְעִיל גֶּשֶׁם (ז)
imperméable (adj)	amid be'mayim	עָמִיד בְּמַיִם

34. Les vêtements

chemise (f)	χultsa	חוּלְצָה (נ)
pantalon (m)	miχna'sayim	מִכְנָסַיִם (ז״ר)
jean (m)	miχnesei 'dʒins	מִכְנְסֵי גִ׳ינְס (ז״ר)
veston (m)	ʒaket	זָ׳קֶט (ז)
complet (m)	χalifa	חֲלִיפָה (נ)
robe (f)	simla	שִׂמְלָה (נ)
jupe (f)	χatsa'it	חֲצָאִית (נ)
chemisette (f)	χultsa	חוּלְצָה (נ)
veste (f) en laine	ʒaket 'tsemer	זָ׳קֶט צֶמֶר (ז)
jaquette (f), blazer (m)	ʒaket	זָ׳קֶט (ז)
tee-shirt (m)	ti ʃert	טִי שֶׁרְט (ז)
short (m)	miχna'sayim ktsarim	מִכְנָסַיִם קְצָרִים (ז״ר)
costume (m) de sport	'trening	טְרֶנִינְג (ז)
peignoir (m) de bain	χaluk raχatsa	חָלוּק רַחְצָה (ז)
pyjama (m)	pi'dʒama	פִּיגָ׳מָה (נ)
chandail (m)	'sveder	סְוֶודֶר (ז)
pull-over (m)	afuda	אֲפוּדָה (נ)
gilet (m)	vest	וֶסְט (ז)
queue-de-pie (f)	frak	פְרַאק (ז)
smoking (m)	tuk'sido	טוּקְסִידוֹ (ז)
uniforme (m)	madim	מַדִים (ז״ר)
tenue (f) de travail	bigdei avoda	בִּגְדֵי עֲבוֹדָה (ז״ר)
salopette (f)	sarbal	סַרְבָּל (ז)
blouse (f) (d'un médecin)	χaluk	חָלוּק (ז)

35. Les sous-vêtements

sous-vêtements (m pl)	levanim	לְבָנִים (ז״ר)
boxer (m)	taxtonim	תַּחְתּוֹנִים (ז״ר)
slip (m) de femme	taxtonim	תַּחְתּוֹנִים (ז״ר)
maillot (m) de corps	gufiya	גוּפִיָּה (נ)
chaussettes (f pl)	gar'bayim	גַּרְבַּיִם (ז״ר)
chemise (f) de nuit	'ktonet 'laila	כְּתוֹנֶת לַיְלָה (נ)
soutien-gorge (m)	xaziya	חֲזִיָּה (נ)
chaussettes (f pl) hautes	birkon	בִּרְכּוֹן (ז)
collants (m pl)	garbonim	גַּרְבּוֹנִים (ז״ר)
bas (m pl)	garbei 'nailon	גַּרְבֵּי נַיְלוֹן (ז״ר)
maillot (m) de bain	'beged yam	בֶּגֶד יָם (ז)

36. Les chapeaux

chapeau (m)	'kova	כּוֹבַע (ז)
chapeau (m) feutre	'kova 'leved	כּוֹבַע לֶבֶד (ז)
casquette (f) de base-ball	'kova 'beisbol	כּוֹבַע בֵּייסְבּוֹל (ז)
casquette (f)	'kova mitsxiya	כּוֹבַע מִצְחִיָּה (ז)
béret (m)	baret	בֶּרֶט (ז)
capuche (f)	bardas	בַּרְדָּס (ז)
panama (m)	'kova 'tembel	כּוֹבַע טֶמְבֶּל (ז)
bonnet (m) de laine	'kova 'gerev	כּוֹבַע גֶּרֶב (ז)
foulard (m)	mit'paxat	מִטְפַּחַת (נ)
chapeau (m) de femme	'kova	כּוֹבַע (ז)
casque (m) (d'ouvriers)	kasda	קַסְדָּה (נ)
calot (m)	kumta	כּוּמְתָּה (נ)
casque (m) (~ de moto)	kasda	קַסְדָּה (נ)
melon (m)	mig'ba'at me'u'gelet	מִגְבַּעַת מְעוּגֶּלֶת (נ)
haut-de-forme (m)	tsi'linder	צִילִינְדֶּר (ז)

37. Les chaussures

chaussures (f pl)	han'ala	הַנְעָלָה (נ)
bottines (f pl)	na'a'layim	נַעֲלַיִים (נ״ר)
souliers (m pl) (~ plats)	na'a'layim	נַעֲלַיִים (נ״ר)
bottes (f pl)	maga'fayim	מַגָּפַיִים (ז״ר)
chaussons (m pl)	na'alei 'bayit	נַעֲלֵי בַּיִת (נ״ר)
tennis (m pl)	na'alei sport	נַעֲלֵי סְפּוֹרְט (נ״ר)
baskets (f pl)	na'alei sport	נַעֲלֵי סְפּוֹרְט (נ״ר)
sandales (f pl)	sandalim	סַנְדָּלִים (ז״ר)
cordonnier (m)	sandlar	סַנְדְּלָר (ז)
talon (m)	akev	עָקֵב (ז)

paire (f)	zug	זוּג (ז)
lacet (m)	sroχ	שְׂרוֹךְ (ז)
lacer (vt)	lisroχ	לִשְׂרוֹךְ
chausse-pied (m)	kaf na'a'layim	כַּף נַעֲלַיִם (נ)
cirage (m)	miʃχat na'a'layim	מִשְׁחַת נַעֲלַיִם (נ)

38. Le textile. Les tissus

coton (m)	kutna	כּוּתְנָה (נ)
de coton (adj)	mikutna	מִכּוּתְנָה
lin (m)	piʃtan	פִּשְׁתָּן (ז)
de lin (adj)	mipiʃtan	מִפִּשְׁתָּן

soie (f)	'meʃi	מֶשִׁי (ז)
de soie (adj)	miʃyi	מֶשִׁיִי
laine (f)	'tsemer	צֶמֶר (ז)
en laine (adj)	tsamri	צַמְרִי

velours (m)	ktifa	קְטִיפָה (נ)
chamois (m)	zamʃ	זָמְשׁ (ז)
velours (m) côtelé	'korderoi	קוֹרְדָרוֹי (ז)

nylon (m)	'nailon	נַייְלוֹן (ז)
en nylon (adj)	mi'nailon	מִנַייְלוֹן
polyester (m)	poli''ester	פּוֹלִיאָסְטֶר (ז)
en polyester (adj)	mipoli''ester	מִפּוֹלִיאָסְטֶר

cuir (m)	or	עוֹר (ז)
en cuir (adj)	me'or	מֵעוֹר
fourrure (f)	parva	פַּרְוָה (נ)
en fourrure (adj)	miparva	מִפַּרְוָה

39. Les accessoires personnels

gants (m pl)	kfafot	כְּפָפוֹת (נ"ר)
moufles (f pl)	kfafot	כְּפָפוֹת (נ"ר)
écharpe (f)	tsa'if	צָעִיף (ז)

lunettes (f pl)	miʃka'fayim	מִשְׁקָפַיִים (ז"ר)
monture (f)	mis'geret	מִסְגֶרֶת (נ)
parapluie (m)	mitriya	מִטְרִייָה (נ)
canne (f)	makel haliχa	מַקֵּל הֲלִיכָה (ז)
brosse (f) à cheveux	miv'reʃet se'ar	מִבְרֶשֶׁת שֵׂיעָר (נ)
éventail (m)	menifa	מְנִיפָה (נ)

cravate (f)	aniva	עֲנִיבָה (נ)
nœud papillon (m)	anivat parpar	עֲנִיבַת פַּרְפַּר (נ)
bretelles (f pl)	ktefiyot	כְּתֵפִיּוֹת (נ"ר)
mouchoir (m)	mimχata	מִמְחָטָה (נ)

| peigne (m) | masrek | מַסְרֵק (ז) |
| barrette (f) | sikat roʃ | סִיכַּת רֹאשׁ (נ) |

épingle (f) â cheveux	sikat se'ar	סִיכַּת שֵׂעָר (נ)
boucle (f)	avzam	אַבְזָם (ז)
ceinture (f)	xagora	חֲגוֹרָה (נ)
bandoulière (f)	retsu'at katef	רְצוּעַת כָּתֵף (נ)
sac (m)	tik	תִּיק (ז)
sac (m) â main	tik	תִּיק (ז)
sac (m) â dos	tarmil	תַּרְמִיל (ז)

40. Les vêtements. Divers

mode (f)	ofna	אוֹפְנָה (נ)
â la mode (adj)	ofnati	אוֹפְנָתִי
couturier, créateur de mode	me'atsev ofna	מְעַצֵּב אוֹפְנָה (ז)
col (m)	tsavaron	צַוָּארוֹן (ז)
poche (f)	kis	כִּיס (ז)
de poche (adj)	ʃel kis	שֶׁל כִּיס
manche (f)	ʃarvul	שַׁרְווּל (ז)
bride (f)	mitle	מִתְלֶה (ז)
braguette (f)	xanut	חֲנוּת (נ)
fermeture (f) â glissière	roxsan	רוֹכְסָן (ז)
agrafe (f)	'keres	קֶרֶס (ז)
bouton (m)	kaftor	כַּפְתּוֹר (ז)
boutonnière (f)	lula'a	לוּלָאָה (נ)
s'arracher (bouton)	lehitaleʃ	לְהִיתָּלֵשׁ
coudre (vi, vt)	litpor	לִתְפּוֹר
broder (vt)	lirkom	לִרְקוֹם
broderie (f)	rikma	רִקְמָה (נ)
aiguille (f)	'maxat tfira	מַחַט תְּפִירָה (נ)
fil (m)	xut	חוּט (ז)
couture (f)	'tefer	תֶּפֶר (ז)
se salir (vp)	lehitlaxlex	לְהִתְלַכְלֵךְ
tache (f)	'ketem	כֶּתֶם (ז)
se froisser (vp)	lehitkamet	לְהִתְקַמֵּט
déchirer (vt)	lik'ro'a	לִקְרוֹעַ
mite (f)	aʃ	עָשׁ (ז)

41. L'hygiène corporelle. Les cosmétiques

dentifrice (m)	miʃxat ʃi'nayim	מִשְׁחַת שִׁינַּיִים (נ)
brosse (f) â dents	miv'reʃet ʃi'nayim	מִבְרֶשֶׁת שִׁינַּיִים (נ)
se brosser les dents	letsax'tseax ʃi'nayim	לְצַחְצֵחַ שִׁינַּיִים
rasoir (m)	'ta'ar	תַּעַר (ז)
crème (f) â raser	'ketsef gi'luax	קֶצֶף גִּילּוּחַ (ז)
se raser (vp)	lehitga'leax	לְהִתְגַּלֵּחַ
savon (m)	sabon	סַבּוֹן (ז)

shampooing (m)	ʃampu	שַׁמְפּוּ (ז)
ciseaux (m pl)	mispa'rayim	מִסְפָּרַיִם (ז״ר)
lime (f) â ongles	ptsira	פְּצִירָה (נ)
pinces (f pl) â ongles	gozez tsipor'nayim	גּוֹזֵז צִיפּוֹרְנַיִים (ז)
pince (f) â épiler	pin'tseta	פִּינְצֶטָה (נ)

produits (m pl) de beauté	tamrukim	תַּמְרוּקִים (ז״ר)
masque (m) de beauté	maseχa	מַסֵּכָה (נ)
manucure (f)	manikur	מָנִיקוּר (ז)
se faire les ongles	la'asot manikur	לַעֲשׂוֹת מָנִיקוּר
pédicurie (f)	pedikur	פֶּדִיקוּר (ז)

trousse (f) de toilette	tik ipur	תִּיק אִיפּוּר (ז)
poudre (f)	'pudra	פּוּדְרָה (נ)
poudrier (m)	pudriya	פּוּדְרִיָּה (נ)
fard (m) â joues	'somek	סוֹמֶק (ז)

parfum (m)	'bosem	בּוֹשֶׂם (ז)
eau (f) de toilette	mei 'bosem	מֵי בּוֹשֶׂם (ז״ר)
lotion (f)	mei panim	מֵי פָּנִים (ז״ר)
eau de Cologne (f)	mei 'bosem	מֵי בּוֹשֶׂם (ז״ר)

fard (m) â paupières	tslalit	צְלָלִית (נ)
crayon (m) â paupières	ai 'lainer	אַיְ לַיינֶר (ז)
mascara (m)	'maskara	מַסְקָרָה (נ)

rouge (m) â lèvres	sfaton	שְׂפָתוֹן (ז)
vernis (m) â ongles	'laka letsipor'nayim	לַכָּה לְצִיפּוֹרְנַיִים (נ)
laque (f) pour les cheveux	tarsis lese'ar	תַּרְסִיס לְשִׂיעָר (ז)
déodorant (m)	de'odo'rant	דֶאוֹדוֹרַנְט (ז)

crème (f)	krem	קְרֶם (ז)
crème (f) pour le visage	krem panim	קְרֶם פָּנִים (ז)
crème (f) pour les mains	krem ya'dayim	קְרֶם יָדַיִים (ז)
crème (f) anti-rides	krem 'neged kmatim	קְרֶם נֶגֶד קְמָטִים (ז)
crème (f) de jour	krem yom	קְרֶם יוֹם (ז)
crème (f) de nuit	krem 'laila	קְרֶם לַיְלָה (ז)
de jour (adj)	yomi	יוֹמִי
de nuit (adj)	leili	לֵילִי

tampon (m)	tampon	טַמְפּוֹן (ז)
papier (m) de toilette	neyar tu'alet	נְיָיר טוּאָלֶט (ז)
sèche-cheveux (m)	meyabeʃ se'ar	מְיַיבֵּשׁ שֵׂיעָר (ז)

42. Les bijoux. La bijouterie

bijoux (m pl)	taχʃitim	תַּכְשִׁיטִים (ז״ר)
précieux (adj)	yekar 'ereχ	יָקָר עֵרֶךְ
poinçon (m)	tav tsorfim, bχina	תָּו צוֹרְפִים (ז), בְּחִינָה (נ)

bague (f)	ta'ba'at	טַבַּעַת (נ)
alliance (f)	ta'ba'at nisu'in	טַבַּעַת נִישּׂוּאִין (נ)
bracelet (m)	tsamid	צָמִיד (ז)
boucles (f pl) d'oreille	agilim	עֲגִילִים (ז״ר)

collier (m) (de perles)	max'rozet	מַחֲרוֹזֶת (נ)
couronne (f)	'keter	כָּתָר (ז)
collier (m) (en verre, etc.)	max'rozet	מַחֲרוֹזֶת (נ)

diamant (m)	yahalom	יַהֲלוֹם (ז)
émeraude (f)	ba'reket	בָּרֶקֶת (נ)
rubis (m)	'odem	אוֹדֶם (ז)
saphir (m)	sapir	סַפִּיר (ז)
perle (f)	pnina	פְּנִינָה (נ)
ambre (m)	inbar	עִנְבָּר (ז)

43. Les montres. Les horloges

montre (f)	ʃe'on yad	שְׁעוֹן יָד (ז)
cadran (m)	'luax ʃa'on	לוּחַ שָׁעוֹן (ז)
aiguille (f)	maxog	מָחוֹג (ז)
bracelet (m)	tsamid	צָמִיד (ז)
bracelet (m) (en cuir)	retsu'a leʃa'on	רְצוּעָה לְשָׁעוֹן (נ)

pile (f)	solela	סוֹלְלָה (נ)
être déchargé	lehitroken	לְהִתְרוֹקֵן
changer de pile	lehaxlif	לְהַחֲלִיף
avancer (vi)	lemaher	לְמַהֵר
retarder (vi)	lefager	לְפַגֵּר

pendule (f)	ʃe'on kir	שְׁעוֹן קִיר (ז)
sablier (m)	ʃe'on xol	שְׁעוֹן חוֹל (ז)
cadran (m) solaire	ʃe'on 'ʃemeʃ	שְׁעוֹן שֶׁמֶשׁ (ז)
réveil (m)	ʃa'on me'orer	שְׁעוֹן מְעוֹרֵר (ז)
horloger (m)	ʃa'an	שָׁעָן (ז)
réparer (vt)	letaken	לְתַקֵּן

Les aliments. L'alimentation

44. Les aliments

viande (f)	basar	בָּשָׂר (ז)
poulet (m)	of	עוֹף (ז)
poulet (m) (poussin)	pargit	פַּרְגִּית (נ)
canard (m)	barvaz	בַּרְוָז (ז)
oie (f)	avaz	אַוָּז (ז)
gibier (m)	'tsayid	צַיִד (ז)
dinde (f)	'hodu	הוֹדוּ (ז)

du porc	basar xazir	בָּשָׂר חֲזִיר (ז)
du veau	basar 'egel	בָּשָׂר עֵגֶל (ז)
du mouton	basar 'keves	בָּשָׂר כֶּבֶשׂ (ז)
du bœuf	bakar	בָּקָר (ז)
lapin (m)	arnav	אַרְנָב (ז)

saucisson (m)	naknik	נַקְנִיק (ז)
saucisse (f)	naknikiya	נַקְנִיקִיָּה (נ)
bacon (m)	'kotel xazir	קוֹתֶל חֲזִיר (ז)
jambon (m)	basar xazir me'uʃan	בָּשָׂר חֲזִיר מְעוּשָּׁן (ז)
cuisse (f)	'kotel xazir me'uʃan	קוֹתֶל חֲזִיר מְעוּשָּׁן (ז)

pâté (m)	pate	פָּטֶה (ז)
foie (m)	kaved	כָּבֵד (ז)
farce (f)	basar taxun	בָּשָׂר טָחוּן (ז)
langue (f)	laʃon	לָשׁוֹן (נ)

œuf (m)	beitsa	בֵּיצָה (נ)
les œufs	beitsim	בֵּיצִים (נ"ר)
blanc (m) d'œuf	xelbon	חֶלְבּוֹן (ז)
jaune (m) d'œuf	xelmon	חֶלְמוֹן (ז)

poisson (m)	dag	דָּג (ז)
fruits (m pl) de mer	perot yam	פֵּירוֹת יָם (ז"ר)
crustacés (m pl)	sartana'im	סַרְטָנָאִים (ז"ר)
caviar (m)	kavyar	קָוְויָאר (ז)

crabe (m)	sartan yam	סַרְטָן יָם (ז)
crevette (f)	ʃrimps	שְׁרִימְפְּס (ז"ר)
huître (f)	tsidpat ma'axal	צִדְפַּת מַאֲכָל (נ)
langoustine (f)	'lobster kotsani	לוֹבְּסְטֶר קוֹצָנִי (ז)
poulpe (m)	tamnun	תַּמְנוּן (ז)
calamar (m)	kala'mari	קָלָמָארִי (ז)

esturgeon (m)	basar haxidkan	בָּשָׂר הַחִדְקָן (ז)
saumon (m)	'salmon	סַלְמוֹן (ז)
flétan (m)	putit	פּוּטִית (נ)
morue (f)	ʃibut	שִׁיבּוּט (ז)

maquereau (m)	kolyas	קוֹלְיָס (ז)
thon (m)	'tuna	טוּנָה (נ)
anguille (f)	tslofaχ	צְלוֹפָח (ז)

truite (f)	forel	פוֹרֶל (ז)
sardine (f)	sardin	סַרְדִין (ז)
brochet (m)	ze'ev 'mayim	זְאֵב מַיִם (ז)
hareng (m)	ma'liaχ	מָלִיחַ (ז)

pain (m)	'leχem	לֶחֶם (ז)
fromage (m)	gvina	גְבִינָה (נ)
sucre (m)	sukar	סוּכָּר (ז)
sel (m)	'melaχ	מֶלַח (ז)

riz (m)	'orez	אוֹרֶז (ז)
pâtes (m pl)	'pasta	פַּסְטָה (נ)
nouilles (f pl)	irtiyot	אִטְרִיוֹת (נ״ר)

beurre (m)	χem'a	חֶמְאָה (נ)
huile (f) végétale	'ʃemen tsimχi	שֶׁמֶן צִמְחִי (ז)
huile (f) de tournesol	'ʃemen χamaniyot	שֶׁמֶן חַמָנִיוֹת (ז)
margarine (f)	marga'rina	מַרְגָרִינָה (נ)

| olives (f pl) | zeitim | זֵיתִים (ז״ר) |
| huile (f) d'olive | 'ʃemen 'zayit | שֶׁמֶן זַיִת (ז) |

lait (m)	χalav	חָלָב (ז)
lait (m) condensé	χalav merukaz	חָלָב מְרוּכָּז (ז)
yogourt (m)	'yogurt	יוֹגוּרְט (ז)
crème (f) aigre	ʃa'menet	שַׁמֶנֶת (נ)
crème (f) (de lait)	ʃa'menet	שַׁמֶנֶת (נ)

| sauce (f) mayonnaise | mayonez | מָיוֹנֵז (ז) |
| crème (f) au beurre | ka'tsefet χem'a | קַצֶפֶת חֶמְאָה (נ) |

gruau (m)	grisim	גְרִיסִים (ז״ר)
farine (f)	'kemaχ	קֶמַח (ז)
conserves (f pl)	ʃimurim	שִׁימוּרִים (ז״ר)

pétales (m pl) de maïs	ptitei 'tiras	פְּתִיתֵי תִירָס (ז״ר)
miel (m)	dvaʃ	דְבַשׁ (ז)
confiture (f)	riba	רִיבָּה (נ)
gomme (f) à mâcher	'mastik	מַסְטִיק (ז)

45. Les boissons

eau (f)	'mayim	מַיִם (ז״ר)
eau (f) potable	mei ʃtiya	מֵי שְׁתִיָה (ז״ר)
eau (f) minérale	'mayim mine'raliyim	מַיִם מִינֶרָלִיים (ז״ר)

plate (adj)	lo mugaz	לֹא מוּגָז
gazeuse (l'eau ~)	mugaz	מוּגָז
pétillante (adj)	mugaz	מוּגָז
glace (f)	'keraχ	קֶרַח (ז)

avec de la glace	im 'keraχ	עִם קֶרַח
sans alcool	natul alkohol	נָטוּל אַלְכּוֹהוֹל
boisson (f) non alcoolisée	maʃke kal	מַשְׁקֶה קַל (ז)
rafraîchissement (m)	maʃke mera'anen	מַשְׁקֶה מְרַעֲנֵן (ז)
limonade (f)	limo'nada	לִימוֹנָדָה (נ)
boissons (f pl) alcoolisées	maʃka'ot χarifim	מַשְׁקָאוֹת חֲרִיפִים (ז״ר)
vin (m)	'yayin	יַיִן (ז)
vin (m) blanc	'yayin lavan	יַיִן לָבָן (ז)
vin (m) rouge	'yayin adom	יַיִן אָדֹם (ז)
liqueur (f)	liker	לִיקֵר (ז)
champagne (m)	ʃam'panya	שַׁמְפַּנְיָה (נ)
vermouth (m)	'vermut	וֶרְמוּט (ז)
whisky (m)	'viski	וִיסְקִי (ז)
vodka (f)	'vodka	ווֹדְקָה (נ)
gin (m)	dʒin	גִּ׳ין (ז)
cognac (m)	'konyak	קוֹנְיָאק (ז)
rhum (m)	rom	רוֹם (ז)
café (m)	kafe	קָפֶה (ז)
café (m) noir	kafe ʃaχor	קָפֶה שָׁחוֹר (ז)
café (m) au lait	kafe hafuχ	קָפֶה הָפוּךְ (ז)
cappuccino (m)	kapu'tʃino	קָפוּצִ׳ינוֹ (ז)
café (m) soluble	kafe names	קָפֶה נָמֵס (ז)
lait (m)	χalav	חָלָב (ז)
cocktail (m)	kokteil	קוֹקְטֵיל (ז)
cocktail (m) au lait	'milkʃeik	מִילְקְשֵׁייק (ז)
jus (m)	mits	מִיץ (ז)
jus (m) de tomate	mits agvaniyot	מִיץ עַגְבָנִיוֹת (ז)
jus (m) d'orange	mits tapuzim	מִיץ תַּפּוּזִים (ז)
jus (m) pressé	mits saχut	מִיץ סָחוּט (ז)
bière (f)	'bira	בִּירָה (נ)
bière (f) blonde	'bira bahira	בִּירָה בְּהִירָה (נ)
bière (f) brune	'bira keha	בִּירָה כֵּהָה (נ)
thé (m)	te	תֵּה (ז)
thé (m) noir	te ʃaχor	תֵּה שָׁחוֹר (ז)
thé (m) vert	te yarok	תֵּה יָרֹק (ז)

46. Les légumes

légumes (m pl)	yerakot	יְרָקוֹת (ז״ר)
verdure (f)	'yerek	יֶרֶק (ז)
tomate (f)	agvaniya	עַגְבָנִיָּה (נ)
concombre (m)	melafefon	מְלָפְפוֹן (ז)
carotte (f)	'gezer	גֶּזֶר (ז)
pomme (f) de terre	ta'puaχ adama	תַּפּוּחַ אֲדָמָה (ז)
oignon (m)	batsal	בָּצָל (ז)

ail (m)	ʃum	שׁוּם (ז)
chou (m)	kruv	כְּרוּב (ז)
chou-fleur (m)	kruvit	כְּרוּבִית (נ)
chou (m) de Bruxelles	kruv niʦanim	כְּרוּב נִצָּנִים (ז)
brocoli (m)	'brokoli	בְּרוֹקוֹלִי (ז)

betterave (f)	'selek	סֶלֶק (ז)
aubergine (f)	χaʦil	חָצִיל (ז)
courgette (f)	kiʃu	קִישׁוּא (ז)
potiron (m)	'dla'at	דְּלַעַת (נ)
navet (m)	'lefet	לֶפֶת (נ)

persil (m)	petro'zilya	פֶּטְרוֹזִילְיָה (נ)
fenouil (m)	ʃamir	שָׁמִיר (ז)
laitue (f) (salade)	'χasa	חַסָּה (נ)
céleri (m)	'seleri	סֶלֶרִי (ז)
asperge (f)	aspa'ragos	אַסְפָּרָגוֹס (ז)
épinard (m)	'tered	תֶּרֶד (ז)

pois (m)	afuna	אֲפוּנָה (נ)
fèves (f pl)	pol	פּוֹל (ז)
maïs (m)	'tiras	תִּירָס (ז)
haricot (m)	ʃu'it	שְׁעוּעִית (נ)

poivron (m)	'pilpel	פִּלְפֵּל (ז)
radis (m)	ʦnonit	צְנוֹנִית (נ)
artichaut (m)	artiʃok	אַרְטִישׁוֹק (ז)

47. Les fruits. Les noix

fruit (m)	pri	פְּרִי (ז)
pomme (f)	ta'puaχ	תַּפּוּחַ (ז)
poire (f)	agas	אַגָּס (ז)
citron (m)	limon	לִימוֹן (ז)
orange (f)	tapuz	תַּפּוּז (ז)
fraise (f)	tut sade	תּוּת שָׂדֶה (ז)

mandarine (f)	klemen'tina	קְלֶמֶנְטִינָה (נ)
prune (f)	ʃezif	שְׁזִיף (ז)
pêche (f)	afarsek	אֲפַרְסֵק (ז)
abricot (m)	'miʃmeʃ	מִשְׁמֵשׁ (ז)
framboise (f)	'petel	פֶּטֶל (ז)
ananas (m)	'ananas	אֲנָנָס (ז)

banane (f)	ba'nana	בַּנָנָה (נ)
pastèque (f)	ava'tiaχ	אֲבַטִּיחַ (ז)
raisin (m)	anavim	עֲנָבִים (ז"ר)
cerise (f)	duvdevan	דּוּבְדְּבָן (ז)
merise (f)	gudgedan	גּוּדְגְּדָן (ז)
melon (m)	melon	מֶלוֹן (ז)

pamplemousse (m)	eʃkolit	אֶשְׁכּוֹלִית (נ)
avocat (m)	avo'kado	אָבוֹקָדוֹ (ז)
papaye (f)	pa'paya	פַּפָּאיָה (נ)

mangue (f)	'mango	מַנְגּוֹ (ז)
grenade (f)	rimon	רִימוֹן (ז)

groseille (f) rouge	dumdemanit aduma	דּוּמְדְּמָנִית אֲדוּמָה (נ)
cassis (m)	dumdemanit ʃχora	דּוּמְדְּמָנִית שְׁחוֹרָה (נ)
groseille (f) verte	χazarzar	חֲזַרְזַר (ז)
myrtille (f)	uχmanit	אוּכְמָנִית (נ)
mûre (f)	'petel ʃaχor	פֶּטֶל שָׁחוֹר (ז)

raisin (m) sec	tsimukim	צִימוּקִים (ז"ר)
figue (f)	te'ena	תְּאֵנָה (נ)
datte (f)	tamar	תָּמָר (ז)

cacahuète (f)	botnim	בּוֹטְנִים (ז"ר)
amande (f)	ʃaked	שָׁקֵד (ז)
noix (f)	egoz 'meleχ	אֱגוֹז מֶלֶךְ (ז)
noisette (f)	egoz ilsar	אֱגוֹז אִלְסָר (ז)
noix (f) de coco	'kokus	קוֹקוּס (ז)
pistaches (f pl)	'fistuk	פִּיסְטוּק (ז)

48. Le pain. Les confiseries

confiserie (f)	mutsrei kondi'torya	מוּצְרֵי קוֹנְדִּיטוֹרְיָה (ז"ר)
pain (m)	'leχem	לֶחֶם (ז)
biscuit (m)	ugiya	עוּגִיָּה (נ)

chocolat (m)	'ʃokolad	שׁוֹקוֹלָד (ז)
en chocolat (adj)	mi'ʃokolad	מְשׁוֹקוֹלָד
bonbon (m)	sukariya	סוּכָּרִיָּה (נ)
gâteau (m), pâtisserie (f)	uga	עוּגָה (נ)
tarte (f)	uga	עוּגָה (נ)

gâteau (m)	pai	פָּאִי (ז)
garniture (f)	milui	מִילּוּי (ז)

confiture (f)	riba	רִיבָּה (נ)
marmelade (f)	marme'lada	מַרְמֵלָדָה (נ)
gaufre (f)	'vaflim	וָפְלִים (ז"ר)
glace (f)	'glida	גְּלִידָה (נ)
pudding (m)	'puding	פּוּדִינְג (ז)

49. Les plats cuisinés

plat (m)	mana	מָנָה (נ)
cuisine (f)	mitbaχ	מִטְבָּח (ז)
recette (f)	matkon	מַתְכּוֹן (ז)
portion (f)	mana	מָנָה (נ)

salade (f)	salat	סָלָט (ז)
soupe (f)	marak	מָרָק (ז)
bouillon (m)	marak tsaχ, tsir	מָרָק צַח, צִיר (ז)
sandwich (m)	kariχ	כָּרִיךְ (ז)

les œufs brouillés	beitsat ain	בֵּיצַת עַיִן (נ)
hamburger (m)	'hamburger	הַמְבּוּרְגֶר (ז)
steak (m)	umtsa, steik	אוּמְצָה (נ), סְטֵייק (ז)

garniture (f)	to'sefet	תּוֹסֶפֶת (נ)
spaghettis (m pl)	spa'geti	סְפָּגֶטִי (ז)
purée (f)	meχit tapuχei adama	מְחִית תַּפּוּחֵי אֲדָמָה (נ)
pizza (f)	'pitsa	פִּיצָה (נ)
bouillie (f)	daysa	דַּייסָה (נ)
omelette (f)	χavita	חֲבִיתָה (נ)

cuit à l'eau (adj)	mevuʃal	מְבוּשָל
fumé (adj)	me'uʃan	מְעוּשָן
frit (adj)	metugan	מְטוּגָן
sec (adj)	meyubaʃ	מְיוּבָש
congelé (adj)	kafu	קָפוּא
mariné (adj)	kavuʃ	כָּבוּש

sucré (adj)	matok	מָתוֹק
salé (adj)	ma'luaχ	מָלוּחַ
froid (adj)	kar	קָר
chaud (adj)	χam	חַם
amer (adj)	marir	מָרִיר
bon (savoureux)	ta'im	טָעִים

cuire à l'eau	levaʃel be'mayim rotχim	לְבַשֵל בְּמַיִם רוֹתְחִים
préparer (le dîner)	levaʃel	לְבַשֵל
faire frire	letagen	לְטַגֵן
réchauffer (vt)	leχamem	לְחַמֵם

saler (vt)	leham'liaχ	לְהַמְלִיחַ
poivrer (vt)	lefalpel	לְפַלְפֵל
râper (vt)	lerasek	לְרַסֵק
peau (f)	klipa	קְלִיפָּה (נ)
éplucher (vt)	lekalef	לְקַלֵף

50. Les épices

sel (m)	'melaχ	מֶלַח (ז)
salé (adj)	ma'luaχ	מָלוּחַ
saler (vt)	leham'liaχ	לְהַמְלִיחַ

poivre (m) noir	'pilpel ʃaχor	פִּלְפֵּל שָחוֹר (ז)
poivre (m) rouge	'pilpel adom	פִּלְפֵּל אָדוֹם (ז)
moutarde (f)	χardal	חַרְדָל (ז)
raifort (m)	χa'zeret	חֲזֶרֶת (נ)

condiment (m)	'rotev	רוֹטֶב (ז)
épice (f)	tavlin	תַּבְלִין (ז)
sauce (f)	'rotev	רוֹטֶב (ז)
vinaigre (m)	'χomets	חוֹמֶץ (ז)

| anis (m) | kamnon | כַּמְנוֹן (ז) |
| basilic (m) | reχan | רֵיחָן (ז) |

clou (m) de girofle	tsi'poren	צִיפּוֹרֶן (ז)
gingembre (m)	'dʒindʒer	גִ׳ינגֶ׳ר (ז)
coriandre (m)	'kusbara	כּוּסבָּרָה (נ)
cannelle (f)	kinamon	קִינָמוֹן (ז)
sésame (m)	'ʃumʃum	שׁוּמשׁוּם (ז)
feuille (f) de laurier	ale dafna	עֲלֵה דַפנָה (ז)
paprika (m)	'paprika	פַּפּרִיקָה (נ)
cumin (m)	'kimel	קִימָל (ז)
safran (m)	ze'afran	זְעַפרָן (ז)

51. Les repas

nourriture (f)	'oχel	אוֹכֶל (ז)
manger (vi, vt)	le'eχol	לֶאֱכוֹל
petit déjeuner (m)	aruχat 'boker	אֲרוּחַת בּוֹקֶר (נ)
prendre le petit déjeuner	le'eχol aruχat 'boker	לֶאֱכוֹל אֲרוּחַת בּוֹקֶר
déjeuner (m)	aruχat tsaha'rayim	אֲרוּחַת צָהֳרַיִים (נ)
déjeuner (vi)	le'eχol aruχat tsaha'rayim	לֶאֱכוֹל אֲרוּחַת צָהֳרַיִים
dîner (m)	aruχat 'erev	אֲרוּחַת עֶרֶב (נ)
dîner (vi)	le'eχol aruχat 'erev	לֶאֱכוֹל אֲרוּחַת עֶרֶב
appétit (m)	te'avon	תֵיאָבוֹן (ז)
Bon appétit!	betei'avon!	בְּתֵיאָבוֹן!
ouvrir (vt)	lif'toaχ	לִפתוֹחַ
renverser (liquide)	liʃpoχ	לִשפּוֹך
se renverser (liquide)	lehiʃapeχ	לְהִישָׁפֵך
bouillir (vi)	lir'toaχ	לִרתוֹחַ
faire bouillir	lehar'tiaχ	לְהַרתִיחַ
bouilli (l'eau ~e)	ra'tuaχ	רָתוּחַ
refroidir (vt)	lekarer	לְקָרֵר
se refroidir (vp)	lehitkarer	לְהִתקָרֵר
goût (m)	'ta'am	טַעַם (ז)
arrière-goût (m)	'ta'am levai	טַעַם לְוַואי (ז)
suivre un régime	lirzot	לִרזוֹת
régime (m)	di''eta	דִיאָטָה (נ)
vitamine (f)	vitamin	וִיטָמִין (ז)
calorie (f)	ka'lorya	קָלוֹרְיָה (נ)
végétarien (m)	tsimχoni	צִמחוֹנִי (ז)
végétarien (adj)	tsimχoni	צִמחוֹנִי
lipides (m pl)	ʃumanim	שׁוּמָנִים (ז״ר)
protéines (f pl)	χelbonim	חֶלבּוֹנִים (ז״ר)
glucides (m pl)	paχmema	פַּחמֵימָה (נ)
tranche (f)	prusa	פּרוּסָה (נ)
morceau (m)	χatiχa	חֲתִיכָה (נ)
miette (f)	perur	פֵּירוּר (ז)

52. Le dressage de la table

cuillère (f)	kaf	כַּף (ז)
couteau (m)	sakin	סַכִּין (ז, נ)
fourchette (f)	mazleg	מַזְלֵג (ז)
tasse (f)	'sefel	סֵפֶל (ז)
assiette (f)	tsa'laxat	צַלַחַת (נ)
soucoupe (f)	taxtit	תַחְתִּית (נ)
serviette (f)	mapit	מַפִּית (נ)
cure-dent (m)	keisam ʃi'nayim	קֵיסָם שִׁנַּיִים (ז)

53. Le restaurant

restaurant (m)	mis'ada	מִסְעָדָה (נ)
salon (m) de café	beit kafe	בֵּית קָפֶה (ז)
bar (m)	bar, pab	בָּר, פָּאבּ (ז)
salon (m) de thé	beit te	בֵּית תֵה (ז)
serveur (m)	meltsar	מֶלְצָר (ז)
serveuse (f)	meltsarit	מֶלְצָרִית (נ)
barman (m)	'barmen	בַּרְמֶן (ז)
carte (f)	tafrit	תַפְרִיט (ז)
carte (f) des vins	reʃimat yeynot	רְשִׁימַת יֵינוֹת (נ)
réserver une table	lehazmin ʃulxan	לְהַזְמִין שׁוּלְחָן
plat (m)	mana	מָנָה (נ)
commander (vt)	lehazmin	לְהַזְמִין
faire la commande	lehazmin	לְהַזְמִין
apéritif (m)	maʃke meta'aven	מַשְׁקֶה מְתַאֲבֵן (ז)
hors-d'œuvre (m)	meta'aven	מְתַאֲבֵן (ז)
dessert (m)	ki'nuax	קִינוּחַ (ז)
addition (f)	xeʃbon	חֶשְׁבּוֹן (ז)
régler l'addition	leʃalem	לְשַׁלֵּם
rendre la monnaie	latet 'odef	לָתֵת עוֹדֶף
pourboire (m)	tip	טִיפּ (ז)

La famille. Les parents. Les amis

54. Les données personnelles. Les formulaires

prénom (m)	ʃem	שֵׁם (ז)
nom (m) de famille	ʃem miʃpaχa	שֵׁם מִשְׁפָּחָה (ז)
date (f) de naissance	ta'ariχ leda	תַּאֲרִיךְ לֵידָה (ז)
lieu (m) de naissance	mekom leda	מְקוֹם לֵידָה (ז)

nationalité (f)	le'om	לְאוֹם (ז)
domicile (m)	mekom megurim	מְקוֹם מְגוּרִים (ז)
pays (m)	medina	מְדִינָה (נ)
profession (f)	mik'tso'a	מִקְצוֹעַ (ז)

sexe (m)	min	מִין (ז)
taille (f)	'gova	גּוֹבַה (ז)
poids (m)	miʃkal	מִשְׁקָל (ז)

55. La famille. Les liens de parenté

mère (f)	em	אֵם (נ)
père (m)	av	אָב (ז)
fils (m)	ben	בֵּן (ז)
fille (f)	bat	בַּת (נ)

fille (f) cadette	habat haktana	הַבַּת הַקְּטַנָה (נ)
fils (m) cadet	haben hakatan	הַבֵּן הַקָּטָן (ז)
fille (f) aînée	habat habχora	הַבַּת הַבְּכוֹרָה (נ)
fils (m) aîné	haben habχor	הַבֵּן הַבְּכוֹר (ז)

frère (m)	aχ	אָח (ז)
frère (m) aîné	aχ gadol	אָח גָדוֹל (ז)
frère (m) cadet	aχ katan	אָח קָטָן (ז)
sœur (f)	aχot	אָחוֹת (נ)
sœur (f) aînée	aχot gdola	אָחוֹת גדוֹלָה (נ)
sœur (f) cadette	aχot ktana	אָחוֹת קְטַנָה (נ)

cousin (m)	ben dod	בֵּן דוֹד (ז)
cousine (f)	bat 'doda	בַּת דוֹדָה (נ)
maman (f)	'ima	אִמָא (נ)
papa (m)	'aba	אַבָּא (ז)
parents (m pl)	horim	הוֹרִים (ז״ר)
enfant (m, f)	'yeled	יֶלֶד (ז)
enfants (pl)	yeladim	יְלָדִים (ז״ר)

grand-mère (f)	'savta	סַבְתָּא (נ)
grand-père (m)	'saba	סַבָּא (ז)
petit-fils (m)	'neχed	נֶכֶד (ז)

| petite-fille (f) | neχda | נֶבְדָה (נ) |
| petits-enfants (pl) | neχadim | נְבָדִים (ז"ר) |

oncle (m)	dod	דוֹד (ז)
tante (f)	'doda	דוֹדָה (נ)
neveu (m)	aχyan	אַחְיָין (ז)
nièce (f)	aχyanit	אַחְיָנִית (נ)

belle-mère (f)	χamot	חָמוֹת (נ)
beau-père (m)	χam	חָם (ז)
gendre (m)	χatan	חָתָן (ז)
belle-mère (f)	em χoreget	אֵם חוֹרֶגֶת (נ)
beau-père (m)	av χoreg	אָב חוֹרֵג (ז)

nourrisson (m)	tinok	תִּינוֹק (ז)
bébé (m)	tinok	תִּינוֹק (ז)
petit (m)	pa'ot	פָּעוֹט (ז)

femme (f)	iʃa	אִשָּׁה (נ)
mari (m)	'ba'al	בַּעַל (ז)
époux (m)	ben zug	בֶּן זוּג (ז)
épouse (f)	bat zug	בַּת זוּג (נ)

marié (adj)	nasui	נָשׂוּי
mariée (adj)	nesu'a	נְשׂוּאָה
célibataire (adj)	ravak	רַוָּק
célibataire (m)	ravak	רַוָּק (ז)
divorcé (adj)	garuʃ	גָּרוּשׁ
veuve (f)	almana	אַלְמָנָה (נ)
veuf (m)	alman	אַלְמָן (ז)

parent (m)	karov miʃpaχa	קָרוֹב מִשְׁפָּחָה (ז)
parent (m) proche	karov miʃpaχa	קָרוֹב מִשְׁפָּחָה (ז)
parent (m) éloigné	karov raχok	קָרוֹב רָחוֹק (ז)
parents (m pl)	krovei miʃpaχa	קְרוֹבֵי מִשְׁפָּחָה (ז"ר)

orphelin (m)	yatom	יָתוֹם (ז)
orpheline (f)	yetoma	יְתוֹמָה (נ)
tuteur (m)	apo'tropos	אַפּוֹטְרוֹפּוֹס (ז)
adopter (un garçon)	le'amets	לְאַמֵּץ
adopter (une fille)	le'amets	לְאַמֵּץ

56. Les amis. Les collègues

ami (m)	χaver	חָבֵר (ז)
amie (f)	χavera	חָבֵרָה (נ)
amitié (f)	yedidut	יְדִידוּת (נ)
être ami	lihyot yadidim	לִהְיוֹת יָדִידִים

copain (m)	χaver	חָבֵר (ז)
copine (f)	χavera	חָבֵרָה (נ)
partenaire (m)	ʃutaf	שׁוּתָף (ז)
chef (m)	menahel, roʃ	מְנַהֵל (ז), רֹאשׁ (ז)
supérieur (m)	memune	מְמוּנֶה (ז)

propriétaire (m)	be'alim	בְּעָלִים (ז)
subordonné (m)	kafuf le	כָּפוּף ל (ז)
collègue (m, f)	amit	עָמִית (ז)

connaissance (f)	makar	מַכָּר (ז)
compagnon (m) de route	ben levaya	בֶּן לְוָיָה (ז)
copain (m) de classe	xaver lekita	חָבֵר לְכִיתָה (ז)

voisin (m)	ʃaxen	שָׁכֵן (ז)
voisine (f)	ʃxena	שְׁכֵנָה (נ)
voisins (m pl)	ʃxenim	שְׁכֵנִים (ז"ר)

57. L'homme. La femme

femme (f)	iʃa	אִשָּׁה (נ)
jeune fille (f)	baxura	בַּחוּרָה (נ)
fiancée (f)	kala	כַּלָּה (נ)

belle (adj)	yafa	יָפָה
de grande taille	gvoha	גְבוֹהָה
svelte (adj)	tmira	תְמִירָה
de petite taille	namux	נָמוּךְ

| blonde (f) | blon'dinit | בְּלוֹנְדִינִית (נ) |
| brune (f) | bru'netit | בְּרוּנֶטִית (נ) |

de femme (adj)	ʃel naʃim	שֶׁל נָשִׁים
vierge (f)	betula	בְּתוּלָה (נ)
enceinte (adj)	hara	הָרָה

homme (m)	'gever	גֶּבֶר (ז)
blond (m)	blon'dini	בְּלוֹנְדִינִי (ז)
brun (m)	ʃxarxar	שְׁחַרְחַר
de grande taille	ga'voha	גָבוֹהַּ
de petite taille	namux	נָמוּךְ

rude (adj)	gas	גַּס
trapu (adj)	guʦ	גּוּץ
robuste (adj)	xason	חָסוֹן
fort (adj)	xazak	חָזָק
force (f)	'koax	כּוֹחַ (ז)

gros (adj)	ʃamen	שָׁמֵן
basané (adj)	ʃaxum	שָׁחוּם
svelte (adj)	tamir	תָּמִיר
élégant (adj)	ele'ganti	אֶלֶגַנְטִי

58. L'age

âge (m)	gil	גִּיל (ז)
jeunesse (f)	ne'urim	נְעוּרִים (ז"ר)
jeune (adj)	ʦa'ir	צָעִיר

| plus jeune (adj) | tsa'ir yoter | צָעִיר יוֹתֵר |
| plus âgé (adj) | mevugar yoter | מְבוּגָר יוֹתֵר |

jeune homme (m)	baχur	בָּחוּר (ז)
adolescent (m)	'na'ar	נַעַר (ז)
gars (m)	baχur	בָּחוּר (ז)

| vieillard (m) | zaken | זָקֵן (ז) |
| vieille femme (f) | zkena | זְקֵנָה (נ) |

adulte (m)	mevugar	מְבוּגָר (ז)
d'âge moyen (adj)	bagil ha'amida	בְּגִיל הָעֲמִידָה
âgé (adj)	zaken	זָקֵן
vieux (adj)	zaken	זָקֵן

retraite (f)	'pensya	פֶּנְסְיָה (נ)
prendre sa retraite	latset legimla'ot	לָצֵאת לְגִימְלָאוֹת
retraité (m)	pensyoner	פֶּנְסִיוֹנֶר (ז)

59. Les enfants. Les adolescents

enfant (m, f)	'yeled	יֶלֶד (ז)
enfants (pl)	yeladim	יְלָדִים (ז״ר)
jumeaux (m pl)	te'omim	תְּאוֹמִים (ז״ר)

berceau (m)	arisa	עֲרִיסָה (נ)
hochet (m)	ra'aʃan	רַעֲשָׁן (ז)
couche (f)	χitul	חִיתוּל (ז)

tétine (f)	motsets	מוֹצֵץ (ז)
poussette (m)	agala	עֲגָלָה (נ)
école (f) maternelle	gan yeladim	גַן יְלָדִים (ז)
baby-sitter (m, f)	beibi'siter	בֵּיבִּיסִיטֶר (ז, נ)

enfance (f)	yaldut	יַלְדוּת (נ)
poupée (f)	buba	בּוּבָּה (נ)
jouet (m)	tsa'a'tsu'a	צַעֲצוּעַ (ז)
jeu (m) de construction	misχak harkava	מִשְׂחַק הַרְכָּבָה (ז)

bien élevé (adj)	meχunaχ	מְחוּנָךְ
mal élevé (adj)	lo meχunaχ	לֹא מְחוּנָךְ
gâté (adj)	mefunak	מְפוּנָק

faire le vilain	lehiʃtovev	לְהִשְׁתּוֹבֵב
vilain (adj)	ʃovav	שׁוֹבָב
espièglerie (f)	ma'ase 'kundes	מַעֲשֵׂה קוּנְדֶס (ז)
vilain (m)	'yeled ʃovav	יֶלֶד שׁוֹבָב (ז)

| obéissant (adj) | tsaytan | צַיְתָן |
| désobéissant (adj) | lo memuʃma | לֹא מְמוּשְׁמָע |

sage (adj)	ka'nu'a	כָּנוּעַ
intelligent (adj)	χaχam	חָכָם
l'enfant prodige	'yeled 'pele	יֶלֶד פֶּלֶא (ז)

60. Les couples mariés. La vie de famille

embrasser (sur les lèvres)	lenaʃek	לְנַשֵּׁק
s'embrasser (vp)	lehitnaʃek	לְהִתְנַשֵּׁק
famille (f)	miʃpaχa	מִשְׁפָּחָה (נ)
familial (adj)	miʃpaχti	מִשְׁפַּחְתִּי
couple (m)	zug	זוּג (ז)
mariage (m) (~ civil)	nisu'im	נִישׂוּאִים (ז״ר)
foyer (m) familial	aχ, ken	אָח (ז), קֵן (ז)
dynastie (f)	ʃo'ʃelet	שׁוֹשֶׁלֶת (נ)

rendez-vous (m)	deit	דֵּייט (ז)
baiser (m)	neʃika	נְשִׁיקָה (נ)

amour (m)	ahava	אַהֲבָה (נ)
aimer (qn)	le'ehov	לֶאֱהוֹב
aimé (adj)	ahuv	אָהוּב

tendresse (f)	roχ	רוֹךְ (ז)
tendre (affectueux)	adin, raχ	עָדִין, רַךְ
fidélité (f)	ne'emanut	נֶאֱמָנוּת (נ)
fidèle (adj)	masur	מָסוּר
soin (m) (~ de qn)	de'aga	דְּאָגָה (נ)
attentionné (adj)	do'eg	דּוֹאֵג

jeunes mariés (pl)	zug tsa'ir	זוּג צָעִיר (ז)
lune (f) de miel	ya'reaχ dvaʃ	יְרַח דְּבַשׁ (ז)
se marier	lehitχaten	לְהִתְחַתֵּן
(prendre pour époux)		
se marier	lehitχaten	לְהִתְחַתֵּן
(prendre pour épouse)		

mariage (m)	χatuna	חֲתוּנָה (נ)
les noces d'or	χatunat hazahav	חֲתוּנַת הַזָּהָב (נ)
anniversaire (m)	yom nisu'in	יוֹם נִישׂוּאִין (ז)

amant (m)	me'ahev	מְאַהֵב (ז)
maîtresse (f)	mea'hevet	מְאַהֶבֶת (נ)

adultère (m)	bgida	בְּגִידָה (נ)
commettre l'adultère	livgod be...	לִבְגּוֹד בְּ...
jaloux (adj)	kanai	קַנַּאי
être jaloux	lekane	לְקַנֵּא
divorce (m)	geruʃin	גֵּרוּשִׁין (ז״ר)
divorcer (vi)	lehitgareʃ mi...	לְהִתְגָּרֵשׁ מִ...

se disputer (vp)	lariv	לָרִיב
se réconcilier (vp)	lehitpayes	לְהִתְפַּיֵּיס
ensemble (adv)	be'yaχad	בְּיַחַד
sexe (m)	min	מִין (ז)

bonheur (m)	'oʃer	אוֹשֶׁר (ז)
heureux (adj)	me'uʃar	מְאוּשָׁר
malheur (m)	ason	אָסוֹן (ז)
malheureux (adj)	umlal	אוּמְלָל

Le caractère. Les émotions

61. Les sentiments. Les émotions

sentiment (m)	'regeʃ	רֶגֶשׁ (ז)
sentiments (m pl)	regaʃot	רְגָשׁוֹת (ז״ר)
sentir (vt)	lehargiʃ	לְהַרְגִּישׁ

faim (f)	'ra'av	רָעָב (ז)
avoir faim	lihyot ra'ev	לִהְיוֹת רָעֵב
soif (f)	tsima'on	צִמָּאוֹן (ז)
avoir soif	lihyot tsame	לִהְיוֹת צָמֵא
somnolence (f)	yaʃ'nuniyut	יַשְׁנוּנִיּוּת (נ)
avoir sommeil	lirtsot liʃon	לִרְצוֹת לִישׁוֹן

fatigue (f)	ayefut	עֲיֵפוּת (נ)
fatigué (adj)	ayef	עָיֵף
être fatigué	lehit'ayef	לְהִתְעַיֵּף

humeur (f) (de bonne ~)	matsav 'ruaχ	מַצַּב רוּחַ (ז)
ennui (m)	ʃi'amum	שִׁעֲמוּם (ז)
s'ennuyer (vp)	lehiʃta'amem	לְהִשְׁתַּעֲמֵם
solitude (f)	hitbodedut	הִתְבּוֹדְדוּת (נ)
s'isoler (vp)	lehitboded	לְהִתְבּוֹדֵד

inquiéter (vt)	lehad'ig	לְהַדְאִיג
s'inquiéter (vp)	lid'og	לִדְאוֹג
inquiétude (f)	de'aga	דְּאָגָה (נ)
préoccupation (f)	χarada	חֲרָדָה (נ)
soucieux (adj)	mutrad	מוּטְרָד
s'énerver (vp)	lihyot atsbani	לִהְיוֹת עַצְבָּנִי
paniquer (vi)	lehibahel	לְהִיבָּהֵל

espoir (m)	tikva	תִּקְוָה (נ)
espérer (vi)	lekavot	לְקַוּוֹת

certitude (f)	vada'ut	וַדָּאוּת (נ)
certain (adj)	vada'i	וַדָּאִי
incertitude (f)	i vada'ut	אִי וַדָּאוּת (נ)
incertain (adj)	lo ba'tuaχ	לֹא בָּטוּחַ

ivre (adj)	ʃikor	שִׁיכּוֹר
sobre (adj)	pi'keaχ	פִּיכֵּחַ
faible (adj)	χalaʃ	חַלָּשׁ
heureux (adj)	me'uʃar	מְאוּשָׁר
faire peur	lehafχid	לְהַפְחִיד
fureur (f)	teruf	טֵירוּף
rage (f), colère (f)	'za'am	זַעַם (ז)
dépression (f)	dika'on	דִּיכָּאוֹן (ז)
inconfort (m)	i noχut	אִי נוֹחוּת (נ)

confort (m)	noχut	נוֹחוּת (נ)
regretter (vt)	lehitsta'er	לְהִצְטַעֵר
regret (m)	χarata	חֲרָטָה (נ)
malchance (f)	'χoser mazal	חוֹסֶר מַזָל (ז)
tristesse (f)	'etsev	עֶצֶב (ז)
honte (f)	buʃa	בּוּשָׁה (נ)
joie, allégresse (f)	simχa	שִׂמְחָה (נ)
enthousiasme (m)	hitlahavut	הִתְלַהֲבוּת (נ)
enthousiaste (m)	mitlahev	מִתְלַהֵב
avoir de l'enthousiasme	lehitlahev	לְהִתְלַהֵב

62. Le caractère. La personnalité

caractère (m)	'ofi	אוֹפִי (ז)
défaut (m)	pgam be''ofi	פְּגַם בָּאוֹפִי (ז)
esprit (m)	'seχel	שֵׂכֶל (ז)
raison (f)	bina	בִּינָה (נ)
conscience (f)	matspun	מַצְפּוּן (ז)
habitude (f)	hergel	הֶרְגֵל (ז)
capacité (f)	ye'χolet	יְכוֹלֶת (נ)
savoir (faire qch)	la'da'at	לָדַעַת
patient (adj)	savlan	סַבְלָן
impatient (adj)	χasar savlanut	חֲסַר סַבְלָנוּת
curieux (adj)	sakran	סַקְרָן
curiosité (f)	sakranut	סַקְרָנוּת (נ)
modestie (f)	tsni'ut	צְנִיעוּת (נ)
modeste (adj)	tsa'nu'a	צָנוּעַ
vaniteux (adj)	lo tsa'nu'a	לֹא צָנוּעַ
paresse (f)	atslut	עַצְלוּת (נ)
paresseux (adj)	atsel	עָצֵל
paresseux (m)	atslan	עַצְלָן (ז)
astuce (f)	armumiyut	עַרְמוּמִיוּת (נ)
rusé (adj)	armumi	עַרְמוּמִי
méfiance (f)	'χoser emun	חוֹסֶר אֵמוּן (ז)
méfiant (adj)	χadʃani	חַדְשָׁנִי
générosité (f)	nedivut	נְדִיבוּת (נ)
généreux (adj)	nadiv	נָדִיב
doué (adj)	muχʃar	מוּכְשָׁר
talent (m)	kiʃaron	כִּישָׁרוֹן (ז)
courageux (adj)	amits	אַמִיץ
courage (m)	'omets	אוֹמֶץ (ז)
honnête (adj)	yaʃar	יָשָׁר
honnêteté (f)	'yoʃer	יוֹשֶׁר (ז)
prudent (adj)	zahir	זָהִיר
courageux (adj)	amits	אַמִיץ

sérieux (adj)	retsini	רְצִינִי
sévère (adj)	xamur	חָמוּר
décidé (adj)	nexrats	נֶחֱרָץ
indécis (adj)	hasesan	הַסְּסָן
timide (adj)	balʃan	בַּיְּשָׁן
timidité (f)	baiʃanut	בַּיְּשָׁנוּת (נ)
confiance (f)	emun	אֵמוּן (ז)
croire (qn)	leha'amin	לְהַאֲמִין
confiant (adj)	tam	תָּם
sincèrement (adv)	bexenut	בְּכֵנוּת
sincère (adj)	ken	כֵּן
sincérité (f)	kenut	כֵּנוּת (נ)
ouvert (adj)	pa'tuax	פָּתוּחַ
calme (adj)	ʃalev	שָׁלֵו
franc (sincère)	glui lev	גְּלוּי לֵב
naïf (adj)	na''ivi	נָאִיבִי
distrait (adj)	mefuzar	מְפֻזָּר
drôle, amusant (adj)	matsxik	מַצְחִיק
avidité (f)	ta'avat 'betsa	תַּאֲוַת בֶּצַע (נ)
avare (adj)	rodef 'betsa	רוֹדֵף בֶּצַע
radin (adj)	kamtsan	קַמְצָן
méchant (adj)	raʃa	רָשָׁע
têtu (adj)	akʃan	עַקְשָׁן
désagréable (adj)	lo na'im	לֹא נָעִים
égoïste (m)	ego'ist	אֶגוֹאִיסְט (ז)
égoïste (adj)	anoxi	אֲנוֹכִי
peureux (m)	paxdan	פַּחְדָן (ז)
peureux (adj)	paxdani	פַּחְדָנִי

63. Le sommeil. Les rêves

dormir (vi)	liʃon	לִישׁוֹן
sommeil (m)	ʃena	שֵׁינָה (נ)
rêve (m)	xalom	חֲלוֹם (ז)
rêver (en dormant)	laxalom	לַחֲלוֹם
endormi (adj)	radum	רָדוּם
lit (m)	mita	מִיטָה (נ)
matelas (m)	mizran	מִזְרָן (ז)
couverture (f)	smixa	שְׂמִיכָה (נ)
oreiller (m)	karit	כָּרִית (נ)
drap (m)	sadin	סָדִין (ז)
insomnie (f)	nedudei ʃena	נְדוּדֵי שֵׁינָה (ז"ר)
sans sommeil (adj)	xasar ʃena	חֲסַר שֵׁינָה
somnifère (m)	kadur ʃena	כַּדּוּר שֵׁינָה (ז)
prendre un somnifère	la'kaxat kadur ʃena	לָקַחַת כַּדּוּר שֵׁינָה
avoir sommeil	lirtsot liʃon	לִרְצוֹת לִישׁוֹן

bâiller (vi)	lefahek	לְפַהֵק
aller se coucher	la'leχet liʃon	לָלֶכֶת לִישׁוֹן
faire le lit	leha'tsi'a mita	לְהַצִּיעַ מִיטָה
s'endormir (vp)	leheradem	לְהֵירָדֵם

cauchemar (m)	siyut	סִיּוּט (ז)
ronflement (m)	neχira	נְחִירָה (נ)
ronfler (vi)	linχor	לִנְחוֹר

réveil (m)	ʃa'on me'orer	שָׁעוֹן מְעוֹרֵר (ז)
réveiller (vt)	leha'ir	לְהָעִיר
se réveiller (vp)	lehit'orer	לְהִתְעוֹרֵר
se lever (tôt, tard)	lakum	לָקוּם
se laver (le visage)	lehitraχets	לְהִתְרַחֵץ

64. L'humour. Le rire. La joie

humour (m)	humor	הוּמוֹר (ז)
sens (m) de l'humour	χuʃ humor	חוּשׁ הוּמוֹר (ז)
s'amuser (vp)	lehanot	לֵיהָנוֹת
joyeux (adj)	sa'meaχ	שָׂמֵחַ
joie, allégresse (f)	alitsut	עֲלִיצוּת (נ)

sourire (m)	χiyuχ	חִיּוּךְ (ז)
sourire (vi)	leχayeχ	לְחַיֵּךְ
se mettre à rire	lifrots bitsχok	לִפְרוֹץ בִּצְחוֹק
rire (vi)	litsχok	לִצְחוֹק
rire (m)	tsχok	צְחוֹק (ז)

anecdote (f)	anek'dota	אֲנֶקְדוֹטָה (נ)
drôle, amusant (adj)	matsχik	מַצְחִיק
comique, ridicule (adj)	meʃa'a'ʃe'a	מְשַׁעֲשֵׁעַ

plaisanter (vi)	lehitba'deaχ	לְהִתְבַּדֵּחַ
plaisanterie (f)	bdiχa	בְּדִיחָה (נ)
joie (f) (émotion)	simχa	שִׂמְחָה (נ)
se réjouir (vp)	lis'moaχ	לִשְׂמוֹחַ
joyeux (adj)	sa'meaχ	שָׂמֵחַ

65. Dialoguer et communiquer. Partie 1

| communication (f) | 'keʃer | קֶשֶׁר (ז) |
| communiquer (vi) | letakʃer | לְתַקְשֵׁר |

conversation (f)	siχa	שִׂיחָה (נ)
dialogue (m)	du 'siaχ	דּוּ־שִׂיחַ (ז)
discussion (f) (débat)	diyun	דִּיּוּן (ז)
débat (m)	vi'kuaχ	וִיכּוּחַ (ז)
discuter (vi)	lehitva'keaχ	לְהִתְוַוכֵּחַ

| interlocuteur (m) | ben 'siaχ | בֶּן שִׂיחַ (ז) |
| sujet (m) | nose | נוֹשֵׂא (ז) |

point (m) de vue	nekudat mabat	נְקוּדַת מַבָּט (נ)
opinion (f)	de'a	דֵּעָה (נ)
discours (m)	ne'um	נְאוּם (ז)

discussion (f) (d'un rapport)	diyun	דִּיּוּן (ז)
discuter (vt)	ladun	לָדוּן
conversation (f)	siχa	שִׂיחָה (נ)
converser (vi)	leso'χeaχ	לְשׂוֹחֵחַ
rencontre (f)	pgiʃa	פְּגִישָׁה (נ)
se rencontrer (vp)	lehipageʃ	לְהִיפָּגֵשׁ

proverbe (m)	pitgam	פִּתְגָּם (ז)
dicton (m)	pitgam	פִּתְגָּם (ז)
devinette (f)	χida	חִידָה (נ)
poser une devinette	laχud χida	לָחוּד חִידָה
mot (m) de passe	sisma	סִיסְמָה (נ)
secret (m)	sod	סוֹד (ז)

serment (m)	ʃvu'a	שְׁבוּעָה (נ)
jurer (de faire qch)	lehiʃava	לְהִישָּׁבַע
promesse (f)	havtaχa	הַבְטָחָה (נ)
promettre (vt)	lehav'tiaχ	לְהַבְטִיחַ

conseil (m)	etsa	עֵצָה (נ)
conseiller (vt)	leya'ets	לְיַיעֵץ
suivre le conseil (de qn)	lif'ol lefi ha'etsa	לִפְעוֹל לְפִי הָעֵצָה
écouter (~ ses parents)	lehiʃama	לְהִישָּׁמַע

nouvelle (f)	χadaʃot	חֲדָשׁוֹת (נ״ר)
sensation (f)	sen'satsya	סֶנְסַצְיָה (נ)
renseignements (m pl)	meida	מֵידָע (ז)
conclusion (f)	maskana	מַסְקָנָה (נ)
voix (f)	kol	קוֹל (ז)
compliment (m)	maχma'a	מַחְמָאָה (נ)
aimable (adj)	adiv	אָדִיב

mot (m)	mila	מִילָה (נ)
phrase (f)	miʃpat	מִשְׁפָּט (ז)
réponse (f)	tʃuva	תְּשׁוּבָה (נ)

| vérité (f) | emet | אֱמֶת (נ) |
| mensonge (m) | 'ʃeker | שֶׁקֶר (ז) |

pensée (f)	maχʃava	מַחְשָׁבָה (נ)
idée (f)	ra'ayon	רַעְיוֹן (ז)
fantaisie (f)	fan'tazya	פַנְטַזְיָה (נ)

66. Dialoguer et communiquer. Partie 2

respecté (adj)	meχubad	מְכוּבָּד
respecter (vt)	leχabed	לְכַבֵּד
respect (m)	kavod	כָּבוֹד (ז)
Cher ...	hayakar ...	הַיָּקָר ...
présenter (faire connaître)	la'asot hekerut	לַעֲשׂוֹת הֶיכֵּרוּת

faire la connaissance	lehakir	לְהַכִּיר
intention (f)	kavana	כַּוָּנָה (נ)
avoir l'intention	lehitkaven	לְהִתְכַּוֵּן
souhait (m)	iχul	אִיחוּל (ז)
souhaiter (vt)	le'aχel	לְאַחֵל
étonnement (m)	hafta'a	הַפְתָּעָה (נ)
étonner (vt)	lehaf'ti'a	לְהַפְתִּיעַ
s'étonner (vp)	lehitpale	לְהִתְפַּלֵּא
donner (vt)	latet	לָתֵת
prendre (vt)	la'kaχat	לָקַחַת
rendre (vt)	lehaχzir	לְהַחְזִיר
retourner (vt)	lehaʃiv	לְהָשִׁיב
s'excuser (vp)	lehitnatsel	לְהִתְנַצֵּל
excuse (f)	hitnatslut	הִתְנַצְּלוּת (נ)
pardonner (vt)	lis'loaχ	לִסְלוֹחַ
parler (~ avec qn)	ledaber	לְדַבֵּר
écouter (vt)	lehakʃiv	לְהַקְשִׁיב
écouter jusqu'au bout	liʃ'mo'a	לִשְׁמוֹעַ
comprendre (vt)	lehavin	לְהָבִין
montrer (vt)	lehar'ot	לְהַרְאוֹת
regarder (vt)	lehistakel	לְהִסְתַּכֵּל
appeler (vt)	likro le...	...לִקְרוֹא לְ
distraire (déranger)	lehaf'ri'a	לְהַפְרִיעַ
ennuyer (déranger)	lehaf'ri'a	לְהַפְרִיעַ
passer (~ le message)	limsor	לִמְסוֹר
prière (f) (demande)	bakaʃa	בַּקָּשָׁה (נ)
demander (vt)	levakeʃ	לְבַקֵּשׁ
exigence (f)	driʃa	דְּרִישָׁה (נ)
exiger (vt)	lidroʃ	לִדְרוֹשׁ
taquiner (vt)	lehitgarot	לְהִתְגָּרוֹת
se moquer (vp)	lil'og	לִלְעוֹג
moquerie (f)	'la'ag	לַעַג (ז)
surnom (m)	kinui	כִּינוּי (ז)
allusion (f)	'remez	רֶמֶז (ז)
faire allusion	lirmoz	לִרְמוֹז
sous-entendre (vt)	lehitkaven le...	...לְהִתְכַּוֵּן לְ
description (f)	te'ur	תֵּיאוּר (ז)
décrire (vt)	leta'er	לְתָאֵר
éloge (m)	'ʃevaχ	שֶׁבַח (ז)
louer (vt)	leʃa'beaχ	לְשַׁבֵּחַ
déception (f)	aχzava	אַכְזָבָה (נ)
décevoir (vt)	le'aχzev	לְאַכְזֵב
être déçu	lehit'aχzev	לְהִתְאַכְזֵב
supposition (f)	hanaχa	הַנָּחָה (נ)
supposer (vt)	leʃa'er	לְשַׁעֵר

avertissement (m)	azhara	אַזהָרָה (נ)
prévenir (vt)	lehazhir	לְהַזהִיר

67. Dialoguer et communiquer. Partie 3

convaincre (vt)	leʃaχ'ne'a	לְשַכנֵעַ
calmer (vt)	lehar'gi'a	לְהַרגִיעַ
silence (m) (~ est d'or)	ʃtika	שתִיקָה (נ)
rester silencieux	liʃtok	לִשתוֹק
chuchoter (vi, vt)	lilχoʃ	לִלחוֹש
chuchotement (m)	leχiʃa	לְחִישָה (נ)
sincèrement (adv)	beχenut	בְּכֵנוּת
à mon avis …	leda'ati …	לְדַעָתִי …
détail (m) (d'une histoire)	prat	פּרָט (ז)
détaillé (adj)	meforat	מְפוֹרָט
en détail (adv)	bimfurat	בִּמפוֹרָט
indice (m)	'remez	רֶמֶז (ז)
donner un indice	lirmoz	לִרמוֹז
regard (m)	mabat	מַבָּט (ז)
jeter un coup d'oeil	lehabit	לְהַבִּיט
fixe (un regard ~)	kafu	קָפוּא
clignoter (vi)	lematsmets	לְמַצמֵץ
cligner de l'oeil	likrots	לִקרוֹץ
hocher la tête	lehanhen	לְהַנהֵן
soupir (m)	anaχa	אָנָחָה (נ)
soupirer (vi)	lehe'anaχ	לְהֵיאָנַח
tressaillir (vi)	lir'od	לִרעוֹד
geste (m)	meχva	מֶחוָה (נ)
toucher (de la main)	la'ga'at be…	לָגַעַת בְּ…
saisir (par le bras)	litfos	לִתפוֹס
taper (sur l'épaule)	lit'poaχ	לִטפּוֹחַ
Attention!	zehirut!	זְהִירוּת!
Vraiment?	be'emet?	בֶּאֱמֶת?
Tu es sûr?	ata ba'tuaχ?	אַתָה בָּטוּחַ?
Bonne chance!	behatslaχa!	בְּהַצלָחָה!
Compris!	muvan!	מוּבָן!
Dommage!	χaval!	חָבָל!

68. L'accord. Le refus

accord (m)	haskama	הַסכָּמָה (נ)
être d'accord	lehaskim	לְהַסכִּים
approbation (f)	iʃur	אִישוּר (ז)
approuver (vt)	le'aʃer	לְאַשֵר
refus (m)	siruv	סֵירוּב (ז)

se refuser (vp)	lesarev	לְסָרֵב
Super!	metsuyan!	מְצוּיָן!
Bon!	tov!	טוֹב!
D'accord!	be'seder!	בְּסֵדֶר!

interdit (adj)	asur	אָסוּר
c'est interdit	asur	אָסוּר
c'est impossible	'bilti efʃari	בָּלתִי אֶפשָׁרִי
incorrect (adj)	ʃagui	שָׁגוּי

décliner (vt)	lidχot	לִדחוֹת
soutenir (vt)	litmoχ be…	לִתמוֹך בְּ…
accepter (condition, etc.)	lekabel	לְקַבֵּל

confirmer (vt)	le'aʃer	לְאַשֵׁר
confirmation (f)	iʃur	אִישׁוּר (ז)
permission (f)	reʃut	רְשׁוּת (נ)
permettre (vt)	leharʃot	לְהַרשׁוֹת
décision (f)	haχlata	הַחלָטָה (נ)
ne pas dire un mot	liʃtok	לִשׁתוֹק

condition (f)	tnai	תנַאי (ז)
excuse (f) (prétexte)	teruts	תֵירוּץ (ז)
éloge (m)	'ʃevaχ	שֶׁבַח (ז)
louer (vt)	leʃa'beaχ	לְשַׁבֵּחַ

69. La réussite. La chance. L'échec

succès (m)	hatsala	הַצלָחָה (נ)
avec succès (adv)	behatslaχa	בְּהַצלָחָה
réussi (adj)	mutslaχ	מוּצלָח

chance (f)	mazal	מַזָל (ז)
Bonne chance!	behatslaχa!	בְּהַצלָחָה!
de chance (jour ~)	mutslaχ	מוּצלָח
chanceux (adj)	bar mazal	בַּר מַזָל

échec (m)	kiʃalon	כִּישָׁלוֹן (ז)
infortune (f)	'χoser mazal	חוֹסֶר מַזָל (ז)
malchance (f)	'χoser mazal	חוֹסֶר מַזָל (ז)

| raté (adj) | lo mutslaχ | לֹא מוּצלָח |
| catastrophe (f) | ason | אָסוֹן (ז) |

fierté (f)	ga'ava	גַאֲוָה (נ)
fier (adj)	ge'e	גֵאֶה
être fier	lehitga'ot	לְהִתגָאוֹת

gagnant (m)	zoχe	זוֹכֶה (ז)
gagner (vi)	lena'tseaχ	לְנַצֵחַ
perdre (vi)	lehafsid	לְהַפסִיד
tentative (f)	nisayon	נִיסָיוֹן (ז)
essayer (vt)	lenasot	לְנַסוֹת
chance (f)	hizdamnut	הִזדַמנוּת (נ)

70. Les disputes. Les émotions négatives

cri (m)	tse'aka	צְעָקָה (נ)
crier (vi)	lits'ok	לִצְעוֹק
se mettre à crier	lehatχil lits'ok	לְהַתְחִיל לִצְעוֹק
dispute (f)	riv	רִיב (ז)
se disputer (vp)	lariv	לָרִיב
scandale (m) (dispute)	riv	רִיב (ז)
faire un scandale	lariv	לָרִיב
conflit (m)	siχsuχ	סִכְסוּךְ (ז)
malentendu (m)	i havana	אִי הֲבָנָה (נ)
insulte (f)	elbon	עֶלְבּוֹן (ז)
insulter (vt)	leha'aliv	לְהַעֲלִיב
insulté (adj)	ne'elav	נֶעֱלָב
offense (f)	tina	טִינָה (נ)
offenser (vt)	lif'go'a	לִפְגּוֹעַ
s'offenser (vp)	lehipaga	לְהִיפָּגַע
indignation (f)	hitmarmerut	הִתְמַרְמְרוּת (נ)
s'indigner (vp)	lehitra'em	לְהִתְרַעֵם
plainte (f)	tluna	תְּלוּנָה (נ)
se plaindre (vp)	lehitlonen	לְהִתְלוֹנֵן
excuse (f)	hitnatslut	הִתְנַצְּלוּת (נ)
s'excuser (vp)	lehitnatsel	לְהִתְנַצֵּל
demander pardon	levakeʃ sliχa	לְבַקֵּשׁ סְלִיחָה
critique (f)	bi'koret	בִּיקּוֹרֶת (נ)
critiquer (vt)	levaker	לְבַקֵּר
accusation (f)	ha'aʃama	הַאֲשָׁמָה (נ)
accuser (vt)	leha'aʃim	לְהַאֲשִׁים
vengeance (f)	nekama	נְקָמָה (נ)
se venger (vp)	linkom	לִנְקוֹם
faire payer (qn)	lehaχzir	לְהַחֲזִיר
mépris (m)	zilzul	זִלְזוּל (ז)
mépriser (vt)	lezalzel be...	לְזַלְזֵל בְּ...
haine (f)	sin'a	שִׂנְאָה (נ)
haïr (vt)	lisno	לִשְׂנוֹא
nerveux (adj)	atsbani	עַצְבָּנִי
s'énerver (vp)	lihyot atsbani	לִהְיוֹת עַצְבָּנִי
fâché (adj)	ka'us	כָּעוּס
fâcher (vt)	lehargiz	לְהַרְגִּיז
humiliation (f)	haʃpala	הַשְׁפָּלָה (נ)
humilier (vt)	lehaʃpil	לְהַשְׁפִּיל
s'humilier (vp)	lehaʃpil et atsmo	לְהַשְׁפִּיל אֶת עַצְמוֹ
choc (m)	'helem	הֶלֶם (ז)
choquer (vt)	leza'a'ze'a	לְזַעְזֵעַ
ennui (m) (problème)	tsara	צָרָה (נ)

désagréable (adj)	lo na'im	לא נָעִים
peur (f)	'paxad	פַּחַד (ז)
terrible (tempête, etc.)	nora	נוֹרָא
effrayant (histoire ~e)	mafxid	מַפְחִיד
horreur (f)	zva'a	זְוָעָה (נ)
horrible (adj)	ayom	אָיוֹם

commencer à trembler	lehera'ed	לְהֵירָעֵד
pleurer (vi)	livkot	לִבְכּוֹת
se mettre à pleurer	lehatxil livkot	לְהַתְחִיל לִבְכּוֹת
larme (f)	dim'a	דִמְעָה (נ)

faute (f)	aʃma	אַשְׁמָה (נ)
culpabilité (f)	rigʃei aʃam	רִגְשֵׁי אָשָׁם (ז״ר)
déshonneur (m)	xerpa	חֶרְפָּה (נ)
protestation (f)	mexa'a	מֶחָאָה (נ)
stress (m)	'laxats	לַחַץ (ז)

déranger (vt)	lehaf'ri'a	לְהַפְרִיעַ
être furieux	lix'os	לִכְעוֹס
en colère, fâché (adj)	zo'em	זוֹעֵם
rompre (relations)	lesayem	לְסַיֵים
réprimander (vt)	lekalel	לְקַלֵל

prendre peur	lehibahel	לְהִיבָּהֵל
frapper (vt)	lehakot	לְהַכּוֹת
se battre (vp)	lehitkotet	לְהִתְקוֹטֵט

régler (~ un conflit)	lehasdir	לְהַסְדִיר
mécontent (adj)	lo merutse	לא מְרוּצֶה
enragé (adj)	metoraf	מְטוֹרָף

| Ce n'est pas bien! | ze lo tov! | זֶה לא טוֹב! |
| C'est mal! | ze ra! | זֶה רַע! |

La médecine

71. Les maladies

maladie (f)	maxala	מַחֲלָה (נ)
être malade	lihyot xole	לִהְיוֹת חוֹלֶה
santé (f)	bri'ut	בְּרִיאוּת (נ)
rhume (m) (coryza)	na'zelet	נֶזֶלֶת (נ)
angine (f)	da'leket ʃkedim	דַּלֶּקֶת שְׁקֵדִים (נ)
refroidissement (m)	hitstanenut	הִצְטַנְּנוּת (נ)
prendre froid	lehitstanen	לְהִצְטַנֵּן
bronchite (f)	bron'xitis	בְּרוֹנְכִיטִיס (ז)
pneumonie (f)	da'leket re'ot	דַּלֶּקֶת רֵיאוֹת (נ)
grippe (f)	ʃa'pa'at	שַׁפַּעַת (נ)
myope (adj)	ktsar re'iya	קְצַר רְאִיָּה
presbyte (adj)	rexok re'iya	רְחוֹק־רְאִיָּה
strabisme (m)	pzila	פְּזִילָה (נ)
strabique (adj)	pozel	פּוֹזֵל
cataracte (f)	katarakt	קָטָרַקְט (ז)
glaucome (m)	gla'u'koma	גְּלָאוּקוֹמָה (נ)
insulte (f)	ʃavats moxi	שָׁבָץ מוֹחִי (ז)
crise (f) cardiaque	hetkef lev	הֶתְקֵף לֵב (ז)
infarctus (m) de myocarde	'otem ʃrir halev	אוֹטֶם שְׁרִיר הַלֵּב (ז)
paralysie (f)	ʃituk	שִׁיתּוּק (ז)
paralyser (vt)	leʃatek	לְשַׁתֵּק
allergie (f)	a'lergya	אֲלֶרְגְּיָה (נ)
asthme (m)	'astma, ka'tseret	אַסְתְּמָה, קַצֶּרֶת (נ)
diabète (m)	su'keret	סוּכֶּרֶת (נ)
mal (m) de dents	ke'ev ʃi'nayim	כְּאֵב שִׁינַּיִים (ז)
carie (f)	a'ʃeʃet	עַשֶּׁשֶׁת (נ)
diarrhée (f)	ʃilʃul	שִׁלְשׁוּל (ז)
constipation (f)	atsirut	עֲצִירוּת (נ)
estomac (m) barbouillé	kilkul keiva	קִלְקוּל קֵיבָה (ז)
intoxication (f) alimentaire	har'alat mazon	הַרְעָלַת מָזוֹן (נ)
être intoxiqué	laxatof har'alat mazon	לַחֲטוֹף הַרְעָלַת מָזוֹן
arthrite (f)	da'leket mifrakim	דַּלֶּקֶת מִפְרָקִים (נ)
rachitisme (m)	ra'kexet	רַכֶּכֶת (נ)
rhumatisme (m)	ʃigaron	שִׁיגָּרוֹן (ז)
athérosclérose (f)	ar'teryo skle'rosis	אַרְטֶרְיוֹ־סְקְלֵרוֹזִיס (ז)
gastrite (f)	da'leket keiva	דַּלֶּקֶת קֵיבָה (נ)
appendicite (f)	da'leket toseftan	דַּלֶּקֶת תּוֹסֶפְתָן (נ)

cholécystite (f)	da'leket kis hamara	דַלֶקֶת כִּיס הַמָרָה (נ)
ulcère (m)	'ulkus, kiv	אוֹלקוּס, כִּיב (ז)

rougeole (f)	χa'tsevet	חַצֶבֶת (נ)
rubéole (f)	a'demet	אַדֶמֶת (נ)
jaunisse (f)	tsa'hevet	צָהֶבֶת (נ)
hépatite (f)	da'leket kaved	דַלֶקֶת כָּבֵד (נ)

schizophrénie (f)	sχizo'frenya	סכִיזוֹפרֶניָה (נ)
rage (f) (hydrophobie)	ka'levet	כַּלֶבֶת (נ)
névrose (f)	noi'roza	נוֹירוֹזָה (נ)
commotion (f) cérébrale	za'a'zu'a 'moaχ	זַעֲזוּעַ מוֹחַ (ז)

cancer (m)	sartan	סַרטָן (ז)
sclérose (f)	ta'reʃet	טָרֶשֶת (נ)
sclérose (f) en plaques	ta'reʃet nefotsa	טָרֶשֶת נְפוֹצָה (נ)

alcoolisme (m)	alkoholizm	אַלכּוֹהוֹליזם (ז)
alcoolique (m)	alkoholist	אַלכּוֹהוֹליסט (ז)
syphilis (f)	a'gevet	עַגֶבֶת (נ)
SIDA (m)	eids	אֵיידס (ז)

tumeur (f)	gidul	גִידוּל (ז)
maligne (adj)	mam'ir	מַמאִיר
bénigne (adj)	ʃapir	שָׁפִיר

fièvre (f)	ka'daχat	קַדַחַת (נ)
malaria (f)	ma'larya	מָלַריָה (נ)
gangrène (f)	gan'grena	גַנגרֶנָה (נ)
mal (m) de mer	maχalat yam	מַחֲלַת יָם (נ)
épilepsie (f)	maχalat hanefila	מַחֲלַת הַנְפִילָה (נ)

épidémie (f)	magefa	מַגֵיפָה (נ)
typhus (m)	'tifus	טִיפוּס (ז)
tuberculose (f)	ʃa'χefet	שַׁחֶפֶת (נ)
choléra (m)	ko'lera	כּוֹלֶרָה (נ)
peste (f)	davar	דֶבֶר (ז)

72. Les symptômes. Le traitement. Partie 1

symptôme (m)	simptom	סִימפּטוֹם (ז)
température (f)	χom	חוֹם (ז)
fièvre (f)	χom ga'voha	חוֹם גָבוֹהַ (ז)
pouls (m)	'dofek	דוֹפֶק (ז)

vertige (m)	sχar'χoret	סחַרחוֹרֶת (נ)
chaud (adj)	χam	חַם
frisson (m)	tsmar'moret	צְמַרמוֹרֶת (נ)
pâle (adj)	χiver	חִיוֵר

toux (f)	ʃi'ul	שִׁיעוּל (ז)
tousser (vi)	lehiʃta'el	לְהִשתַעֵל
éternuer (vi)	lehit'ateʃ	לְהִתעַטֵש
évanouissement (m)	ilafon	עִילָפוֹן (ז)

s'évanouir (vp)	lehit'alef	לְהִתְעַלֵף
bleu (m)	χabura	חַבּוּרָה (נ)
bosse (f)	blita	בְּלִיטָה (נ)
se heurter (vp)	lekabel maka	לְקַבֵּל מַכָּה
meurtrissure (f)	maka	מַכָּה (נ)
se faire mal	lekabel maka	לְקַבֵּל מַכָּה

boiter (vi)	lits'lo'a	לְצְלוֹעַ
foulure (f)	'neka	נֶקַע (ז)
se démettre (l'épaule, etc.)	lin'ko'a	לִנְקוֹעַ
fracture (f)	'ʃever	שֶׁבֶר (ז)
avoir une fracture	liʃbor	לִשְׁבּוֹר

coupure (f)	χataχ	חָתָךְ (ז)
se couper (~ le doigt)	lehiχateχ	לְהֵיחָתֵךְ
hémorragie (f)	dimum	דִימוּם (ז)

brûlure (f)	kviya	כְּוִוייָה (נ)
se brûler (vp)	laχatof kviya	לַחֲטוֹף כְּוִוייָה

se piquer (le doigt)	lidkor	לִדְקוֹר
se piquer (vp)	lehidaker	לְהִידָקֵר
blesser (vt)	lif'tso'a	לִפְצוֹעַ
blessure (f)	ptsi'a	פְּצִיעָה (נ)
plaie (f) (blessure)	'petsa	פֶּצַע (ז)
trauma (m)	'tra'uma	טְרָאוּמָה (נ)

délirer (vi)	lahazot	לַהֲזוֹת
bégayer (vi)	legamgem	לְגַמְגֵם
insolation (f)	makat 'ʃemeʃ	מַכַּת שֶׁמֶשׁ (נ)

73. Les symptômes. Le traitement. Partie 2

douleur (f)	ke'ev	כְּאֵב (ז)
écharde (f)	kots	קוֹץ (ז)

sueur (f)	ze'a	זֵיעָה (נ)
suer (vi)	leha'zi'a	לְהַזִיעַ
vomissement (m)	haka'a	הֲקָאָה (נ)
spasmes (m pl)	pirkusim	פִּירְפּוּסִים (ז"ר)

enceinte (adj)	hara	הָרָה
naître (vi)	lehivaled	לְהִיוֹוָלֵד
accouchement (m)	leda	לֵידָה (נ)
accoucher (vi)	la'ledet	לָלֶדֶת
avortement (m)	hapala	הַפָּלָה (נ)

respiration (f)	neʃima	נְשִׁימָה (נ)
inhalation (f)	ʃe'ifa	שְׁאִיפָה (נ)
expiration (f)	neʃifa	נְשִׁיפָה (נ)
expirer (vi)	linʃof	לִנְשׁוֹף
inspirer (vi)	liʃ'of	לִשְׁאוֹף
invalide (m)	naχe	נָכֶה (ז)
handicapé (m)	naχe	נָכֶה (ז)

drogué (m)	narkoman	נַרְקוֹמָן (ז)
sourd (adj)	xereʃ	חֵירֵשׁ
muet (adj)	ilem	אִילֵם
sourd-muet (adj)	xereʃ-ilem	חֵירֵשׁ־אִילֵם
fou (adj)	meʃuga	מְשׁוּגָע
fou (m)	meʃuga	מְשׁוּגָע (ז)
folle (f)	meʃu'ga'at	מְשׁוּגַעַת (נ)
devenir fou	lehiʃta'ge'a	לְהִשְׁתַּגֵּעַ
gène (m)	gen	גֵּן (ז)
immunité (f)	xasinut	חֲסִינוּת (נ)
héréditaire (adj)	toraʃti	תּוֹרַשְׁתִּי
congénital (adj)	mulad	מוּלָד
virus (m)	'virus	וִירוּס (ז)
microbe (m)	xaidak	חַיְדָּק (ז)
bactérie (f)	bak'terya	בַּקְטֶרְיָה (נ)
infection (f)	zihum	זִיהוּם (ז)

74. Les symptômes. Le traitement. Partie 3

hôpital (m)	beit xolim	בֵּית חוֹלִים (ז)
patient (m)	metupal	מְטוּפָּל (ז)
diagnostic (m)	avxana	אַבְחָנָה (נ)
cure (f) (faire une ~)	ripui	רִיפּוּי (ז)
traitement (m)	tipul refu'i	טִיפּוּל רְפוּאִי (ז)
se faire soigner	lekabel tipul	לְקַבֵּל טִיפּוּל
traiter (un patient)	letapel be...	לְטַפֵּל בְּ...
soigner (un malade)	letapel be...	לְטַפֵּל בְּ...
soins (m pl)	tipul	טִיפּוּל (ז)
opération (f)	ni'tuax	נִיתּוּחַ (ז)
panser (vt)	laxboʃ	לַחְבּוֹשׁ
pansement (m)	xaviʃa	חֲבִישָׁה (נ)
vaccination (f)	xisun	חִיסּוּן (ז)
vacciner (vt)	lexasen	לְחַסֵּן
piqûre (f)	zrika	זְרִיקָה (נ)
faire une piqûre	lehazrik	לְהַזְרִיק
crise, attaque (f)	hetkef	הֶתְקֵף (ז)
amputation (f)	kti'a	קְטִיעָה (נ)
amputer (vt)	lik'to'a	לִקְטוֹעַ
coma (m)	tar'demet	תַּרְדֶּמֶת (נ)
être dans le coma	lihyot betar'demet	לִהְיוֹת בְּתַרְדֶּמֶת
réanimation (f)	tipul nimrats	טִיפּוּל נִמְרָץ (ז)
se rétablir (vp)	lehaxlim	לְהַחְלִים
état (m) (de santé)	matsav	מַצָּב (ז)
conscience (f)	hakara	הַכָּרָה (נ)
mémoire (f)	zikaron	זִיכָּרוֹן (ז)
arracher (une dent)	la'akor	לַעֲקוֹר

| plombage (m) | stima | סְתִימָה (נ) |
| plomber (vt) | la'asot stima | לַעֲשׂוֹת סְתִימָה |

| hypnose (f) | hip'noza | הִיפּנוֹזָה (נ) |
| hypnotiser (vt) | lehapnet | לְהַפְנֵט |

75. Les médecins

médecin (m)	rofe	רוֹפֵא (ז)
infirmière (f)	aχot	אָחוֹת (נ)
médecin (m) personnel	rofe iʃi	רוֹפֵא אִישִׁי (ז)

dentiste (m)	rofe ʃi'nayim	רוֹפֵא שִׁינַיִים (ז)
ophtalmologiste (m)	rofe ei'nayim	רוֹפֵא עֵינַיִים (ז)
généraliste (m)	rofe pnimi	רוֹפֵא פְּנִימִי (ז)
chirurgien (m)	kirurg	כִּירוּרג (ז)

psychiatre (m)	psiχi"ater	פְּסִיכִיאָטֶר (ז)
pédiatre (m)	rofe yeladim	רוֹפֵא יְלָדִים (ז)
psychologue (m)	psiχolog	פְּסִיכוֹלוֹג (ז)
gynécologue (m)	rofe naʃim	רוֹפֵא נָשִׁים (ז)
cardiologue (m)	kardyolog	קַרדְיוֹלוֹג (ז)

76. Les médicaments. Les accessoires

médicament (m)	trufa	תְרוּפָה (נ)
remède (m)	trufa	תְרוּפָה (נ)
prescrire (vt)	lirʃom	לִרשׁוֹם
ordonnance (f)	mirʃam	מִרשָׁם (ז)

comprimé (m)	kadur	כַּדוּר (ז)
onguent (m)	miʃχa	מִשׁחָה (נ)
ampoule (f)	'ampula	אַמפּוּלָה (נ)
mixture (f)	ta'a'rovet	תַעֲרוֹבֶת (נ)
sirop (m)	sirop	סִירוֹפ (ז)
pilule (f)	gluya	גלוּיָה (נ)
poudre (f)	avka	אַבקָה (נ)

bande (f)	taχ'boʃet 'gaza	תַחבּוֹשֶׁת גָאזָה (נ)
coton (m) (ouate)	'tsemer 'gefen	צֶמֶר גֶפֶן (ז)
iode (m)	yod	יוֹד (ז)

sparadrap (m)	'plaster	פּלַסטֶר (ז)
compte-gouttes (m)	taf'tefet	טַפטֶפֶת (נ)
thermomètre (m)	madχom	מַדחוֹם (ז)
seringue (f)	mazrek	מַזרֵק (ז)

| fauteuil (m) roulant | kise galgalim | כִּיסֵא גַלגַלִים (ז) |
| béquilles (f pl) | ka'bayim | קַבַּיִים (ז"ר) |

| anesthésique (m) | meʃakeχ ke'evim | מְשַׁכֵּך כְּאֵבִים (ז) |
| purgatif (m) | trufa meʃal'ʃelet | תְרוּפָה מְשַׁלשֶׁלֶת (נ) |

alcool (m)	'kohal	כֹּהֵל (ז)
herbe (f) médicinale	isvei marpe	עִשְׂבֵי מַרְפֵּא (ז״ר)
d'herbes (adj)	ʃel asavim	שֶׁל עֲשָׂבִים

77. Le tabac et ses produits dérivés

tabac (m)	'tabak	טַבָּק (ז)
cigarette (f)	si'garya	סִיגַרְיָה (נ)
cigare (f)	sigar	סִיגָר (ז)
pipe (f)	mik'teret	מִקְטֶרֶת (נ)
paquet (m)	χafisa	חֲפִיסָה (נ)

allumettes (f pl)	gafrurim	גַּפְרוּרִים (ז״ר)
boîte (f) d'allumettes	kufsat gafrurim	קוּפְסַת גַּפְרוּרִים (נ)
briquet (m)	matsit	מַצִּית (ז)
cendrier (m)	ma'afera	מַאֲפֵרָה (נ)
étui (m) à cigarettes	nartik lesi'garyot	נַרְתִּיק לְסִיגַרְיוֹת (ז)

| fume-cigarette (m) | piya | פִּיָּה (נ) |
| filtre (m) | 'filter | פִילְטֶר (ז) |

fumer (vi, vt)	le'aʃen	לְעַשֵּׁן
allumer une cigarette	lehadlik si'garya	לְהַדְלִיק סִיגַרְיָה
tabagisme (m)	iʃun	עִישׁוּן (ז)
fumeur (m)	me'aʃen	מְעַשֵּׁן (ז)

mégot (m)	bdal si'garya	בְּדַל סִיגַרְיָה (ז)
fumée (f)	aʃan	עָשָׁן (ז)
cendre (f)	'efer	אֵפֶר (ז)

L'HABITAT HUMAIN

La ville

78. La ville. La vie urbaine

ville (f)	ir	עִיר (נ)
capitale (f)	ir bira	עִיר בִּירָה (נ)
village (m)	kfar	כְּפָר (ז)
plan (m) de la ville	mapat ha'ir	מַפַּת הָעִיר (נ)
centre-ville (m)	merkaz ha'ir	מֶרְכַּז הָעִיר (ז)
banlieue (f)	parvar	פַּרְוָר (ז)
de banlieue (adj)	parvari	פַּרְוָרִי
périphérie (f)	parvar	פַּרְוָר (ז)
alentours (m pl)	svivot	סְבִיבוֹת (נ״ר)
quartier (m)	ʃχuna	שְׁכוּנָה (נ)
quartier (m) résidentiel	ʃχunat megurim	שְׁכוּנַת מְגוּרִים (נ)
trafic (m)	tnu'a	תְּנוּעָה (נ)
feux (m pl) de circulation	ramzor	רַמְזוֹר (ז)
transport (m) urbain	taχbura tsiburit	תַּחְבּוּרָה צִיבּוּרִית (נ)
carrefour (m)	'tsomet	צוֹמֶת (ז)
passage (m) piéton	ma'avar χatsaya	מַעֲבַר חֲצָיָה (ז)
passage (m) souterrain	ma'avar tat karka'i	מַעֲבָר תַּת־קַרְקָעִי (ז)
traverser (vt)	laχatsot	לַחֲצוֹת
piéton (m)	holeχ 'regel	הוֹלֵךְ רֶגֶל (ז)
trottoir (m)	midraχa	מִדְרָכָה (נ)
pont (m)	''geʃer	גֶּשֶׁר (ז)
quai (m)	ta'yelet	טַיֶּילֶת (נ)
fontaine (f)	mizraka	מִזְרָקָה (נ)
allée (f)	sdera	שְׂדֵרָה (נ)
parc (m)	park	פָּארְק (ז)
boulevard (m)	sdera	שְׂדֵרָה (נ)
place (f)	kikar	כִּיכָּר (נ)
avenue (f)	reχov raʃi	רְחוֹב רָאשִׁי (ז)
rue (f)	reχov	רְחוֹב (ז)
ruelle (f)	simta	סִמְטָה (נ)
impasse (f)	mavoi satum	מָבוֹי סָתוּם (ז)
maison (f)	'bayit	בַּיִת (ז)
édifice (m)	binyan	בִּנְיָן (ז)
gratte-ciel (m)	gored ʃχakim	גּוֹרֵד שְׁחָקִים (ז)
façade (f)	χazit	חָזִית (נ)
toit (m)	gag	גַּג (ז)

fenêtre (f)	χalon	חַלּוֹן (ז)
arc (m)	'keʃet	קֶשֶׁת (נ)
colonne (f)	amud	עַמּוּד (ז)
coin (m)	pina	פִּנָּה (נ)

vitrine (f)	χalon ra'ava	חַלּוֹן רַאֲוָה (ז)
enseigne (f)	'ʃelet	שֶׁלֶט (ז)
affiche (f)	kraza	כְּרָזָה (נ)
affiche (f) publicitaire	'poster	פּוֹסְטֶר (ז)
panneau-réclame (m)	'luaχ pirsum	לוּחַ פִּרְסוּם (ז)

ordures (f pl)	'zevel	זֶבֶל (ז)
poubelle (f)	paχ aʃpa	פַּח אַשְׁפָּה (ז)
jeter à terre	lelaχleχ	לְלַכְלֵךְ
décharge (f)	mizbala	מִזְבָּלָה (נ)

cabine (f) téléphonique	ta 'telefon	תָּא טֶלֶפוֹן (ז)
réverbère (m)	amud panas	עַמּוּד פָּנָס (ז)
banc (m)	safsal	סַפְסָל (ז)

policier (m)	ʃoter	שׁוֹטֵר (ז)
police (f)	miʃtara	מִשְׁטָרָה (נ)
clochard (m)	kabtsan	קַבְּצָן (ז)
sans-abri (m)	χasar 'bayit	חֲסַר בַּיִת (ז)

79. Les institutions urbaines

magasin (m)	χanut	חֲנוּת (נ)
pharmacie (f)	beit mir'kaχat	בֵּית מִרְקַחַת (ז)
opticien (m)	χanut miʃka'fayim	חֲנוּת מִשְׁקָפַיִם (נ)
centre (m) commercial	kanyon	קַנְיוֹן (ז)
supermarché (m)	super'market	סוּפֶּרְמַרְקֶט (ז)

boulangerie (f)	ma'afiya	מַאֲפִיָּה (נ)
boulanger (m)	ofe	אוֹפֶה (ז)
pâtisserie (f)	χanut mamtakim	חֲנוּת מַמְתַּקִים (נ)
épicerie (f)	ma'kolet	מַכֹּלֶת (נ)
boucherie (f)	itliz	אִטְלִיז (ז)

magasin (m) de légumes	χanut perot viyerakot	חֲנוּת פֵּירוֹת וִירָקוֹת (נ)
marché (m)	ʃuk	שׁוּק (ז)

salon (m) de café	beit kafe	בֵּית קָפֶה (ז)
restaurant (m)	mis'ada	מִסְעָדָה (נ)
brasserie (f)	pab	פָּאבּ (ז)
pizzeria (f)	pi'tseriya	פִּיצֶרְיָה (נ)

salon (m) de coiffure	mispara	מִסְפָּרָה (נ)
poste (f)	'do'ar	דּוֹאַר (ז)
pressing (m)	nikui yaveʃ	נִיקוּי יָבֵשׁ (ז)
atelier (m) de photo	'studyo letsilum	סְטוּדְיוֹ לְצִילוּם (ז)

magasin (m) de chaussures	χanut na'a'layim	חֲנוּת נַעֲלַיִם (נ)
librairie (f)	χanut sfarim	חֲנוּת סְפָרִים (נ)

magasin (m) d'articles de sport	χanut sport	חֲנוּת סְפּוֹרְט (נ)
atelier (m) de retouche	χanut tikun bgadim	חֲנוּת תִיקוּן בְּגָדִים (נ)
location (f) de vêtements	χanut haskarat bgadim	חֲנוּת הַשְׂכָּרַת בְּגָדִים (נ)
location (f) de films	χanut haʃalat sratim	חֲנוּת הַשְׁאָלַת סְרָטִים (נ)
cirque (m)	kirkas	קִרְקָס (ז)
zoo (m)	gan hayot	גַן חַיוֹת (ז)
cinéma (m)	kol'no'a	קוֹלְנוֹעַ (ז)
musée (m)	muze'on	מוּזֵיאוֹן (ז)
bibliothèque (f)	sifriya	סִפְרִיָה (נ)
théâtre (m)	te'atron	תֵיאַטְרוֹן (ז)
opéra (m)	beit 'opera	בֵּית אוֹפֶּרָה (ז)
boîte (f) de nuit	mo'adon 'laila	מוֹעֲדוֹן לַיְלָה (ז)
casino (m)	ka'zino	קָזִינוֹ (ז)
mosquée (f)	misgad	מִסְגָד (ז)
synagogue (f)	beit 'kneset	בֵּית כְּנֶסֶת (ז)
cathédrale (f)	kated'rala	קָתֶדְרָלָה (נ)
temple (m)	mikdaʃ	מִקְדָשׁ (ז)
église (f)	knesiya	כְּנֵסִיָה (נ)
institut (m)	miχlala	מִכְלָלָה (נ)
université (f)	uni'versita	אוּנִיבֶרְסִיטָה (נ)
école (f)	beit 'sefer	בֵּית סֵפֶר (ז)
préfecture (f)	maχoz	מָחוֹז (ז)
mairie (f)	iriya	עִירִיָה (נ)
hôtel (m)	beit malon	בֵּית מָלוֹן (ז)
banque (f)	bank	בַּנק (ז)
ambassade (f)	ʃagrirut	שַׁגְרִירוּת (נ)
agence (f) de voyages	soχnut nesi'ot	סוֹכְנוּת נְסִיעוֹת (נ)
bureau (m) d'information	modi'in	מוֹדִיעִין (ז)
bureau (m) de change	misrad hamarat mat'be'a	מִשְׂרַד הֲמָרַת מַטְבֵּעַ (ז)
métro (m)	ra'kevet taχtit	רַכֶּבֶת תַחְתִית (נ)
hôpital (m)	beit χolim	בֵּית חוֹלִים (ז)
station-service (f)	taχanat 'delek	תַחֲנַת דֶלֶק (נ)
parking (m)	migraʃ χanaya	מִגְרַשׁ חֲנָיָה (ז)

80. Les enseignes. Les panneaux

enseigne (f)	'ʃelet	שֶׁלֶט (ז)
pancarte (f)	moda'a	מוֹדָעָה (נ)
poster (m)	'poster	פּוֹסְטֶר (ז)
indicateur (m) de direction	tamrur	תַמְרוּר (ז)
flèche (f)	χeʦ	חֵץ (ז)
avertissement (m)	azhara	אַזְהָרָה (נ)
panneau d'avertissement	'ʃelet azhara	שֶׁלֶט אַזְהָרָה (ז)
avertir (vt)	lehazhir	לְהַזְהִיר
jour (m) de repos	yom 'χofeʃ	יוֹם חוֹפֶשׁ (ז)

| horaire (m) | 'luaχ zmanim | לוּחַ זְמַנִּים (ז) |
| heures (f pl) d'ouverture | ʃa'ot avoda | שְׁעוֹת עֲבוֹדָה (נ״ר) |

BIENVENUE!	bruχim haba'im!	בְּרוּכִים הַבָּאִים!
ENTRÉE	knisa	פְּנִיסָה
SORTIE	yetsi'a	יְצִיאָה

POUSSER	dχof	דְּחוֹף
TIRER	mʃoχ	מְשׁוֹךְ
OUVERT	pa'tuaχ	פָּתוּחַ
FERMÉ	sagur	סָגוּר

| FEMMES | lenaʃim | לְנָשִׁים |
| HOMMES | legvarim | לִגְבָרִים |

RABAIS	hanaχot	הַנָּחוֹת
SOLDES	mivtsa	מִבְצָע
NOUVEAU!	χadaʃ!	חָדָשׁ!
GRATUIT	χinam	חִינָם

ATTENTION!	sim lev!	שִׂים לֵב!
COMPLET	ein makom panui	אֵין מָקוֹם פָּנוּי
RÉSERVÉ	ʃamur	שָׁמוּר

| ADMINISTRATION | hanhala | הַנְהָלָה |
| RÉSERVÉ AU PERSONNEL | le'ovdim bilvad | לְעוֹבְדִים בִּלְבַד |

ATTENTION CHIEN MÉCHANT	zehirut 'kelev noʃeχ!	זְהִירוּת, כֶּלֶב נוֹשֵׁךְ!
DÉFENSE DE FUMER	asur le'aʃen!	אָסוּר לְעַשֵּׁן!
PRIÈRE DE NE PAS TOUCHER	lo lagaat!	לֹא לָגַעַת!

DANGEREUX	mesukan	מְסוּכָּן
DANGER	sakana	סַכָּנָה
HAUTE TENSION	'metaχ ga'voha	מֶתַח גָּבוֹהַ
BAIGNADE INTERDITE	haraχatsa asura!	הָרַחְצָה אֲסוּרָה!
HORS SERVICE	lo oved	לֹא עוֹבֵד

INFLAMMABLE	dalik	דָּלִיק
INTERDIT	asur	אָסוּר
PASSAGE INTERDIT	asur la'avor	אָסוּר לַעֲבוֹר
PEINTURE FRAÎCHE	'tseva laχ	צֶבַע לַח

81. Les transports en commun

autobus (m)	'otobus	אוֹטוֹבּוּס (ז)
tramway (m)	ra'kevet kala	רַכֶּבֶת קַלָּה (נ)
trolleybus (m)	tro'leibus	טְרוֹלֵייבּוּס (ז)
itinéraire (m)	maslul	מַסְלוּל (ז)
numéro (m)	mispar	מִסְפָּר (ז)

| prendre ... | lin'so'a be... | לִנְסוֹעַ בְּ... |
| monter (dans l'autobus) | la'alot | לַעֲלוֹת |

descendre de ...	la'redet mi...	...מְ לָרֶדֶת
arrêt (m)	taxana	תַּחֲנָה (נ)
arrêt (m) prochain	hataxana haba'a	הַתַּחֲנָה הַבָּאָה (נ)
terminus (m)	hataxana ha'axrona	הַתַּחֲנָה הָאַחֲרוֹנָה (נ)
horaire (m)	'luax zmanim	לוּחַ זְמַנִּים (ז)
attendre (vt)	lehamtin	לְהַמְתִּין
ticket (m)	kartis	כַּרְטִיס (ז)
prix (m) du ticket	mexir hanesiya	מְחִיר הַנְּסִיעָה (ז)
caissier (m)	kupai	קוּפַּאי (ז)
contrôle (m) des tickets	bi'koret kartisim	בִּיקּוֹרֶת כַּרְטִיסִים (נ)
contrôleur (m)	mevaker	מְבַקֵּר (ז)
être en retard	le'axer	לְאַחֵר
rater (~ le train)	lefasfes	לְפַסְפֵּס
se dépêcher	lemaher	לְמַהֵר
taxi (m)	monit	מוֹנִית (נ)
chauffeur (m) de taxi	nahag monit	נֶהָג מוֹנִית (ז)
en taxi	bemonit	בְּמוֹנִית
arrêt (m) de taxi	taxanat moniyot	תַּחֲנַת מוֹנִיּוֹת (נ)
appeler un taxi	lehazmin monit	לְהַזְמִין מוֹנִית
prendre un taxi	la'kaxat monit	לָקַחַת מוֹנִית
trafic (m)	tnu'a	תְּנוּעָה (נ)
embouteillage (m)	pkak	פְּקָק (ז)
heures (f pl) de pointe	ʃa'ot 'omes	שְׁעוֹת עוֹמֶס (נ"ר)
se garer (vp)	laxanot	לַחֲנוֹת
garer (vt)	lehaxnot	לְהַחֲנוֹת
parking (m)	xanaya	חֲנָיָה (נ)
métro (m)	ra'kevet taxtit	רַכֶּבֶת תַּחְתִּית (נ)
station (f)	taxana	תַּחֲנָה (נ)
prendre le métro	lin'so'a betaxtit	לִנְסוֹעַ בְּתַחְתִּית
train (m)	ra'kevet	רַכֶּבֶת (נ)
gare (f)	taxanat ra'kevet	תַּחֲנַת רַכֶּבֶת (נ)

82. Le tourisme

monument (m)	an'darta	אַנְדַּרְטָה (נ)
forteresse (f)	mivtsar	מִבְצָר (ז)
palais (m)	armon	אַרְמוֹן (ז)
château (m)	tira	טִירָה (נ)
tour (f)	migdal	מִגְדָּל (ז)
mausolée (m)	ma'uzo'le'um	מָאוֹזוֹלֵיאוֹם (ז)
architecture (f)	adrixalut	אַדְרִיכָלוּת (נ)
médiéval (adj)	benaimi	בֵּינַיימִי
ancien (adj)	atik	עַתִּיק
national (adj)	le'umi	לְאוּמִי
connu (adj)	mefursam	מְפוּרְסָם
touriste (m)	tayar	תַּיָּיר (ז)
guide (m) (personne)	madrix tiyulim	מַדְרִיךְ טִיּוּלִים (ז)

excursion (f)	tiyul	טִיּוּל (ז)
montrer (vt)	lehar'ot	לְהַרְאוֹת
raconter (une histoire)	lesaper	לְסַפֵּר

trouver (vt)	limtso	לִמְצוֹא
se perdre (vp)	la'leχet le'ibud	לָלֶכֶת לְאִיבּוּד
plan (m) (du metro, etc.)	mapa	מַפָּה (נ)
carte (f) (de la ville, etc.)	tarʃim	תַּרְשִׁים (ז)

souvenir (m)	maz'keret	מַזְכֶּרֶת (נ)
boutique (f) de souvenirs	χanut matanot	חֲנוּת מַתָּנוֹת (נ)
prendre en photo	letsalem	לְצַלֵּם
se faire prendre en photo	lehitstalem	לְהִצְטַלֵּם

83. Le shopping

acheter (vt)	liknot	לִקְנוֹת
achat (m)	kniya	קְנִיָּה (נ)
faire des achats	la'leχet lekniyot	לָלֶכֶת לִקְנִיּוֹת
shopping (m)	ariχat kniyot	עֲרִיכַת קְנִיּוֹת (נ)

être ouvert	pa'tuaχ	פָּתוּחַ
être fermé	sagur	סָגוּר

chaussures (f pl)	na'a'layim	נַעֲלַיִים (נ"ר)
vêtement (m)	bgadim	בְּגָדִים (ז"ר)
produits (m pl) de beauté	tamrukim	תַּמְרוּקִים (ז"ר)
produits (m pl) alimentaires	mutsrei mazon	מוּצְרֵי מָזוֹן (ז"ר)
cadeau (m)	matana	מַתָּנָה (נ)

vendeur (m)	moχer	מוֹכֵר (ז)
vendeuse (f)	mo'χeret	מוֹכֶרֶת (נ)

caisse (f)	kupa	קוּפָּה (נ)
miroir (m)	mar'a	מַרְאָה (נ)
comptoir (m)	duχan	דּוּכָן (ז)
cabine (f) d'essayage	'χeder halbaʃa	חֲדַר הַלְבָּשָׁה (ז)

essayer (robe, etc.)	limdod	לִמְדוֹד
aller bien (robe, etc.)	lehat'im	לְהַתְאִים
plaire (être apprécié)	limtso χen be'ei'nayim	לִמְצוֹא חֵן בְּעֵינַיִים

prix (m)	meχir	מְחִיר (ז)
étiquette (f) de prix	tag meχir	תָּג מְחִיר (ז)
coûter (vt)	la'alot	לַעֲלוֹת
Combien?	'kama?	כַּמָּה?
rabais (m)	hanaχa	הֲנָחָה (נ)

pas cher (adj)	lo yakar	לֹא יָקָר
bon marché (adj)	zol	זוֹל
cher (adj)	yakar	יָקָר
C'est cher	ze yakar	זֶה יָקָר
location (f)	haskara	הַשְׂכָּרָה (נ)
louer (une voiture, etc.)	liskor	לִשְׂכּוֹר

crédit (m)	aʃrai	אַשְׁרַאי (ז)
à crédit (adv)	be'aʃrai	בְּאַשְׁרַאי

84. L'argent

argent (m)	'kesef	כֶּסֶף (ז)
échange (m)	hamara	הַמָרָה (נ)
cours (m) de change	'ʃa'ar χalifin	שַׁעַר חֲלִיפִין (ז)
distributeur (m)	kaspomat	כַּסְפּוֹמָט (ז)
monnaie (f)	mat'be'a	מַטְבֵּעַ (ז)

dollar (m)	'dolar	דוֹלָר (ז)
euro (m)	'eiro	אֵירוֹ (ז)

lire (f)	'lira	לִירָה (נ)
mark (m) allemand	mark germani	מַרְק גֶרְמָנִי (ז)
franc (m)	frank	פְרַנְק (ז)
livre sterling (f)	'lira 'sterling	לִירָה שְׁטֶרְלִינְג (נ)
yen (m)	yen	יֶן (ז)

dette (f)	χov	חוֹב (ז)
débiteur (m)	'ba'al χov	בַּעַל חוֹב (ז)
prêter (vt)	lehalvot	לְהַלְווֹת
emprunter (vt)	lilvot	לִלְווֹת

banque (f)	bank	בַּנְק (ז)
compte (m)	χeʃbon	חֶשְׁבּוֹן (ז)
verser (dans le compte)	lehafkid	לְהַפְקִיד
verser dans le compte	lehafkid leχeʃbon	לְהַפְקִיד לְחֶשְׁבּוֹן
retirer du compte	limʃoχ meχeʃbon	לִמְשׁוֹךְ מֵחֶשְׁבּוֹן

carte (f) de crédit	kartis aʃrai	כַּרְטִיס אַשְׁרַאי (ז)
espèces (f pl)	mezuman	מְזוּמָן
chèque (m)	tʃek	צֶ׳ק (ז)
faire un chèque	liχtov tʃek	לִכְתוֹב צֶ׳ק
chéquier (m)	pinkas 'tʃekim	פִּנְקָס צֶ׳קִים (ז)

portefeuille (m)	arnak	אַרְנָק (ז)
bourse (f)	arnak lematbe''ot	אַרְנָק לַמַטְבְּעוֹת (ז)
coffre fort (m)	ka'sefet	כַּסֶפֶת (נ)

héritier (m)	yoreʃ	יוֹרֵשׁ (ז)
héritage (m)	yeruʃa	יְרוּשָׁה (נ)
fortune (f)	'oʃer	עוֹשֶׁר (ז)

location (f)	χoze sχirut	חוֹזֶה שְׂכִירוּת (ז)
loyer (m) (argent)	sχar dira	שְׂכַר דִירָה (ז)
louer (prendre en location)	liskor	לִשְׂכּוֹר

prix (m)	meχir	מְחִיר (ז)
coût (m)	alut	עָלוּת (נ)
somme (f)	sχum	סְכוּם (ז)
dépenser (vt)	lehotsi	לְהוֹצִיא
dépenses (f pl)	hotsa'ot	הוֹצָאוֹת (נ״ר)

| économiser (vt) | laχasoχ | לַחֲסוֹךְ |
| économe (adj) | χesχoni | חֶסְכּוֹנִי |

payer (régler)	leʃalem	לְשַׁלֵם
paiement (m)	taʃlum	תַּשְׁלוּם (ז)
monnaie (f) (rendre la ~)	'odef	עוֹדֶף (ז)

impôt (m)	mas	מַס (ז)
amende (f)	knas	קְנָס (ז)
mettre une amende	liknos	לִקְנוֹס

85. La poste. Les services postaux

poste (f)	'do'ar	דּוֹאַר (ז)
courrier (m) (lettres, etc.)	'do'ar	דּוֹאַר (ז)
facteur (m)	davar	דַּוָּר (ז)
heures (f pl) d'ouverture	ʃa'ot avoda	שְׁעוֹת עֲבוֹדָה (נ"ר)

lettre (f)	miχtav	מִכְתָּב (ז)
recommandé (m)	miχtav raʃum	מִכְתָּב רָשׁוּם (ז)
carte (f) postale	gluya	גְּלוּיָה (נ)
télégramme (m)	mivrak	מִבְרָק (ז)
colis (m)	χavila	חֲבִילָה (נ)
mandat (m) postal	ha'avarat ksafim	הַעֲבָרַת כְּסָפִים (נ)

recevoir (vt)	lekabel	לְקַבֵּל
envoyer (vt)	liʃ'loaχ	לִשְׁלוֹחַ
envoi (m)	ʃliχa	שְׁלִיחָה (ז)

adresse (f)	'ktovet	כְּתוֹבֶת (נ)
code (m) postal	mikud	מִיקוּד (ז)
expéditeur (m)	ʃo'leaχ	שׁוֹלֵחַ (ז)
destinataire (m)	nim'an	נִמְעָן (ז)

| prénom (m) | ʃem prati | שֵׁם פְּרָטִי (ז) |
| nom (m) de famille | ʃem miʃpaχa | שֵׁם מִשְׁפָּחָה (ז) |

tarif (m)	ta'arif	תַּעֲרִיף (ז)
normal (adj)	ragil	רָגִיל
économique (adj)	χesχoni	חֶסְכּוֹנִי

poids (m)	miʃkal	מִשְׁקָל (ז)
peser (~ les lettres)	liʃkol	לִשְׁקוֹל
enveloppe (f)	ma'atafa	מַעֲטָפָה (נ)
timbre (m)	bul 'do'ar	בּוּל דּוֹאַר (ז)
timbrer (vt)	lehadbik bul	לְהַדְבִּיק בּוּל

Le logement. La maison. Le foyer

86. La maison. Le logis

maison (f)	'bayit	בַּיִת (ז)
chez soi	ba'bayit	בַּבַּיִת
cour (f)	χatser	חָצֵר (נ)
clôture (f)	gader	גָדֵר (נ)

brique (f)	levena	לְבֵנָה (נ)
en brique (adj)	milevenim	מִלְבֵנִים
pierre (f)	'even	אֶבֶן (נ)
en pierre (adj)	me''even	מֵאֶבֶן
béton (m)	beton	בֶּטוֹן (ז)
en béton (adj)	mibeton	מִבֶּטוֹן

neuf (adj)	χadaʃ	חָדָש
vieux (adj)	yaʃan	יָשָׁן
délabré (adj)	balui	בָּלוּי
moderne (adj)	mo'derni	מוֹדֶרְנִי
à plusieurs étages	rav komot	רַב־קוֹמוֹת
haut (adj)	ga'voha	גָבוֹהַ

étage (m)	'koma	קוֹמָה (נ)
sans étage (adj)	χad komati	חַד־קוֹמָתִי

rez-de-chaussée (m)	komat 'karka	קוֹמַת קַרְקַע (נ)
dernier étage (m)	hakoma ha'elyona	הַקוֹמָה הָעֶלְיוֹנָה (נ)

toit (m)	gag	גַג (ז)
cheminée (f)	aruba	אֲרוּבָּה (נ)

tuile (f)	'ra'af	רַעַף (ז)
en tuiles (adj)	mere'afim	מֵרְעָפִים
grenier (m)	aliyat gag	עֲלִיַית גַג (נ)

fenêtre (f)	χalon	חַלוֹן (ז)
vitre (f)	zχuχit	זְכוּכִית (נ)

rebord (m)	'eden χalon	אֶדֶן חַלוֹן (ז)
volets (m pl)	trisim	תְרִיסִים (ז"ר)

mur (m)	kir	קִיר (ז)
balcon (m)	mir'peset	מִרְפֶּסֶת (נ)
gouttière (f)	marzev	מַרְזֵב (ז)

en haut (à l'étage)	le'mala	לְמַעְלָה
monter (vi)	la'alot bemadregot	לַעֲלוֹת בְּמַדְרֵגוֹת
descendre (vi)	la'redet bemadregot	לָרֶדֶת בְּמַדְרֵגוֹת
déménager (vi)	la'avor	לַעֲבוֹר

87. La maison. L'entrée. L'ascenseur

entrée (f)	knisa	כְּנִיסָה (נ)
escalier (m)	madregot	מַדְרֵגוֹת (נ"ר)
marches (f pl)	madregot	מַדְרֵגוֹת (נ"ר)
rampe (f)	ma'ake	מַעֲקֶה (ז)
hall (m)	'lobi	לוֹבִּי (ז)
boîte (f) à lettres	teivat 'do'ar	תֵּיבַת דֹּאַר (נ)
poubelle (f) d'extérieur	pax 'zevel	פַּח זֶבֶל (ז)
vide-ordures (m)	merik aʃpa	מֵרִיק אַשְׁפָּה (ז)
ascenseur (m)	ma'alit	מַעֲלִית (נ)
monte-charge (m)	ma'alit masa	מַעֲלִית מַשָּׂא (נ)
cabine (f)	ta ma'alit	תָּא מַעֲלִית (ז)
prendre l'ascenseur	lin'so'a bema'alit	לִנְסוֹעַ בְּמַעֲלִית
appartement (m)	dira	דִּירָה (נ)
locataires (m pl)	dayarim	דַּיָּירִים (ז"ר)
voisin (m)	ʃaxen	שָׁכֵן (ז)
voisine (f)	ʃxena	שְׁכֵנָה (נ)
voisins (m pl)	ʃxenim	שְׁכֵנִים (ז"ר)

88. La maison. L'électricité

électricité (f)	xaʃmal	חַשְׁמַל (ז)
ampoule (f)	nura	נוּרָה (נ)
interrupteur (m)	'meteg	מֶתֶג (ז)
plomb, fusible (m)	natix	נָתִיךְ (ז)
fil (m) (~ électrique)	xut	חוּט (ז)
installation (f) électrique	xivut	חִיוּוט (ז)
compteur (m) électrique	mone xaʃmal	מוֹנֶה חַשְׁמַל (ז)
relevé (m)	kri'a	קְרִיאָה (נ)

89. La maison. La porte. La serrure

porte (f)	'delet	דֶּלֶת (נ)
portail (m)	'ʃa'ar	שַׁעַר (ז)
poignée (f)	yadit	יָדִית (נ)
déverrouiller (vt)	lif'toax	לִפְתּוֹחַ
ouvrir (vt)	lif'toax	לִפְתּוֹחַ
fermer (vt)	lisgor	לִסְגּוֹר
clé (f)	maf'teax	מַפְתֵּחַ (ז)
trousseau (m), jeu (m)	tsror maftexot	צְרוֹר מַפְתְּחוֹת (ז)
grincer (la porte)	laxarok	לַחֲרֹק
grincement (m)	xarika	חֲרִיקָה (נ)
gond (m)	tsir	צִיר (ז)
paillasson (m)	ʃtixon	שְׁטִיחוֹן (ז)
serrure (f)	man'ul	מַנְעוּל (ז)

trou (m) de la serrure	χor haman'ul	חוֹר הַמַּנְעוּל (ז)
verrou (m)	'briaχ	בְּרִיחַ (ז)
loquet (m)	'briaχ	בְּרִיחַ (ז)
cadenas (m)	man'ul	מַנְעוּל (ז)
sonner (à la porte)	leΊsaΊtsel	לְצַלְצֵל
sonnerie (f)	tsilΊsul	צִלְצוּל (ז)
sonnette (f)	pa'amon	פַּעֲמוֹן (ז)
bouton (m)	kaftor	כַּפְתּוֹר (ז)
coups (m pl) à la porte	hakaʃa	הַקָּשָׁה (נ)
frapper (~ à la porte)	lehakiʃ	לְהַקִּישׁ
code (m)	kod	קוֹד (ז)
serrure (f) à combinaison	man'ul kod	מַנְעוּל קוֹד (ז)
interphone (m)	'interkom	אִינְטֶרְקוֹם (ז)
numéro (m)	mispar	מִסְפָּר (ז)
plaque (f) de porte	luχit	לוּחִית (נ)
judas (m)	einit	עֵינִית (נ)

90. La maison de campagne

village (m)	kfar	כְּפָר (ז)
potager (m)	gan yarak	גַּן יָרָק (ז)
palissade (f)	gader	גָּדֵר (נ)
clôture (f)	gader yetedot	גָּדֵר יְתֵדוֹת (נ)
portillon (m)	piʃpaʃ	פִּשְׁפָּשׁ (ז)
grange (f)	asam	אָסָם (ז)
cave (f)	martef	מַרְתֵּף (ז)
abri (m) de jardin	maχsan	מַחְסָן (ז)
puits (m)	be'er	בְּאֵר (נ)
poêle (m) (~ à bois)	aχ	אָח (נ)
chauffer le poêle	lehasik et ha'aχ	לְהַסִּיק אֶת הָאָח
bois (m) de chauffage	atsei hasaka	עֲצֵי הַסָּקָה (ז"ר)
bûche (f)	bul ets	בּוּל עֵץ (ז)
véranda (f)	mir'peset mekora	מִרְפֶּסֶת מְקוֹרָה (נ)
terrasse (f)	mir'peset	מִרְפֶּסֶת (נ)
perron (m) d'entrée	madregot ba'petaχ 'bayit	מַדְרֵגוֹת בַּפֶּתַח בַּיִת (נ"ר)
balançoire (f)	nadneda	נַדְנֵדָה (נ)

91. La villa et le manoir

maison (f) de campagne	'bayit bakfar	בַּיִת בַּכְּפָר (ז)
villa (f)	'vila	וִילָה (נ)
aile (f) (~ ouest)	agaf	אָגָף (ז)
jardin (m)	gan	גַּן (ז)
parc (m)	park	פַּארְק (ז)
serre (f) tropicale	χamama	חֲמָמָה (נ)
s'occuper (~ du jardin)	legadel	לְגַדֵּל

piscine (f)	breχat sχiya	בְּרֵיכַת שְׂחִיָּה (נ)
salle (f) de gym	'χeder 'koʃer	חֶדֶר כּוֹשֶׁר (ז)
court (m) de tennis	migraʃ 'tenis	מִגְרַשׁ טֶנִיס (ז)
salle (f) de cinéma	'χeder hakrana beiti	חֶדֶר הַקְרָנָה בֵּיתִי (ז)
garage (m)	musaχ	מוּסָךְ (ז)

| propriété (f) privée | reχuʃ prati | רְכוּשׁ פְּרָטִי (ז) |
| terrain (m) privé | 'ʃetaχ prati | שֶׁטַח פְּרָטִי (ז) |

| avertissement (m) | azhara | אַזְהָרָה (נ) |
| panneau d'avertissement | 'ʃelet azhara | שֶׁלֶט אַזְהָרָה (ז) |

sécurité (f)	avtaχa	אַבְטָחָה (נ)
agent (m) de sécurité	ʃomer	שׁוֹמֵר (ז)
alarme (f) antivol	ma'a'reχet az'aka	מַעֲרֶכֶת אַזְעָקָה (נ)

92. Le château. Le palais

château (m)	tira	טִירָה (נ)
palais (m)	armon	אַרְמוֹן (ז)
forteresse (f)	mivtsar	מִבְצָר (ז)

muraille (f)	χoma	חוֹמָה (נ)
tour (f)	migdal	מִגְדָּל (ז)
donjon (m)	migdal merkazi	מִגְדָּל מֶרְכָּזִי (ז)

herse (f)	'ʃa'ar anaχi	שַׁעַר אֲנָכִי (ז)
souterrain (m)	ma'avar tat karka'i	מַעֲבָר תַּת־קַרְקָעִי (ז)
douve (f)	χafir	חָפִיר (ז)
chaîne (f)	ʃal'ʃelet	שַׁלְשֶׁלֶת (נ)
meurtrière (f)	eʃnav 'yeri	אֶשְׁנַב יְרִי (ז)

magnifique (adj)	mefo'ar	מְפוֹאָר
majestueux (adj)	malχuti	מַלְכוּתִי
inaccessible (adj)	'bilti χadir	בִּלְתִּי חָדִיר
médiéval (adj)	benaimi	בֵּינַיְימִי

93. L'appartement

appartement (m)	dira	דִּירָה (נ)
chambre (f)	'χeder	חֶדֶר (ז)
chambre (f) à coucher	χadar ʃena	חֲדַר שֵׁינָה (ז)
salle (f) à manger	pinat 'oχel	פִּינַת אוֹכֶל (נ)
salon (m)	salon	סָלוֹן (ז)
bureau (m)	χadar avoda	חֲדַר עֲבוֹדָה (ז)
antichambre (f)	prozdor	פְּרוֹזְדּוֹר (ז)
salle (f) de bains	χadar am'batya	חֲדַר אַמְבַּטְיָה (ז)
toilettes (f pl)	ʃerutim	שֵׁירוּתִים (ז"ר)

plafond (m)	tikra	תִּקְרָה (נ)
plancher (m)	ritspa	רִצְפָּה (נ)
coin (m)	pina	פִּינָה (נ)

94. L'appartement. Le ménage

faire le ménage	lenakot	לְנַקּוֹת
ranger (jouets, etc.)	lefanot	לְפַנּוֹת
poussière (f)	avak	אָבָק (ז)
poussiéreux (adj)	me'ubak	מְאוּבָּק
essuyer la poussière	lenakot avak	לְנַקּוֹת אָבָק
aspirateur (m)	ʃo'ev avak	שׁוֹאֵב אָבָק (ז)
passer l'aspirateur	liʃov avak	לִשְׁאוֹב אָבָק

balayer (vt)	letate	לְטַאטֵא
balayures (f pl)	'psolet ti'tu	פְּסוֹלֶת טִאטוּא (נ)
ordre (m)	'seder	סֵדֶר (ז)
désordre (m)	i 'seder	אִי סֵדֶר (ז)

balai (m) à franges	magev im smartut	מַגֵּב עִם סְמַרְטוּט (ז)
torchon (m)	smartut avak	סְמַרְטוּט אָבָק (ז)
balayette (f) de sorgho	mat'ate katan	מַטְאֲטֵא קָטָן (ז)
pelle (f) à ordures	ya'e	יָעֶה (ז)

95. Les meubles. L'intérieur

meubles (m pl)	rehitim	רָהִיטִים (ז"ר)
table (f)	ʃulχan	שׁוּלְחָן (ז)
chaise (f)	kise	כִּסֵּא (ז)
lit (m)	mita	מִיטָה (נ)
canapé (m)	sapa	סַפָּה (נ)
fauteuil (m)	kursa	כּוּרְסָה (נ)

| bibliothèque (f) (meuble) | aron sfarim | אָרוֹן סְפָרִים (ז) |
| rayon (m) | madaf | מַדָּף (ז) |

armoire (f)	aron bgadim	אָרוֹן בְּגָדִים (ז)
patère (f)	mitle	מִתְלֶה (ז)
portemanteau (m)	mitle	מִתְלֶה (ז)

| commode (f) | ʃida | שִׁידָה (נ) |
| table (f) basse | ʃulχan itonim | שׁוּלְחָן עִיתּוֹנִים (ז) |

miroir (m)	mar'a	מַרְאָה (נ)
tapis (m)	ʃa'tiaχ	שָׁטִיחַ (ז)
petit tapis (m)	ʃa'tiaχ	שָׁטִיחַ (ז)

cheminée (f)	aχ	אָח (נ)
bougie (f)	ner	נֵר (ז)
chandelier (m)	pamot	פָּמוֹט (ז)

rideaux (m pl)	vilonot	וִילוֹנוֹת (ז"ר)
papier (m) peint	tapet	טַפֶּט (ז)
jalousie (f)	trisim	תְּרִיסִים (ז"ר)

| lampe (f) de table | menorat ʃulχan | מְנוֹרַת שׁוּלְחָן (נ) |
| applique (f) | menorat kir | מְנוֹרַת קִיר (נ) |

lampadaire (m)	menora o'medet	מְנוֹרָה עוֹמֶדֶת (נ)
lustre (m)	niv'reʃet	נִבְרֶשֶׁת (נ)

pied (m) (~ de la table)	'regel	רֶגֶל (נ)
accoudoir (m)	miʃ''enet yad	מִשְׁעֶנֶת יָד (נ)
dossier (m)	miʃ''enet	מִשְׁעֶנֶת (נ)
tiroir (m)	megera	מְגֵירָה (נ)

96. La literie

linge (m) de lit	matsa'im	מַצָּעִים (ז"ר)
oreiller (m)	karit	כָּרִית (נ)
taie (f) d'oreiller	tsipit	צִיפִּית (נ)
couverture (f)	smiχa	שְׂמִיכָה (נ)
drap (m)	sadin	סָדִין (ז)
couvre-lit (m)	kisui mita	כִּיסוּי מִיטָה (ז)

97. La cuisine

cuisine (f)	mitbaχ	מִטְבָּח (ז)
gaz (m)	gaz	גַּז (ז)
cuisinière (f) à gaz	tanur gaz	תַּנּוּר גַּז (ז)
cuisinière (f) électrique	tanur χaʃmali	תַּנּוּר חַשְׁמַלִּי (ז)
four (m)	tanur afiya	תַּנּוּר אֲפִיָּה (ז)
four (m) micro-ondes	mikrogal	מִיקְרוֹגַל (ז)

réfrigérateur (m)	mekarer	מְקָרֵר (ז)
congélateur (m)	makpi	מַקְפִּיא (ז)
lave-vaisselle (m)	me'diaχ kelim	מֵדִיחַ כֵּלִים (ז)

hachoir (m) à viande	matχenat basar	מַטְחֲנַת בָּשָׂר (נ)
centrifugeuse (f)	masχeta	מַסְחֵטָה (נ)
grille-pain (m)	'toster	טוֹסְטֶר (ז)
batteur (m)	'mikser	מִיקְסֶר (ז)

machine (f) à café	meχonat kafe	מְכוֹנַת קָפֶה (נ)
cafetière (f)	findʒan	פִינְגְ'אָן (ז)
moulin (m) à café	matχenat kafe	מַטְחֲנַת קָפֶה (נ)

bouilloire (f)	kumkum	קוּמְקוּם (ז)
théière (f)	kumkum	קוּמְקוּם (ז)
couvercle (m)	miχse	מִכְסֶה (ז)
passoire (f) à thé	mis'nenet te	מְסַנֶּנֶת תֵּה (נ)

cuillère (f)	kaf	כַּף (נ)
petite cuillère (f)	kapit	כַּפִּית (נ)
cuillère (f) à soupe	kaf	כַּף (נ)
fourchette (f)	mazleg	מַזְלֵג (ז)
couteau (m)	sakin	סַכִּין (ז, נ)

vaisselle (f)	kelim	כֵּלִים (ז"ר)
assiette (f)	tsa'laχat	צַלַּחַת (נ)

soucoupe (f)	taχtit	תַּחְתִּית (נ)
verre (m) à shot	kosit	כּוֹסִית (נ)
verre (m) (~ d'eau)	kos	כּוֹס (נ)
tasse (f)	'sefel	סֵפֶל (ז)

sucrier (m)	mis'keret	מִסְכֶּרֶת (נ)
salière (f)	milχiya	מִלְחִיָּה (נ)
poivrière (f)	pilpeliya	פִּלְפְּלִיָּה (נ)
beurrier (m)	maχame'a	מַחֲמָאָה (ז)

casserole (f)	sir	סִיר (ז)
poêle (f)	maχvat	מַחֲבַת (נ)
louche (f)	tarvad	תַּרְוֶד (ז)
passoire (f)	mis'nenet	מְסַנֶּנֶת (נ)
plateau (m)	magaʃ	מַגָּשׁ (ז)

bouteille (f)	bakbuk	בַּקְבּוּק (ז)
bocal (m) (à conserves)	tsin'tsenet	צִנְצֶנֶת (נ)
boîte (f) en fer-blanc	paχit	פַּחִית (נ)

ouvre-bouteille (m)	potχan bakbukim	פּוֹתְחַן בַּקְבּוּקִים (ז)
ouvre-boîte (m)	potχan kufsa'ot	פּוֹתְחַן קוּפְסָאוֹת (ז)
tire-bouchon (m)	maχlets	מַחְלֵץ (ז)
filtre (m)	'filter	פִילְטֶר (ז)
filtrer (vt)	lesanen	לְסַנֵּן

ordures (f pl)	'zevel	זֶבֶל (ז)
poubelle (f)	paχ 'zevel	פַּח זֶבֶל (ז)

98. La salle de bains

salle (f) de bains	χadar am'batya	חֲדַר אַמְבַּטְיָה (ז)
eau (f)	'mayim	מַיִם (ז״ר)
robinet (m)	'berez	בֶּרֶז (ז)
eau (f) chaude	'mayim χamim	מַיִם חַמִּים (ז״ר)
eau (f) froide	'mayim karim	מַיִם קָרִים (ז״ר)

dentifrice (m)	miʃχat ʃi'nayim	מִשְׁחַת שִׁנַּיִים (נ)
se brosser les dents	letsaχ'tseaχ ʃi'nayim	לְצַחְצֵחַ שִׁנַּיִים
brosse (f) à dents	miv'reʃet ʃi'nayim	מִבְרֶשֶׁת שִׁנַּיִים (נ)

se raser (vp)	lehitga'leaχ	לְהִתְגַּלֵּחַ
mousse (f) à raser	'ketsef gi'luaχ	קֶצֶף גִּילּוּחַ (ז)
rasoir (m)	'ta'ar	תַּעַר (ז)

laver (vt)	liʃtof	לִשְׁטוֹף
se laver (vp)	lehitraχets	לְהִתְרַחֵץ
douche (f)	mik'laχat	מִקְלַחַת (נ)
prendre une douche	lehitka'leaχ	לְהִתְקַלֵּחַ

baignoire (f)	am'batya	אַמְבַּטְיָה (נ)
cuvette (f)	asla	אַסְלָה (נ)
lavabo (m)	kiyor	כִּיּוֹר (ז)
savon (m)	sabon	סַבּוֹן (ז)

porte-savon (m)	saboniya	סַבּוֹנִיָּה (נ)
éponge (f)	sfog 'lifa	סְפוֹג לִיפָה (ז)
shampooing (m)	ʃampu	שַׁמְפּוּ (ז)
serviette (f)	ma'gevet	מַגֶּבֶת (נ)
peignoir (m) de bain	χaluk raχatsa	חָלוּק רַחְצָה (ז)

lessive (f) (faire la ~)	kvisa	כְּבִיסָה (נ)
machine (f) à laver	meχonat kvisa	מְכוֹנַת כְּבִיסָה (נ)
faire la lessive	leχabes	לְכַבֵּס
lessive (f) (poudre)	avkat kvisa	אַבְקַת כְּבִיסָה (נ)

99. Les appareils électroménagers

téléviseur (m)	tele'vizya	טֶלֶוִוִיזְיָה (נ)
magnétophone (m)	teip	טֵייפּ (ז)
magnétoscope (m)	maχʃir 'vide'o	מַכְשִׁיר וִידֵאוֹ (ז)
radio (f)	'radyo	רַדְיוֹ (ז)
lecteur (m)	nagan	נַגָּן (ז)

vidéoprojecteur (m)	makren	מַקְרֵן (ז)
home cinéma (m)	kol'no'a beiti	קוֹלְנוֹעַ בֵּיתִי (ז)
lecteur DVD (m)	nagan dividi	נַגָּן DVD (ז)
amplificateur (m)	magber	מַגְבֵּר (ז)
console (f) de jeux	maχʃir plei'steiʃen	מַכְשִׁיר פְּלֵייסְטֵיישָׁן (ז)

caméscope (m)	matslemat 'vide'o	מַצְלֵמַת וִידֵאוֹ (נ)
appareil (m) photo	matslema	מַצְלֵמָה (נ)
appareil (m) photo numérique	matslema digi'talit	מַצְלֵמָה דִּיגִיטָלִית (נ)

aspirateur (m)	ʃo'ev avak	שׁוֹאֵב אָבָק (ז)
fer (m) à repasser	maghets	מַגְהֵץ (ז)
planche (f) à repasser	'kereʃ gihuts	קֶרֶשׁ גִּיהוּץ (ז)

téléphone (m)	'telefon	טֶלֶפוֹן (ז)
portable (m)	'telefon nayad	טֶלֶפוֹן נַיָּיד (ז)
machine (f) à écrire	meχonat ktiva	מְכוֹנַת כְּתִיבָה (נ)
machine (f) à coudre	meχonat tfira	מְכוֹנַת תְּפִירָה (נ)

micro (m)	mikrofon	מִיקְרוֹפוֹן (ז)
écouteurs (m pl)	ozniyot	אוֹזְנִיּוֹת (נ״ר)
télécommande (f)	'ʃelet	שֶׁלֶט (ז)

CD (m)	taklitor	תַּקְלִיטוֹר (ז)
cassette (f)	ka'letet	קַלֶּטֶת (נ)
disque (m) (vinyle)	taklit	תַּקְלִיט (ז)

100. Les travaux de réparation et de rénovation

rénovation (f)	ʃiputs	שִׁיפּוּץ (ז)
faire la rénovation	leʃapets	לְשַׁפֵּץ
réparer (vt)	letaken	לְתַקֵּן
remettre en ordre	lesader	לְסַדֵּר

refaire (vt)	la'asot meχadaʃ	לַעֲשׂוֹת מֵחָדָשׁ
peinture (f)	'tseva	צֶבַע (ז)
peindre (des murs)	lits'bo'a	לִצְבּוֹעַ
peintre (m) en bâtiment	tsaba'i	צַבָּעִי (ז)
pinceau (m)	mikχol	מִכְחוֹל (ז)

| chaux (f) | sid | סִיד (ז) |
| blanchir à la chaux | lesayed | לְסַיֵּד |

papier (m) peint	tapet	טַפֶּט (ז)
tapisser (vt)	lehadbik ta'petim	לְהַדְבִּיק טַפֶּטִים
vernis (m)	'laka	לַכָּה (נ)
vernir (vt)	lim'roaχ 'laka	לִמְרוֹחַ לַכָּה

101. La plomberie

eau (f)	'mayim	מַיִם (ז"ר)
eau (f) chaude	'mayim χamim	מַיִם חָמִים (ז"ר)
eau (f) froide	'mayim karim	מַיִם קָרִים (ז"ר)
robinet (m)	'berez	בֶּרֶז (ז)

goutte (f)	tipa	טִיפָּה (נ)
goutter (vi)	letaftef	לְטַפְטֵף
fuir (tuyau)	lidlof	לִדְלוֹף
fuite (f)	dlifa	דְּלִיפָה (נ)
flaque (f)	ʃlulit	שְׁלוּלִית (נ)

tuyau (m)	tsinor	צִינוֹר (ז)
valve (f)	'berez	בֶּרֶז (ז)
se boucher (vp)	lehisatem	לְהִיסָתֵם

outils (m pl)	klei avoda	כְּלֵי עֲבוֹדָה (ז"ר)
clé (f) réglable	maf'teaχ mitkavnen	מַפְתֵּחַ מִתְכַּוֵּון (ז)
dévisser (vt)	lif'toaχ	לִפְתּוֹחַ
visser (vt)	lehavrig	לְהַבְרִיג

déboucher (vt)	lif'toaχ et hastima	לִפְתּוֹחַ אֶת הַסְתִימָה
plombier (m)	ʃravrav	שְׁרַבְרָב (ז)
sous-sol (m)	martef	מַרְתֵּף (ז)
égouts (m pl)	biyuv	בִּיוּב (ז)

102. L'incendie

feu (m)	sʀefa	שְׂרֵיפָה (נ)
flamme (f)	lehava	לֶהָבָה (נ)
étincelle (f)	nitsots	נִיצוֹץ (ז)
fumée (f)	aʃan	עָשָׁן (ז)
flambeau (m)	lapid	לַפִּיד (ז)
feu (m) de bois	medura	מְדוּרָה (נ)

| essence (f) | 'delek | דֶּלֶק (ז) |
| kérosène (m) | kerosin | קֵרוֹסִין (ז) |

inflammable (adj)	dalik	דָּלִיק
explosif (adj)	nafits	נָפִיץ
DÉFENSE DE FUMER	asur le'aʃen!	אָסוּר לְעַשֵּׁן!
sécurité (f)	betiχut	בְּטִיחוּת (נ)
danger (m)	sakana	סַכָּנָה (נ)
dangereux (adj)	mesukan	מְסוּכָּן
prendre feu	lehidalek	לְהִידָּלֵק
explosion (f)	pitsuts	פִּיצוּץ (ז)
mettre feu	lehatsit	לְהַצִּית
incendiaire (m)	matsit	מַצִּית (ז)
incendie (m) prémédité	hatsata	הַצָּתָה (נ)
flamboyer (vi)	liv'or	לִבְעוֹר
brûler (vi)	la'alot be'eʃ	לַעֲלוֹת בָּאֵשׁ
brûler complètement	lehisaref	לְהִישָׂרֵף
appeler les pompiers	lehazmin meχabei eʃ	לְהַזְמִין מְכַבֵּי אֵשׁ
pompier (m)	kabai	כַּבַּאי (ז)
voiture (f) de pompiers	'reχev kibui	רֶכֶב כִּיבּוּי (ז)
sapeurs-pompiers (pl)	meχabei eʃ	מְכַבֵּי אֵשׁ (ז"ר)
échelle (f) des pompiers	sulam kaba'im	סוּלָם כַּבָּאִים (ז)
tuyau (m) d'incendie	zarnuk	זַרְנוּק (ז)
extincteur (m)	mataf	מַטָף (ז)
casque (m)	kasda	קַסְדָּה (נ)
sirène (f)	tsofar	צוֹפָר (ז)
crier (vi)	lits'ok	לִצְעוֹק
appeler au secours	likro le'ezra	לִקְרוֹא לְעֶזְרָה
secouriste (m)	matsil	מַצִּיל (ז)
sauver (vt)	lehatsil	לְהַצִּיל
venir (vi)	leha'gi'a	לְהַגִּיעַ
éteindre (feu)	leχabot	לְכַבּוֹת
eau (f)	'mayim	מַיִם (ז"ר)
sable (m)	χol	חוֹל (ז)
ruines (f pl)	χoravot	חוֹרָבוֹת (נ"ר)
tomber en ruine	likros	לִקְרוֹס
s'écrouler (vp)	likros	לִקְרוֹס
s'effondrer (vp)	lehitmotet	לְהִתְמוֹטֵט
morceau (m) (de mur, etc.)	pisat χoravot	פִּיסַת חוֹרָבוֹת (נ)
cendre (f)	'efer	אֵפֶר (ז)
mourir étouffé	lehiχanek	לְהֵיחָנֵק
périr (vi)	lehihareg	לְהֵיהָרֵג

LES ACTIVITÉS HUMAINS

Le travail. Les affaires. Partie 1

103. Le bureau. La vie de bureau

bureau (m) (établissement)	misrad	מִשְׂרָד (ז)
bureau (m) (au travail)	misrad	מִשְׂרָד (ז)
accueil (m)	kabala	קַבָּלָה (נ)
secrétaire (m)	mazkir	מַזְכִּיר (ז)
secrétaire (f)	mazkira	מַזְכִּירָה (נ)

directeur (m)	menahel	מְנַהֵל (ז)
manager (m)	menahel	מְנַהֵל (ז)
comptable (m)	menahel χeʃbonot	מְנַהֵל חֶשְׁבּוֹנוֹת (ז)
collaborateur (m)	oved	עוֹבֵד (ז)

meubles (m pl)	rehitim	רָהִיטִים (ז״ר)
bureau (m)	ʃulχan	שׁוּלְחָן (ז)
fauteuil (m)	kursa	כּוּרְסָה (נ)
classeur (m) à tiroirs	ʃidat megerot	שִׁידַּת מְגֵירוֹת (נ)
portemanteau (m)	mitle	מִתְלֶה (ז)

ordinateur (m)	maχʃev	מַחְשֵׁב (ז)
imprimante (f)	mad'peset	מַדְפֶּסֶת (נ)
fax (m)	faks	פַקְס (ז)
copieuse (f)	meχonat tsilum	מְכוֹנַת צִילוּם (נ)

papier (m)	neyar	נְיָיר (ז)
papeterie (f)	tsiyud misradi	צִיּוּד מִשְׂרָדִי (ז)
tapis (m) de souris	ʃa'tiaχ le'aχbar	שְׁטִיחַ לְעַכְבָּר (ז)
feuille (f)	daf	דַּף (ז)
classeur (m)	klaser	קְלָסֵר (ז)

catalogue (m)	katalog	קָטָלוֹג (ז)
annuaire (m)	madriχ 'telefon	מַדְרִיךְ טֶלֶפוֹן (ז)
documents (m pl)	ti'ud	תִּיעוּד (ז)
brochure (f)	χo'veret	חוֹבֶרֶת (נ)
prospectus (m)	alon	עָלוֹן (ז)
échantillon (m)	dugma	דּוּגְמָה (נ)

formation (f)	yeʃivat hadraχa	יְשִׁיבַת הַדְרָכָה (נ)
réunion (f)	yeʃiva	יְשִׁיבָה (נ)
pause (f) déjeuner	hafsakat tsaha'rayim	הַפְסָקַת צָהֳרַיִים (נ)

faire une copie	letsalem mismaχ	לְצַלֵּם מִסְמָךְ
faire des copies	lehaχin mispar otakim	לְהָכִין מִסְפָּר עוֹתָקִים
recevoir un fax	lekabel faks	לְקַבֵּל פַקְס
envoyer un fax	liʃ'loaχ faks	לִשְׁלוֹחַ פַקְס

téléphoner, appeler	lehitkaʃer	לְהִתְקַשֵּׁר
répondre (vi, vt)	laʿanot	לַעֲנוֹת
passer (au téléphone)	lekaʃer	לְקַשֵּׁר

fixer (rendez-vous)	lik'bo'a pgiʃa	לִקְבּוֹעַ פְּגִישָׁה
montrer (un échantillon)	lehadgim	לְהַדְגִּים
être absent	lehe'ader	לְהֵיעָדֵר
absence (f)	he'adrut	הֵיעָדְרוּת (נ)

104. Les processus d'affaires. Partie 1

affaire (f) (business)	'esek	עֵסֶק (ז)
métier (m)	isuk	עִיסּוּק (ז)
firme (f), société (f)	xevra	חֶבְרָה (נ)
compagnie (f)	xevra	חֶבְרָה (נ)
corporation (f)	ta'agid	תַּאֲגִיד (ז)
entreprise (f)	'esek	עֵסֶק (ז)
agence (f)	soxnut	סוֹכְנוּת (נ)

accord (m)	heskem	הֶסְכֵּם (ז)
contrat (m)	xoze	חוֹזֶה (ז)
marché (m) (accord)	iska	עִסְקָה (נ)
commande (f)	hazmana	הַזְמָנָה (נ)
terme (m) (~ du contrat)	tnai	תְּנַאי (ז)

en gros (adv)	besitonut	בְּסִיטוֹנוּת
en gros (adj)	sitona'i	סִיטוֹנָאִי
vente (f) en gros	sitonut	סִיטוֹנוּת (נ)
au détail (adj)	kim'oni	קִמְעוֹנִי
vente (f) au détail	kim'onut	קִמְעוֹנוּת (נ)

concurrent (m)	mitxare	מִתְחָרֶה (ז)
concurrence (f)	taxarut	תַּחֲרוּת (נ)
concurrencer (vt)	lehitxarot	לְהִתְחָרוֹת

| associé (m) | ʃutaf | שׁוּתָף (ז) |
| partenariat (m) | ʃutafa | שׁוּתָּפוּת (נ) |

crise (f)	maʃber	מַשְׁבֵּר (ז)
faillite (f)	pʃitat 'regel	פְּשִׁיטַת רֶגֶל (נ)
faire faillite	lifʃot 'regel	לִפְשׁוֹט רֶגֶל
difficulté (f)	'koʃi	קוֹשִׁי (ז)
problème (m)	be'aya	בְּעָיָה (נ)
catastrophe (f)	ason	אָסוֹן (ז)

économie (f)	kalkala	כַּלְכָּלָה (נ)
économique (adj)	kalkali	כַּלְכָּלִי
baisse (f) économique	mitun kalkali	מִיתוּן כַּלְכָּלִי (ז)

| but (m) | matara | מַטָּרָה (נ) |
| objectif (m) | mesima | מְשִׂימָה (נ) |

| faire du commerce | lisxor | לִסְחוֹר |
| réseau (m) (de distribution) | 'reʃet | רֶשֶׁת (נ) |

| inventaire (m) (stocks) | maxsan | מַחְסָן (ז) |
| assortiment (m) | mivxar | מִבְחָר (ז) |

leader (m)	manhig	מַנְהִיג (ז)
grande (~ entreprise)	gadol	גָדוֹל
monopole (m)	'monopol	מוֹנוֹפּוֹל (ז)

théorie (f)	te''orya	תֵּיאוֹרְיָה (נ)
pratique (f)	'praktika	פְּרַקְטִיקָה (נ)
expérience (f)	nisayon	נִיסָיוֹן (ז)
tendance (f)	megama	מְגַמָה (נ)
développement (m)	pi'tuax	פִּיתוּחַ (ז)

105. Les processus d'affaires. Partie 2

| rentabilité (m) | 'revax | רֶווַח (ז) |
| rentable (adj) | rivxi | רִווְחִי |

délégation (f)	mif'laxat	מִשְׁלַחַת (נ)
salaire (m)	mas'koret	מַשְׂכּוֹרֶת (נ)
corriger (une erreur)	letaken	לְתַקֵן
voyage (m) d'affaires	nesi'a batafkid	נְסִיעָה בַּתַפְקִיד (נ)
commission (f)	amla	עַמְלָה (נ)

contrôler (vt)	liflot	לִשְׁלוֹט
conférence (f)	kinus	כִּינוּס (ז)
licence (f)	rifayon	רִישָׁיוֹן (ז)
fiable (partenaire ~)	amin	אָמִין

initiative (f)	yozma	יוֹזְמָה (נ)
norme (f)	'norma	נוֹרְמָה (נ)
circonstance (f)	nesibot	נְסִיבּוֹת (נ״ר)
fonction (f)	xova	חוֹבָה (נ)

entreprise (f)	irgun	אִרְגוּן (ז)
organisation (f)	hit'argenut	הִתְאַרְגְנוּת (נ)
organisé (adj)	me'urgan	מְאוֹרְגָן
annulation (f)	bitul	בִּיטוּל (ז)
annuler (vt)	levatel	לְבַטֵל
rapport (m)	dox	דוֹחַ (ז)

brevet (m)	patent	פָּטֶנְט (ז)
breveter (vt)	lirfom patent	לִרְשׁוֹם פָּטֶנְט
planifier (vt)	letaxnen	לְתַכְנֵן

prime (f)	'bonus	בּוֹנוּס (ז)
professionnel (adj)	miktso'i	מִקְצוֹעִי
procédure (f)	'nohal	נוֹהַל (ז)

examiner (vt)	livxon	לִבְחוֹן
calcul (m)	xifuv	חִישׁוּב (ז)
réputation (f)	monitin	מוֹנִיטִין (ז״ר)
risque (m)	sikun	סִיכּוּן (ז)
diriger (~ une usine)	lenahel	לְנַהֵל

renseignements (m pl)	meida	מֵידָע (ז)
propriété (f)	ba'alut	בַּעֲלוּת (נ)
union (f)	igud	אִיגוּד (ז)

assurance vie (f)	bi'tuaχ χayim	בִּיטוּחַ חַיִּים (ז)
assurer (vt)	leva'teaχ	לבְטֵחַ
assurance (f)	bi'tuaχ	בִּיטוּחַ (ז)

enchères (f pl)	meχira 'pombit	מְכִירָה פּוּמבִּית (נ)
notifier (informer)	leho'dia	לְהוֹדִיעַ
gestion (f)	nihul	נִיהוּל (ז)
service (m)	ʃirut	שֵׁירוּת (ז)

forum (m)	'forum	פּוֹרוּם (ז)
fonctionner (vi)	letafked	לְתַפקֵד
étape (f)	ʃalav	שָׁלָב (ז)
juridique (services ~s)	miʃpati	מִשׁפָּטִי
juriste (m)	oreχ din	עוֹרֵך דִין (ז)

106. L'usine. La production

usine (f)	mif'al	מִפעָל (ז)
fabrique (f)	beit χa'roʃet	בֵּית חָרוֹשֶׁת (ז)
atelier (m)	agaf	אֲגַף (ז)
site (m) de production	mif'al	מִפעָל (ז)

industrie (f)	ta'asiya	תַעֲשִׂייָה (נ)
industriel (adj)	ta'asiyati	תַעֲשִׂייָתִי
industrie (f) lourde	ta'asiya kveda	תַעֲשִׂייָה כּבֵדָה (נ)
industrie (f) légère	ta'asiya kala	תַעֲשִׂייָה קַלָה (נ)

produit (m)	to'tseret	תוֹצֶרֶת (נ)
produire (vt)	leyatser	לְייַצֵר
matières (f pl) premières	'χomer 'gelem	חוֹמֶר גֶלֶם (ז)

chef (m) d'équipe	menahel avoda	מְנַהֵל עֲבוֹדָה (ז)
équipe (f) d'ouvriers	'tsevet ovdim	צֶוֶת עוֹבדִים (ז)
ouvrier (m)	po'el	פּוֹעֵל (ז)

jour (m) ouvrable	yom avoda	יוֹם עֲבוֹדָה (ז)
pause (f) (repos)	hafsaka	הַפסָקָה (נ)
réunion (f)	yeʃiva	יְשִׁיבָה (נ)
discuter (vt)	ladun	לָדוּן

plan (m)	toχnit	תוֹכנִית (נ)
accomplir le plan	leva'tse'a et hatoχnit	לְבַצֵע אֶת הַתוֹכנִית
norme (f) de production	'ketsev tfuka	קֶצֶב תפוּקָה (ז)
qualité (f)	eiχut	אֵיכוּת (נ)
contrôle (m)	bakara	בַּקָרָה (נ)
contrôle (m) qualité	bakarat eiχut	בַּקָרַת אֵיכוּת (נ)

sécurité (f) de travail	betiχut beavoda	בְּטִיחוּת בָּעֲבוֹדָה (נ)
discipline (f)	miʃ'ma'at	מִשׁמַעַת (נ)
infraction (f)	hafara	הֲפָרָה (נ)

violer (les règles)	lehafer	לְהָפֵר
grève (f)	ʃvita	שְׁבִיתָה (נ)
gréviste (m)	ʃovet	שׁוֹבֵת (ז)
faire grève	liʃbot	לִשְׁבּוֹת
syndicat (m)	igud ovdim	אִיגוּד עוֹבְדִים (ז)

inventer (machine, etc.)	lehamtsi	לְהַמְצִיא
invention (f)	hamtsa'a	הַמְצָאָה (נ)
recherche (f)	meχkar	מֶחְקָר (ז)
améliorer (vt)	leʃaper	לְשַׁפֵּר
technologie (f)	teχno'logya	טֶכְנוֹלוֹגְיָה (נ)
dessin (m) technique	sirtut	שִׂרְטוּט (ז)

charge (f) (~ de 3 tonnes)	mit'an	מִטְעָן (ז)
chargeur (m)	sabal	סַבָּל (ז)
charger (véhicule, etc.)	leha'amis	לְהַעֲמִיס
chargement (m)	ha'amasa	הַעֲמָסָה (נ)
décharger (vt)	lifrok mit'an	לִפְרוֹק מִטְעָן
déchargement (m)	prika	פְּרִיקָה (נ)

transport (m)	hovala	הוֹבָלָה (נ)
compagnie (f) de transport	χevrat hovala	חֶבְרַת הוֹבָלָה (נ)
transporter (vt)	lehovil	לְהוֹבִיל

wagon (m) de marchandise	karon	קָרוֹן (ז)
citerne (f)	meχalit	מֵיכָלִית (נ)
camion (m)	masa'it	מַשָּׂאִית (נ)

| machine-outil (f) | meχonat ibud | מְכוֹנַת עִיבּוּד (נ) |
| mécanisme (m) | manganon | מַנְגָּנוֹן (ז) |

déchets (m pl)	'psolet ta'asiyatit	פְּסוֹלֶת תַּעֲשִׂיָּיתִית (נ)
emballage (m)	ariza	אֲרִיזָה (נ)
emballer (vt)	le'eroz	לֶאֱרוֹז

107. Le contrat. L'accord

contrat (m)	χoze	חוֹזֶה (ז)
accord (m)	heskem	הֶסְכֵּם (ז)
annexe (f)	'sefaχ	סֶפַח (ז)

signer un contrat	la'aroχ heskem	לַעֲרוֹךְ הֶסְכֵּם
signature (f)	χatima	חֲתִימָה (נ)
signer (vt)	laχtom	לַחְתּוֹם
cachet (m)	χo'temet	חוֹתֶמֶת (נ)

objet (m) du contrat	nose haχoze	נוֹשֵׂא הַחוֹזֶה (ז)
clause (f)	se'if	סָעִיף (ז)
côtés (m pl)	tsdadim	צְדָדִים (ז"ר)
adresse (f) légale	'ktovet miʃpatit	כְּתוֹבֶת מִשְׁפָּטִית (נ)

violer l'accord	lehafer χoze	לְהָפֵר חוֹזֶה
obligation (f)	hitχaivut	הִתְחַייְבוּת (נ)
responsabilité (f)	aχrayut	אַחְרָיוּת (נ)

force (f) majeure	'koaχ elyon	כּוֹחַ עֶלְיוֹן (ז)
litige (m)	vi'kuaχ	וִיכּוּחַ (ז)
pénalités (f pl)	itsumim	עִיצוּמִים (ז"ר)

108. L'importation. L'exportation

importation (f)	ye'vu'a	יְבוּא (ז)
importateur (m)	yevu'an	יְבוּאָן (ז)
importer (vt)	leyabe	לְיַיבֵּא
d'importation	meyuba	מְיוּבָּא

exportation (f)	yitsu	יִיצוּא (ז)
exportateur (m)	yetsu'an	יְצוּאָן (ז)
exporter (vt)	leyatse	לְיַיצֵּא
d'exportation (adj)	ʃel yitsu	שֶׁל יִיצוּא

marchandise (f)	sχora	סְחוֹרָה (נ)
lot (m) de marchandises	miʃ'loaχ	מִשְׁלוֹחַ (ז)

poids (m)	miʃkal	מִשְׁקָל (ז)
volume (m)	'nefaχ	נֶפַח (ז)
mètre (m) cube	'meter me'ukav	מֶטֶר מְעוּקָב (ז)

producteur (m)	yatsran	יַצְרָן (ז)
compagnie (f) de transport	χevrat hovala	חֶבְרַת הוֹבָלָה (נ)
container (m)	meχula	מְכוּלָה (נ)

frontière (f)	gvul	גְבוּל (ז)
douane (f)	'meχes	מֶכֶס (ז)
droit (m) de douane	mas 'meχes	מַס מֶכֶס (ז)
douanier (m)	pakid 'meχes	פָּקִיד מֶכֶס (ז)
contrebande (f) (trafic)	havraχa	הַבְרָחָה (נ)
contrebande (f)	sχora muv'reχet	סְחוֹרָה מוּבְרַחַת (נ)

109. La finance

action (f)	menaya	מְנָיָה (נ)
obligation (f)	i'geret χov	אִיגֶרֶת חוֹב (נ)
lettre (f) de change	ʃtar χalifin	שְׁטַר חֲלִיפִין (ז)

bourse (f)	'bursa	בּוּרְסָה (נ)
cours (m) d'actions	meχir hamenaya	מְחִיר הַמְנָיָה (ז)

baisser (vi)	la'redet bemeχir	לָרֶדֶת בְּמְחִיר
augmenter (vi) (prix)	lehityaker	לְהִתְיַיקֵר

part (f)	menaya	מְנָיָה (נ)
participation (f) de contrôle	ʃlita	שְׁלִיטָה (נ)

investissements (m pl)	haʃka'ot	הַשְׁקָעוֹת (נ"ר)
investir (vt)	lehaʃ'ki'a	לְהַשְׁקִיעַ
pour-cent (m)	aχuz	אָחוּז (ז)

intérêts (m pl)	ribit	רִיבִּית (נ)
profit (m)	'revax	רֶווַח (ז)
profitable (adj)	rivxi	רִווְחִי
impôt (m)	mas	מַס (ז)

devise (f)	mat'be'a	מַטְבֵּעַ (ז)
national (adj)	le'umi	לְאוּמִי
échange (m)	hamara	הֲמָרָה (נ)

| comptable (m) | ro'e xeʃbon | רוֹאֵה חֶשְבּוֹן (ז) |
| comptabilité (f) | hanhalat xeʃbonot | הַנְהָלַת חֶשְבּוֹנוֹת (נ) |

faillite (f)	pʃitat 'regel	פְּשִיטַת רֶגֶל (נ)
krach (m)	krisa	קְרִיסָה (נ)
ruine (f)	pʃitat 'regel	פְּשִיטַת רֶגֶל (נ)
se ruiner (vp)	liʃʃot 'regel	לִפְשוֹט רֶגֶל
inflation (f)	inf'latsya	אִינְפְלַצְיָה (נ)
dévaluation (f)	pixut	פִּיחוּת (ז)

capital (m)	hon	הוֹן (ז)
revenu (m)	haxnasa	הַכְנָסָה (נ)
chiffre (m) d'affaires	maxzor	מַחְזוֹר (ז)
ressources (f pl)	maʃ'abim	מַשְאַבִּים (ז"ר)
moyens (m pl) financiers	emtsa'im kaspiyim	אֶמְצָעִים כַּסְפִּיִים (ז"ר)
frais (m pl) généraux	hotsa'ot	הוֹצָאוֹת (נ"ר)
réduire (vt)	letsamtsem	לְצַמְצֵם

110. La commercialisation. Le marketing

marketing (m)	ʃivuk	שִיווּק (ז)
marché (m)	ʃuk	שוּק (ז)
segment (m) du marché	'pelax ʃuk	פֶּלַח שוּק (ז)
produit (m)	mutsar	מוּצָר (ז)
marchandise (f)	sxora	סְחוֹרָה (נ)

marque (f) de fabrique	mutag	מוּתָג (ז)
marque (f) déposée	'semel misxari	סֵמֶל מִסְחָרִי (ז)
logotype (m)	'semel haxevra	סֵמֶל הַחֶבְרָה (ז)
logo (m)	'logo	לוֹגוֹ (ז)

demande (f)	bikuʃ	בִּיקוּש (ז)
offre (f)	he'tse'a	הֵיצֵעַ (ז)
besoin (m)	'tsorex	צוֹרֶך (ז)
consommateur (m)	tsarxan	צַרְכָן (ז)

| analyse (f) | ni'tuax | נִיתוּחַ (ז) |
| analyser (vt) | lena'teax | לְנַתֵחַ |

| positionnement (m) | mitsuv | מִיצוּב (ז) |
| positionner (vt) | lematsev | לְמַצֵב |

prix (m)	mexir	מְחִיר (ז)
politique (f) des prix	mediniyut timxur	מְדִינִיוּת תִמְחוּר (נ)
formation (f) des prix	hamxara	הַמְחָרָה (נ)

99

111. La publicité

publicité (f), pub (f)	pirsum	פְּרְסוֹם (ז)
faire de la publicité	lefarsem	לְפַרְסֵם
budget (m)	taktsiv	תַּקְצִיב (ז)
annonce (f), pub (f)	pir'somet	פְּרְסוֹמֶת (נ)
publicité (f) à la télévision	pir'somet tele'vizya	פְּרְסוֹמֶת טֶלֶוִויזְיָה (נ)
publicité (f) à la radio	pir'somet 'radyo	פְּרְסוֹמֶת רַדְיוֹ (נ)
publicité (f) extérieure	pirsum xutsot	פְּרְסוֹם חוּצוֹת (ז)
mass média (m pl)	emtsa'ei tik'joret hamonim	אֶמְצָעֵי תִקְשׁוֹרֶת הָמוֹנִים (ז״ר)
périodique (m)	ktav et	כְּתַב עֵת (ז)
image (f)	tadmit	תַּדְמִית (נ)
slogan (m)	sisma	סִיסְמָה (נ)
devise (f)	'moto	מוֹטוֹ (ז)
campagne (f)	masa	מַסָּע (ז)
campagne (f) publicitaire	masa pirsum	מַסָּע פְּרְסוֹם (ז)
public (m) cible	oxlusiyat 'ya'ad	אוֹכְלוֹסִיַּית יַעַד (נ)
carte (f) de visite	kartis bikur	כַּרְטִיס בִּיקוּר (ז)
prospectus (m)	alon	עָלוֹן (ז)
brochure (f)	xo'veret	חוֹבֶרֶת (נ)
dépliant (m)	alon	עָלוֹן (ז)
bulletin (m)	alon meida	עָלוֹן מֵידָע (ז)
enseigne (f)	'jelet	שֶׁלֶט (ז)
poster (m)	'poster	פּוֹסְטֶר (ז)
panneau-réclame (m)	'luax pirsum	לוּחַ פְּרְסוֹם (ז)

112. Les opérations bancaires

banque (f)	bank	בַּנְק (ז)
agence (f) bancaire	snif	סְנִיף (ז)
conseiller (m)	yo'ets	יוֹעֵץ (ז)
gérant (m)	menahel	מְנָהֵל (ז)
compte (m)	xejbon	חֶשְׁבּוֹן (ז)
numéro (m) du compte	mispar xejbon	מִסְפַּר חֶשְׁבּוֹן (ז)
compte (m) courant	xejbon over vajav	חֶשְׁבּוֹן עוֹבֵר וָשָׁב (ז)
compte (m) sur livret	xejbon xisaxon	חֶשְׁבּוֹן חִסָכוֹן (ז)
ouvrir un compte	lif'toax xejbon	לִפְתּוֹחַ חֶשְׁבּוֹן
clôturer le compte	lisgor xejbon	לִסְגוֹר חֶשְׁבּוֹן
verser dans le compte	lehafkid lexejbon	לְהַפְקִיד לְחֶשְׁבּוֹן
retirer du compte	limjox mexejbon	לִמְשׁוֹךְ מֵחֶשְׁבּוֹן
dépôt (m)	pikadon	פִּיקָדוֹן (ז)
faire un dépôt	lehafkid	לְהַפְקִיד
virement (m) bancaire	ha'avara banka'it	הַעֲבָרָה בַּנְקָאִית (נ)

faire un transfert	leha'avir 'kesef	לְהַעֲבִיר כֶּסֶף
somme (f)	sχum	סְכוּם (ז)
Combien?	'kama?	כַּמָה?

| signature (f) | χatima | חֲתִימָה (נ) |
| signer (vt) | laχtom | לַחְתוֹם |

carte (f) de crédit	kartis aʃrai	כַּרְטִיס אַשְׁרַאי (ז)
code (m)	kod	קוֹד (ז)
numéro (m) de carte de crédit	mispar kartis aʃrai	מִסְפַּר כַּרְטִיס אַשְׁרַאי (ז)
distributeur (m)	kaspomat	כַּסְפּוֹמָט (ז)

chèque (m)	ʧek	צֶ'ק (ז)
faire un chèque	liχtov ʧek	לִכְתּוֹב צֶ'ק
chéquier (m)	pinkas 'ʧekim	פִּנְקַס צֶ'קִים (ז)

crédit (m)	halva'a	הַלְוָאָה (נ)
demander un crédit	levakeʃ halva'a	לְבַקֵּשׁ הַלְוָאָה
prendre un crédit	lekabel halva'a	לְקַבֵּל הַלְוָאָה
accorder un crédit	lehalvot	לְהַלְווֹת
gage (m)	arvut	עֲרְבוּת (נ)

113. Le téléphone. La conversation téléphonique

téléphone (m)	'telefon	טֶלֶפוֹן (ז)
portable (m)	'telefon nayad	טֶלֶפוֹן נַיָּד (ז)
répondeur (m)	meʃivon	מְשִׁיבוֹן (ז)

| téléphoner, appeler | letsaltsel | לְצַלְצֵל |
| appel (m) | siχat 'telefon | שִׂיחַת טֶלֶפוֹן (נ) |

composer le numéro	leχayeg mispar	לְחַיֵּג מִסְפָּר
Allô!	'halo!	הַלוֹ!
demander (~ l'heure)	liʃol	לִשְׁאוֹל
répondre (vi, vt)	la'anot	לַעֲנוֹת
entendre (bruit, etc.)	liʃmo'a	לִשְׁמוֹעַ
bien (adv)	tov	טוֹב
mal (adv)	lo tov	לֹא טוֹב
bruits (m pl)	hafra'ot	הַפְרָעוֹת (נ"ר)

récepteur (m)	ʃfo'feret	שְׁפוֹפֶרֶת (נ)
décrocher (vt)	leharim ʃfo'feret	לְהָרִים שְׁפוֹפֶרֶת
raccrocher (vi)	leha'niaχ ʃfo'feret	לְהָנִיחַ שְׁפוֹפֶרֶת

occupé (adj)	tafus	תָּפוּס
sonner (vi)	letsaltsel	לְצַלְצֵל
carnet (m) de téléphone	'sefer tele'fonim	סֵפֶר טֶלֶפוֹנִים (ז)

local (adj)	mekomi	מְקוֹמִי
appel (m) local	siχa mekomit	שִׂיחָה מְקוֹמִית (נ)
interurbain (adj)	bein ironi	בֵּין עִירוֹנִי
appel (m) interurbain	siχa bein ironit	שִׂיחָה בֵּין עִירוֹנִית (נ)
international (adj)	benle'umi	בֵּינְלְאוּמִי
appel (m) international	siχa benle'umit	שִׂיחָה בֵּינְלְאוּמִית (נ)

114. Le téléphone portable

portable (m)	'telefon nayad	טֶלֶפוֹן נַיָּיד (ז)
écran (m)	masaχ	מָסָךְ (ז)
bouton (m)	kaftor	כַּפְתּוֹר (ז)
carte SIM (f)	kartis sim	כַּרְטִיס סִים (ז)
pile (f)	solela	סוֹלְלָה (נ)
être déchargé	lehitroken	לְהִתְרוֹקֵן
chargeur (m)	mit'an	מִטְעָן (ז)
menu (m)	tafrit	תַּפְרִיט (ז)
réglages (m pl)	hagdarot	הַגְדָּרוֹת (נ״ר)
mélodie (f)	mangina	מַנְגִּינָה (נ)
sélectionner (vt)	livχor	לִבְחוֹר
calculatrice (f)	maχʃevon	מַחְשְׁבוֹן (ז)
répondeur (m)	ta koli	תָּא קוֹלִי (ז)
réveil (m)	ʃaʿon meʿorer	שָׁעוֹן מְעוֹרֵר (ז)
contacts (m pl)	anʃei 'keʃer	אַנְשֵׁי קֶשֶׁר (ז״ר)
SMS (m)	misron	מִסְרוֹן (ז)
abonné (m)	manui	מָנוּי (ז)

115. La papeterie

stylo (m) à bille	et kaduri	עֵט כַּדּוּרִי (ז)
stylo (m) à plume	et no've'a	עֵט נוֹבֵעַ (ז)
crayon (m)	iparon	עִיפָּרוֹן (ז)
marqueur (m)	'marker	מַרְקֵר (ז)
feutre (m)	tuʃ	טוּשׁ (ז)
bloc-notes (m)	pinkas	פִּנְקָס (ז)
agenda (m)	yoman	יוֹמָן (ז)
règle (f)	sargel	סַרְגֵּל (ז)
calculatrice (f)	maχʃevon	מַחְשְׁבוֹן (ז)
gomme (f)	'maχak	מַחַק (ז)
punaise (f)	'na'ats	נַעַץ (ז)
trombone (m)	mehadek	מְהַדֵּק (ז)
colle (f)	'devek	דֶּבֶק (ז)
agrafeuse (f)	ʃadχan	שַׁדְכָן (ז)
perforateur (m)	menakev	מְנַקֵּב (ז)
taille-crayon (m)	maχded	מַחְדֵּד (ז)

116. Les différents types de documents

rapport (m)	doχ	דּוֹ״ח (ז)
accord (m)	heskem	הֶסְכֵּם (ז)

formulaire (m) d'inscription	'tofes bakaʃa	טוֹפֶס בַּקָשָׁה (ז)
authentique (adj)	mekori	מְקוֹרִי
badge (m)	tag	תָג (ז)
carte (f) de visite	kartis bikur	כַּרְטִיס בִּיקוּר (ז)

certificat (m)	te'uda	תְעוּדָה (נ)
chèque (m) de banque	tʃek	צֶ'ק (ז)
addition (f) (restaurant)	xeʃbon	חֶשׁבּוֹן (ז)
constitution (f)	xuka	חוּקָה (נ)

contrat (m)	xoze	חוֹזֶה (ז)
copie (f)	'otek	עוֹתֶק (ז)
exemplaire (m)	'otek	עוֹתֶק (ז)

déclaration (f) de douane	hatsharat mexes	הַצהָרַת מֶכֶס (נ)
document (m)	mismax	מִסמָך (ז)
permis (m) de conduire	riʃyon nehiga	רִשׁיוֹן נְהִיגָה (ז)
annexe (f)	to'sefet	תוֹסֶפֶת (נ)
questionnaire (m)	'tofes	טוֹפֶס (ז)

carte (f) d'identité	te'uda mezaha	תְעוּדָה מְזַהָה (נ)
demande (f) de renseignements	xakira	חֲקִירָה (נ)
lettre (f) d'invitation	kartis hazmana	כַּרטִיס הַזמָנָה (ז)
facture (f)	xeʃbonit	חֶשׁבּוֹנִית (נ)

loi (f)	xok	חוֹק (ז)
lettre (f)	mixtav	מִכתָב (ז)
papier (m) à en-tête	neyar 'logo	נְיַיר לוֹגוֹ (ז)
liste (f) (~ des noms)	reʃima	רְשִׁימָה (נ)
manuscrit (m)	ktav yad	כְּתָב יָד (ז)
bulletin (m)	alon meida	עָלוֹן מֵידָע (ז)
mot (m) (message)	'petek	פֶּתֶק (ז)

laissez-passer (m)	iʃur knisa	אִישׁוּר כְּנִיסָה (ז)
passeport (m)	darkon	דַרכּוֹן (ז)
permis (m)	riʃayon	רִישָׁיוֹן (ז)
C.V. (m)	korot xayim	קוֹרוֹת חַיִים (נ"ר)
reconnaissance (f) de dette	ʃtar xov	שׁטָר חוֹב (ז)
reçu (m)	kabala	קַבָּלָה (נ)
ticket (m) de caisse	tʃek	צֶ'ק (ז)
rapport (m)	dox	דוֹ"ח (ז)

présenter (pièce d'identité)	lehatsig	לְהַצִיג
signer (vt)	laxtom	לַחתוֹם
signature (f)	xatima	חֲתִימָה (נ)
cachet (m)	xo'temet	חוֹתֶמֶת (נ)

| texte (m) | tekst | טֶקסט (ז) |
| ticket (m) | kartis | כַּרטִיס (ז) |

| rayer (vt) | limxok | לִמחוֹק |
| remplir (vt) | lemale | לְמַלֵא |

| bordereau (m) de transport | ʃtar mit'an | שׁטָר מִטעָן (ז) |
| testament (m) | tsava'a | צַוָואָה (נ) |

117. Les types d'activités économiques

agence (f) de recrutement	soχnut 'koaχ adam	סוֹכְנוּת פּוֹחַ אָדָם (נ)
agence (f) de sécurité	χevrat ʃmira	חֶבְרַת שְׁמִירָה (נ)
agence (f) d'information	soχnut yedi'ot	סוֹכְנוּת יְדִיעוֹת (נ)
agence (f) publicitaire	soχnut pirsum	סוֹכְנוּת פִּרְסוּם (נ)

antiquités (f pl)	atikot	עַתִּיקוֹת (נ״ר)
assurance (f)	bi'tuaχ	בִּיטוּחַ (ז)
atelier (m) de couture	mitpara	מִתְפָּרָה (נ)

banques (f pl)	banka'ut	בַּנְקָאוּת (נ)
bar (m)	bar	בָּר (ז)
bâtiment (m)	bniya	בְּנִיָּיה (נ)
bijouterie (f)	taχʃitim	תַּכְשִׁיטִים (ז״ר)
bijoutier (m)	tsoref	צוֹרֵף (ז)

blanchisserie (f)	miχbasa	מִכְבָּסָה (נ)
boissons (f pl) alcoolisées	maʃka'ot χarifim	מַשְׁקָאוֹת חֲרִיפִים (נ״ר)
boîte (f) de nuit	mo'adon 'laila	מוֹעֲדוֹן לַיְלָה (ז)
bourse (f)	'bursa	בּוּרְסָה (נ)
brasserie (f) (fabrique)	miv'ʃelet 'bira	מִבְשֶׁלֶת בִּירָה (נ)
maison (f) funéraire	beit levayot	בֵּית לְוָיוֹת (ז)

casino (m)	ka'zino	קָזִינוֹ (ז)
centre (m) d'affaires	merkaz asakim	מֶרְכַּז עֲסָקִים (ז)
cinéma (m)	kol'no'a	קוֹלְנוֹעַ (ז)
climatisation (m)	mazganim	מַזְגָּנִים (ז״ר)

commerce (m)	misχar	מִסְחָר (ז)
compagnie (f) aérienne	χevrat te'ufa	חֶבְרַת תְּעוּפָה (נ)
conseil (m)	yi'uts	יִיעוּץ (ז)
coursiers (m pl)	ʃirut ʃliχim	שֵׁירוּת שְׁלִיחִים (ז)

dentistes (pl)	mirpa'at ʃi'nayim	מִרְפְּאַת שִׁינַיִים (נ)
design (m)	itsuv	עִיצוּב (ז)
école (f) de commerce	beit 'sefer le'asakim	בֵּית סֵפֶר לְעֲסָקִים (ז)
entrepôt (m)	maχsan	מַחְסָן (ז)
galerie (f) d'art	ga'lerya le'amanut	גָּלֶרְיָה לְאָמָנוּת (נ)
glace (f)	'glida	גְּלִידָה (נ)
hôtel (m)	beit malon	בֵּית מָלוֹן (ז)

immobilier (m)	nadlan	נַדְלָ״ן (ז)
imprimerie (f)	beit dfus	בֵּית דְּפוּס (ז)
industrie (f)	ta'asiya	תַּעֲשִׂייָה (נ)
Internet (m)	'internet	אִינְטֶרְנֶט (ז)
investissements (m pl)	haʃka'ot	הַשְׁקָעוֹת (נ״ר)

journal (m)	iton	עִיתוֹן (ז)
librairie (f)	χanut sfarim	חֲנוּת סְפָרִים (נ)
industrie (f) légère	ta'asiya kala	תַּעֲשִׂייָה קַלָּה (נ)

magasin (m)	χanut	חֲנוּת (נ)
maison (f) d'édition	hotsa'a la'or	הוֹצָאָה לָאוֹר (נ)
médecine (f)	refu'a	רְפוּאָה (נ)

meubles (m pl)	rehitim	רָהִיטִים (ז"ר)
musée (m)	muze'on	מוּזֵיאוֹן (ז)
pétrole (m)	neft	נֵפְט (ז)
pharmacie (f)	beit mir'kaxat	בֵּית מִרְקַחַת (ז)
industrie (f) pharmaceutique	rokxut	רוֹקְחוּת (נ)
piscine (f)	brexat sxiya	בְּרֵיכַת שְׂחִיָּה (נ)
pressing (m)	nikui yavef	נִיקוּי יָבֵשׁ (ז)
produits (m pl) alimentaires	mutsrei mazon	מוּצְרֵי מָזוֹן (ז"ר)
publicité (f), pub (f)	pirsum	פִּרְסוּם (ז)
radio (f)	'radyo	רַדְיוֹ (ז)
récupération (f) des déchets	isuf 'zevel	אִיסוּף זֶבֶל (ז)
restaurant (m)	mis'ada	מִסְעָדָה (נ)
revue (f)	ʒurnal	ז'וּרְנָל (ז)
salon (m) de beauté	mexon 'yofi	מְכוֹן יוֹפִי (ז)
service (m) financier	ferutim fi'nansim	שֵׁירוּתִים פִינַנְסִיִּים (ז"ר)
service (m) juridique	yo'ets mifpati	יוֹעֵץ מִשְׁפָּטִי (ז)
services (m pl) comptables	ferutei hanhalat xefbonot	שֵׁירוּתֵי הַנְהָלַת חֶשְׁבּוֹנוֹת (ז"ר)
services (m pl) d'audition	ferutei bi'koret xefbonot	שֵׁירוּתֵי בִּיקּוֹרֶת חֶשְׁבּוֹנוֹת (ז"ר)
sport (m)	sport	סְפּוֹרְט (ז)
supermarché (m)	super'market	סוּפֶּרְמַרְקֶט (ז)
télévision (f)	tele'vizya	טֶלֶוִויזְיָה (נ)
théâtre (m)	te'atron	תֵּיאַטְרוֹן (ז)
tourisme (m)	tayarut	תַּיָּירוּת (נ)
sociétés de transport	hovalot	הוֹבָלוֹת (נ"ר)
vente (f) par catalogue	mexira be'do'ar	מְכִירָה בְּדוֹאַר (נ)
vêtement (m)	bgadim	בְּגָדִים (ז"ר)
vétérinaire (m)	veterinar	וֶטֶרִינָר (ז)

Le travail. Les affaires. Partie 2

118. Les foires et les salons

salon (m)	ta'aruẋa	תַּעֲרוּכָה (נ)
salon (m) commercial	ta'aruẋa misẋarit	תַּעֲרוּכָה מִסְחָרִית (נ)
participation (f)	hiʃtatfut	הִשְׁתַּתְּפוּת (נ)
participer à …	lehiʃtatef	לְהִשְׁתַּתֵּף
participant (m)	miʃtatef	מִשְׁתַּתֵּף (ז)
directeur (m)	menahel	מְנַהֵל (ז)
direction (f)	misrad hame'argenim	מִשְׂרַד הַמְּאַרְגְּנִים (ז)
organisateur (m)	me'argen	מְאַרְגֵן (ז)
organiser (vt)	le'argen	לְאַרְגֵן
demande (f) de participation	'tofes hiʃtatfut	טוֹפֶס הִשְׁתַּתְּפוּת (ז)
remplir (vt)	lemale	לְמַלֵּא
détails (m pl)	pratim	פְּרָטִים (ז"ר)
information (f)	meida	מֵידַע (ז)
prix (m)	meẋir	מְחִיר (ז)
y compris	kolel	כּוֹלֵל
inclure (~ les taxes)	liẋlol	לִכְלוֹל
payer (régler)	leʃalem	לְשַׁלֵּם
droits (m pl) d'inscription	dmei riʃum	דְּמֵי רִישׁוּם (ז"ר)
entrée (f)	knisa	כְּנִיסָה (נ)
pavillon (m)	bitan	בִּיתָן (ז)
enregistrer (vt)	lirʃom	לִרְשׁוֹם
badge (m)	tag	תָּג (ז)
stand (m)	duẋan	דּוּכָן (ז)
réserver (vt)	liʃmor	לִשְׁמוֹר
vitrine (f)	madaf tetsuga	מַדָּף תְּצוּגָה (ז)
lampe (f)	menorat spot	מְנוֹרַת סְפּוֹט (נ)
design (m)	itsuv	עִיצוּב (ז)
mettre (placer)	la'aroẋ	לַעֲרוֹךְ
être placé	lehimatse	לְהִימָּצֵא
distributeur (m)	mefits	מֵפִיץ (ז)
fournisseur (m)	sapak	סַפָּק (ז)
fournir (vt)	lesapek	לְסַפֵּק
pays (m)	medina	מְדִינָה (נ)
étranger (adj)	meẋul	מְחוּ"ל
produit (m)	mutsar	מוּצָר (ז)
association (f)	amuta	עָמוּתָה (נ)
salle (f) de conférences	ulam knasim	אוּלָם כְּנָסִים (ז)

congrès (m)	kongres	קוֹנגרֶס (ז)
concours (m)	taxarut	תַחֲרוּת (נ)

visiteur (m)	mevaker	מְבַקֵר (ז)
visiter (vt)	levaker	לְבַקֵר
client (m)	la'koax	לָקוֹח (ז)

119. Les médias de masse

journal (m)	iton	עִיתוֹן (ז)
revue (f)	ʒurnal	ז'וּרנָל (ז)
presse (f)	itonut	עִיתוֹנוּת (נ)
radio (f)	'radyo	רַדיוֹ (ז)
station (f) de radio	taxanat 'radyo	תַחֲנַת רַדיוֹ (נ)
télévision (f)	tele'vizya	טֶלֶוְויזיָה (נ)

animateur (m)	manxe	מַנחֶה (ז)
présentateur (m) de journaux télévisés	karyan	קַריָין (ז)
commentateur (m)	parʃan	פַּרשָן (ז)

journaliste (m)	itonai	עִיתוֹנַאי (ז)
correspondant (m)	katav	כַּתָב (ז)
reporter photographe (m)	tsalam itonut	צַלָם עִיתוֹנוּת (ז)
reporter (m)	katav	כַּתָב (ז)

rédacteur (m)	orex	עוֹרֵך (ז)
rédacteur (m) en chef	orex raʃi	עוֹרֵך רָאשִי (ז)

s'abonner (vp)	lehasdir manui	לְהַסדִיר מָנוּי
abonnement (m)	minui	מִנוּי (ז)
abonné (m)	manui	מָנוּי (ז)
lire (vi, vt)	likro	לִקרוֹא
lecteur (m)	kore	קוֹרֵא (ז)

tirage (m)	tfutsa	תפוּצָה (נ)
mensuel (adj)	xodʃi	חוֹדשִי
hebdomadaire (adj)	ʃvu'i	שבוּעִי
numéro (m)	gilayon	גִילָיוֹן (ז)
nouveau (~ numéro)	tari	טָרִי

titre (m)	ko'teret	כּוֹתֶרֶת (נ)
entrefilet (m)	katava ktsara	כַּתָבָה קצָרָה (נ)
rubrique (f)	tur	טוּר (ז)
article (m)	ma'amar	מַאֲמָר (ז)
page (f)	amud	עַמוּד (ז)

reportage (m)	katava	כַּתָבָה (נ)
événement (m)	ei'ru'a	אֵירוּע (ז)
sensation (f)	sen'satsya	סֶנסַציָה (נ)
scandale (m)	ʃa'aruriya	שַעֲרוּרִייָה (נ)
scandaleux	meviʃ	מֵבִיש
grand (~ scandale)	gadol	גָדוֹל
émission (f)	toxnit	תוֹכנִית (נ)

interview (f)	ra'ayon	רַאָיוֹן (ז)
émission (f) en direct	ʃidur χai	שִׁידוּר חַי (ז)
chaîne (f) (~ payante)	aruts	עָרוּץ (ז)

120. L'agriculture

agriculture (f)	χakla'ut	חַקְלָאוּת (נ)
paysan (m)	ikar	אִיכָּר (ז)
paysanne (f)	χakla'ut	חַקְלָאִית (נ)
fermier (m)	χavai	חַוַּואי (ז)

| tracteur (m) | 'traktor | טְרַקְטוֹר (ז) |
| moissonneuse-batteuse (f) | kombain | קוֹמְבַּיין (ז) |

charrue (f)	maχreʃa	מַחְרֵשָׁה (נ)
labourer (vt)	laχaroʃ	לַחֲרוֹשׁ
champ (m) labouré	sade χaruʃ	שָׂדֶה חָרוּשׁ (ז)
sillon (m)	'telem	תֶּלֶם (ז)

semer (vt)	liz'ro'a	לִזְרוֹעַ
semeuse (f)	mazre'a	מַזְרֵעָה (ז)
semailles (f pl)	zri'a	זְרִיעָה (ז)

| faux (f) | χermeʃ | חֶרְמֵשׁ (ז) |
| faucher (vt) | liktsor | לִקְצוֹר |

| pelle (f) | et | אֵת (ז) |
| bêcher (vt) | leta'teaχ | לְתַתֵּחַ |

couperet (m)	ma'ader	מַעֲדֵר (ז)
sarcler (vt)	lenakeʃ	לְנַכֵּשׁ
mauvaise herbe (f)	'esev ʃote	עֵשֶׂב שׁוֹטֶה (ז)

arrosoir (m)	maʃpeχ	מַשְׁפֵּךְ (ז)
arroser (plantes)	lehaʃkot	לְהַשְׁקוֹת
arrosage (m)	haʃkaya	הַשְׁקָיָה (נ)

| fourche (f) | kilʃon | קִלְשׁוֹן (ז) |
| râteau (m) | magrefa | מַגְרֵפָה (נ) |

engrais (m)	'deʃen	דֶּשֶׁן (ז)
engraisser (vt)	ledaʃen	לְדַשֵּׁן
fumier (m)	'zevel	זֶבֶל (ז)

champ (m)	sade	שָׂדֶה (ז) ·
pré (m)	aχu	אָחוּ (ז)
potager (m)	gan yarak	גַּן יָרָק (ז)
jardin (m)	bustan	בּוּסְתָּן (ז)

faire paître	lir'ot	לִרְעוֹת
berger (m)	ro'e tson	רוֹעֵה צֹאן (ז)
pâturage (m)	mir'e	מִרְעֶה (ז)
élevage (m)	gidul bakar	גִּידּוּל בָּקָר (ז)
élevage (m) de moutons	gidul kvasim	גִּידּוּל כְּבָשִׂים (ז)

plantation (f)	mata	מַטָּע (ז)
plate-bande (f)	aruga	עֲרוּגָה (נ)
serre (f)	xamama	חֲמָמָה (נ)

sécheresse (f)	ba'tsoret	בַּצּוֹרֶת (נ)
sec (l'été ~)	yavef	יָבֵשׁ

grains (m pl)	tvu'a	תְּבוּאָה (נ)
céréales (f pl)	gidulei dagan	גִּידוּלֵי דָּגָן (ז"ר)
récolter (vt)	liktof	לִקְטוֹף

meunier (m)	toxen	טוֹחֵן (ז)
moulin (m)	taxanat 'kemax	טַחֲנַת קֶמַח (נ)
moudre (vt)	litxon	לִטְחוֹן
farine (f)	'kemax	קֶמַח (ז)
paille (f)	kaf	קַשׁ (ז)

121. Le BTP et la construction

chantier (m)	atar bniya	אֲתַר בְּנִיָּה (ז)
construire (vt)	livnot	לִבְנוֹת
ouvrier (m) du bâtiment	banai	בַּנַּאי (ז)

projet (m)	proyekt	פְּרוֹיֶיקְט (ז)
architecte (m)	adrixal	אַדְרִיכָל (ז)
ouvrier (m)	po'el	פּוֹעֵל (ז)

fondations (f pl)	yesodot	יְסוֹדוֹת (ז"ר)
toit (m)	gag	גַּג (ז)
pieu (m) de fondation	amud yesod	עַמּוּד יְסוֹד (ז)
mur (m)	kir	קִיר (ז)

ferraillage (m)	mot xizuk	מוֹט חִיזּוּק (ז)
échafaudage (m)	pigumim	פִּיגּוּמִים (ז"ר)

béton (m)	beton	בֶּטוֹן (ז)
granit (m)	granit	גְּרָנִיט (ז)
pierre (f)	'even	אֶבֶן (נ)
brique (f)	levena	לְבֵנָה (נ)

sable (m)	xol	חוֹל (ז)
ciment (m)	'melet	מֶלֶט (ז)
plâtre (m)	'tiax	טִיחַ (ז)
plâtrer (vt)	leta'yeax	לְטַיֵּחַ
peinture (f)	'tseva	צֶבַע (ז)
peindre (des murs)	lits'bo'a	לִצְבּוֹעַ
tonneau (m)	xavit	חָבִית (נ)

grue (f)	aguran	עַגּוּרָן (ז)
monter (vt)	lehanif	לְהָנִיף
abaisser (vt)	lehorid	לְהוֹרִיד

bulldozer (m)	daxpor	דַּחְפּוֹר (ז)
excavateur (m)	maxper	מַחְפֵּר (ז)

godet (m)	ʃa'ov	שָׁאוֹב (ז)
creuser (vt)	laχpor	לַחפּוֹר
casque (m)	kasda	קַסדָה (נ)

122. La recherche scientifique et les chercheurs

science (f)	mada	מַדָע (ז)
scientifique (adj)	mada'i	מַדָעִי
savant (m)	mad'an	מַדעָן (ז)
théorie (f)	te''orya	תֵיאוֹריָה (נ)

axiome (m)	aks'yoma	אַקסיוֹמָה (נ)
analyse (f)	ni'tuaχ	נִיתוּחַ (ז)
analyser (vt)	lena'teaχ	לְנַתֵחַ
argument (m)	nimuk	נִימוּק (ז)
substance (f) (matière)	'χomer	חוֹמֶר (ז)

hypothèse (f)	hipo'teza	הִיפּוֹתֶזָה (נ)
dilemme (m)	di'lema	דִילֶמָה (נ)
thèse (f)	diser'tatsya	דִיסֶרטַצִיָה (נ)
dogme (m)	'dogma	דוֹגמָה (נ)

doctrine (f)	dok'trina	דוֹקטרִינָה (נ)
recherche (f)	meχkar	מֶחקָר (ז)
rechercher (vt)	laχkor	לַחקוֹר
test (m)	nuisuyim	נִיסוּיִים (ז"ר)
laboratoire (m)	ma'abada	מַעֲבָּדָה (נ)

méthode (f)	ʃita	שִׁיטָה (נ)
molécule (f)	mo'lekula	מוֹלָקוּלָה (נ)
monitoring (m)	nitur	נִיטוּר (ז)
découverte (f)	gilui	גִילוּי (ז)

postulat (m)	aks'yoma	אַקסיוֹמָה (נ)
principe (m)	ikaron	עִיקָרוֹן (ז)
prévision (f)	taχazit	תַחֲזִית (נ)
prévoir (vt)	laχazot	לַחֲזוֹת

synthèse (f)	sin'teza	סִינתֶזָה (נ)
tendance (f)	megama	מְגַמָה (נ)
théorème (m)	miʃpat	מִשׁפָּט (ז)

enseignements (m pl)	tora	תוֹרָה (נ)
fait (m)	uvda	עוּבדָה (נ)

expédition (f)	miʃ'laχat	מִשׁלַחַת (נ)
expérience (f)	nisui	נִיסוּי (ז)

académicien (m)	akademai	אָקָדֵמַאי (ז)
bachelier (m)	'to'ar riʃon	תוֹאַר רִאשׁוֹן (ז)
docteur (m)	'doktor	דוֹקטוֹר (ז)
chargé (m) de cours	martse baχir	מַרצֶה בָּכִיר (ז)
magistère (m)	musmaχ	מוּסמָך (ז)
professeur (m)	pro'fesor	פּרוֹפֶסוֹר (ז)

Les professions. Les mètiers

123. La recherche d'emploi. Le licenciement

travail (m)	avoda	עֲבוֹדָה (נ)
employés (pl)	'segel	סֶגֶל (ז)
personnel (m)	'segel	סֶגֶל (ז)
carrière (f)	kar'yera	קְרִיֶירָה (נ)
perspective (f)	effaruyot	אֶפְשָׁרוּיוֹת (נ"ר)
maîtrise (f)	meyumanut	מְיוּמָנוּת (נ)
sélection (f)	sinun	סִינוּן (ז)
agence (f) de recrutement	soχnut 'koaχ adam	סוֹכְנוּת כּוֹחַ אָדָם (נ)
C.V. (m)	korot χayim	קוֹרוֹת חַיִּים (נ"ר)
entretien (m)	ra'ayon avoda	רַאֲיוֹן עֲבוֹדָה (ז)
emploi (m) vacant	misra pnuya	מִשְׂרָה פְנוּיָה (נ)
salaire (m)	mas'koret	מַשְׂכּוֹרֶת (נ)
salaire (m) fixe	mas'koret kvu'a	מַשְׂכּוֹרֶת קְבוּעָה (נ)
rémunération (f)	taʃlum	תַשְׁלוּם (ז)
poste (m) (~ évolutif)	tafkid	תַפְקִיד (ז)
fonction (f)	χova	חוֹבָה (נ)
liste (f) des fonctions	tχum aχrayut	תְחוּם אַחֲרָיוּת (ז)
occupé (adj)	asuk	עָסוּק
licencier (vt)	lefater	לְפַטֵר
licenciement (m)	pitur	פִּיטוּר (ז)
chômage (m)	avtala	אַבְטָלָה (נ)
chômeur (m)	muvtal	מוּבְטָל (ז)
retraite (f)	'pensya	פֶּנְסִיָה (נ)
prendre sa retraite	laʦet legimla'ot	לָצֵאת לְגִימְלָאוֹת

124. Les hommes d'affaires

directeur (m)	menahel	מְנַהֵל (ז)
gérant (m)	menahel	מְנַהֵל (ז)
patron (m)	bos	בּוֹס (ז)
supérieur (m)	memune	מְמוּנֶה (ז)
supérieurs (m pl)	memunim	מְמוּנִים (ז"ר)
président (m)	nasi	נָשִׂיא (ז)
président (m) (d'entreprise)	yoʃev roʃ	יוֹשֵׁב רֹאשׁ (ז)
adjoint (m)	sgan	סְגָן (ז)
assistant (m)	ozer	עוֹזֵר (ז)

| secrétaire (m, f) | mazkir | מַזְכִּיר (ז) |
| secrétaire (m, f) personnel | mazkir iʃi | מַזְכִּיר אִישִׁי (ז) |

homme (m) d'affaires	iʃ asakim	אִישׁ עֲסָקִים (ז)
entrepreneur (m)	yazam	יָזָם (ז)
fondateur (m)	meyased	מְיַסֵּד (ז)
fonder (vt)	leyased	לְיַסֵּד

fondateur (m)	meχonen	מְכוֹנֵן (ז)
partenaire (m)	ʃutaf	שׁוּתָף (ז)
actionnaire (m)	'ba'al menayot	בַּעַל מְנָיוֹת (ז)

millionnaire (m)	milyoner	מִילְיוֹנֶר (ז)
milliardaire (m)	milyarder	מִילְיַארְדֶּר (ז)
propriétaire (m)	be'alim	בְּעָלִים (ז)
propriétaire (m) foncier	'ba'al adamot	בַּעַל אֲדָמוֹת (ז)

client (m)	la'koaχ	לָקוֹחַ (ז)
client (m) régulier	la'koaχ ka'vu'a	לָקוֹחַ קָבוּעַ (ז)
acheteur (m)	kone	קוֹנֶה (ז)
visiteur (m)	mevaker	מְבַקֵּר (ז)

professionnel (m)	miktso'an	מִקְצוֹעָן (ז)
expert (m)	mumχe	מוּמְחֶה (ז)
spécialiste (m)	mumχe	מוּמְחֶה (ז)

| banquier (m) | bankai | בַּנְקַאי (ז) |
| courtier (m) | soχen | סוֹכֵן (ז) |

caissier (m)	kupai	קוּפַּאי (ז)
comptable (m)	menahel χeʃbonot	מְנַהֵל חֶשְׁבּוֹנוֹת (ז)
agent (m) de sécurité	ʃomer	שׁוֹמֵר (ז)

investisseur (m)	maʃki'a	מַשְׁקִיעַ (ז)
débiteur (m)	'ba'al χov	בַּעַל חוֹב (ז)
créancier (m)	malve	מַלְוֶה (ז)
emprunteur (m)	love	לוֹוֶה (ז)

| importateur (m) | yevu'an | יְבוּאָן (ז) |
| exportateur (m) | yetsu'an | יְצוּאָן (ז) |

producteur (m)	yatsran	יַצְרָן (ז)
distributeur (m)	mefits	מֵפִיץ (ז)
intermédiaire (m)	metaveχ	מְתַוֵּךְ (ז)

conseiller (m)	yo'ets	יוֹעֵץ (ז)
représentant (m)	natsig meχirot	נְצִיג מְכִירוֹת (ז)
agent (m)	soχen	סוֹכֵן (ז)
agent (m) d'assurances	soχen bi'tuaχ	סוֹכֵן בִּיטוּחַ (ז)

125. Les mètiers des services

| cuisinier (m) | tabaχ | טַבָּח (ז) |
| cuisinier (m) en chef | ʃef | שֶׁף (ז) |

boulanger (m)	ofe	אוֹפֶה (ז)
barman (m)	'barmen	בַּרמֶן (ז)
serveur (m)	meltsar	מֶלצָר (ז)
serveuse (f)	meltsarit	מֶלצָרִית (נ)

avocat (m)	oreχ din	עוֹרֵך דִין (ז)
juriste (m)	oreχ din	עוֹרֵך דִין (ז)
notaire (m)	notaryon	נוֹטַריוֹן (ז)

électricien (m)	χaʃmalai	חַשמַלַאי (ז)
plombier (m)	ʃravrav	שרַברַב (ז)
charpentier (m)	nagar	נַגָר (ז)

masseur (m)	ma'ase	מְעַסֶה (ז)
masseuse (f)	masa'ʒistit	מְסַז'ִיסטִית (נ)
médecin (m)	rofe	רוֹפֵא (ז)

chauffeur (m) de taxi	nahag monit	נֶהַג מוֹנִית (ז)
chauffeur (m)	nahag	נֶהַג (ז)
livreur (m)	ʃa'liaχ	שַלִיחַ (ז)

femme (f) de chambre	χadranit	חַדרָנִית (נ)
agent (m) de sécurité	ʃomer	שוֹמֵר (ז)
hôtesse (f) de l'air	da'yelet	דַיֶלֶת (נ)

professeur (m)	more	מוֹרֶה (ז)
bibliothécaire (m)	safran	סַפרָן (ז)
traducteur (m)	metargem	מְתַרגֵם (ז)
interprète (m)	meturgeman	מְתוּרגְמָן (ז)
guide (m)	madriχ tiyulim	מַדרִיך טִיוּלִים (ז)

coiffeur (m)	sapar	סַפָּר (ז)
facteur (m)	davar	דַוָר (ז)
vendeur (m)	moχer	מוֹכֵר (ז)

jardinier (m)	ganan	גַנָן (ז)
serviteur (m)	meʃaret	מְשָרֵת (ז)
servante (f)	meʃa'retet	מְשָרֶתֶת (נ)
femme (f) de ménage	menaka	מְנַקָה (נ)

126. Les professions militaires et leurs grades

soldat (m) (grade)	turai	טוּרַאי (ז)
sergent (m)	samal	סַמָל (ז)
lieutenant (m)	'segen	סֶגֶן (ז)
capitaine (m)	'seren	סֶרֶן (ז)

commandant (m)	rav 'seren	רַב־סֶרֶן (ז)
colonel (m)	aluf miʃne	אַלוּף מִשנֶה (ז)
général (m)	aluf	אַלוּף (ז)
maréchal (m)	'marʃal	מַרשָל (ז)
amiral (m)	admiral	אַדמִירָל (ז)
militaire (m)	iʃ tsava	אִיש צָבָא (ז)
soldat (m)	χayal	חַיָיל (ז)

officier (m)	katsin	קָצִין (ז)
commandant (m)	mefaked	מְפַקֵד (ז)

garde-frontière (m)	ʃomer gvul	שׁוֹמֵר גְבוּל (ז)
opérateur (m) radio	alχutai	אַלחוּטַאי (ז)
éclaireur (m)	iʃ modiʼin kravi	אִישׁ מוֹדִיעִין קְרָבִי (ז)
démineur (m)	χablan	חַבְּלָן (ז)
tireur (m)	tsalaf	צַלָף (ז)
navigateur (m)	navat	נַוָט (ז)

127. Les fonctionnaires. Les prêtres

roi (m)	ʼmeleχ	מֶלֶך (ז)
reine (f)	malka	מַלְכָּה (נ)

prince (m)	nasiχ	נָסִיך (ז)
princesse (f)	nesiχa	נְסִיכָה (נ)

tsar (m)	tsar	צָאר (ז)
tsarine (f)	tsaʼrina	צָארִינָה (נ)

président (m)	nasi	נָשִׂיא (ז)
ministre (m)	sar	שַׂר (ז)
premier ministre (m)	roʃ memʃala	רֹאשׁ מֶמְשָׁלָה (ז)
sénateur (m)	seʼnator	סָנָאטוֹר (ז)

diplomate (m)	diplomat	דִיפְּלוֹמָט (ז)
consul (m)	ʼkonsul	קוֹנְסוּל (ז)
ambassadeur (m)	ʃagrir	שַׁגְרִיר (ז)
conseiller (m)	yoʼets	יוֹעֵץ (ז)

fonctionnaire (m)	pakid	פָּקִיד (ז)
préfet (m)	prefekt	פְּרֶפֶקְט (ז)
maire (m)	roʃ haʼir	רֹאשׁ הָעִיר (ז)

juge (m)	ʃofet	שׁוֹפֵט (ז)
procureur (m)	toʼveʼa	תוֹבֵעַ (ז)

missionnaire (m)	misyoner	מִיסְיוֹנֶר (ז)
moine (m)	nazir	נָזִיר (ז)
abbé (m)	roʃ minzar kaʼtoli	רֹאשׁ מִנְזָר קָתוֹלִי (ז)
rabbin (m)	rav	רַב (ז)

vizir (m)	vazir	וָזִיר (ז)
shah (m)	ʃaχ	שָׁאח (ז)
cheik (m)	ʃeiχ	שֵׁיח (ז)

128. Les professions agricoles

apiculteur (m)	kavran	כַּוְרָן (ז)
berger (m)	roʼe tson	רוֹעֵה צֹאן (ז)
agronome (m)	agronom	אַגְרוֹנוֹם (ז)

| éleveur (m) | megadel bakar | מְגַדֵּל בָּקָר (ז) |
| vétérinaire (m) | veterinar | וֶטֶרִינָר (ז) |

fermier (m)	xavai	חַוַּאי (ז)
vinificateur (m)	yeinan	יֵינָן (ז)
zoologiste (m)	zo'olog	זוֹאוֹלוֹג (ז)
cow-boy (m)	'ka'uboi	קָאוּבּוֹי (ז)

129. Les professions artistiques

| acteur (m) | saxkan | שַׂחְקָן (ז) |
| actrice (f) | saxkanit | שַׂחְקָנִית (נ) |

| chanteur (m) | zamar | זַמָּר (ז) |
| cantatrice (f) | za'meret | זַמֶּרֶת (נ) |

| danseur (m) | rakdan | רַקְדָּן (ז) |
| danseuse (f) | rakdanit | רַקְדָּנִית (נ) |

| artiste (m) | saxkan | שַׂחְקָן (ז) |
| artiste (f) | saxkanit | שַׂחְקָנִית (נ) |

musicien (m)	muzikai	מוּזִיקַאי (ז)
pianiste (m)	psantran	פְּסַנְתְּרָן (ז)
guitariste (m)	nagan gi'tara	נַגָּן גִּיטָרָה (ז)

chef (m) d'orchestre	mena'tseax	מְנַצֵּחַ (ז)
compositeur (m)	malxin	מַלְחִין (ז)
imprésario (m)	amargan	אָמַרְגָּן (ז)

metteur (m) en scène	bamai	בַּמַּאי (ז)
producteur (m)	mefik	מֵפִיק (ז)
scénariste (m)	tasritai	תַסְרִיטַאי (ז)
critique (m)	mevaker	מְבַקֵּר (ז)

écrivain (m)	sofer	סוֹפֵר (ז)
poète (m)	mejorer	מְשׁוֹרֵר (ז)
sculpteur (m)	pasal	פַּסָּל (ז)
peintre (m)	tsayar	צַיָּר (ז)

jongleur (m)	lahatutan	לַהֲטוּטָן (ז)
clown (m)	leitsan	לֵיצָן (ז)
acrobate (m)	akrobat	אַקְרוֹבָּט (ז)
magicien (m)	kosem	קוֹסֵם (ז)

130. Les diffèrents mètiers

médecin (m)	rofe	רוֹפֵא (ז)
infirmière (f)	axot	אָחוֹת (נ)
psychiatre (m)	psixi''ater	פְּסִיכְיָאָטֶר (ז)
stomatologue (m)	rofe ʃi'nayim	רוֹפֵא שִׁנַּיִם (ז)
chirurgien (m)	kirurg	כִּירוּרְג (ז)

astronaute (m)	astro'na'ut	אַסטרוֹנָאוּט (ז)
astronome (m)	astronom	אַסטרוֹנוֹם (ז)
pilote (m)	tayas	טַיָּס (ז)

chauffeur (m)	nahag	נֶהָג (ז)
conducteur (m) de train	nahag ra'kevet	נֶהָג רַכֶּבֶת (ז)
mécanicien (m)	meχonai	מְכוֹנַאי (ז)

mineur (m)	kore	כּוֹרֶה (ז)
ouvrier (m)	po'el	פּוֹעֵל (ז)
serrurier (m)	misgad	מַסגֵּד (ז)
menuisier (m)	nagar	נַגָּר (ז)
tourneur (m)	χarat	חָרָט (ז)
ouvrier (m) du bâtiment	banai	בַּנַּאי (ז)
soudeur (m)	rataχ	רַתָּך (ז)

professeur (m) (titre)	pro'fesor	פּרוֹפֶסוֹר (ז)
architecte (m)	adriχal	אַדרִיכָל (ז)
historien (m)	historyon	הִיסטוֹריוֹן (ז)
savant (m)	mad'an	מַדָּעָן (ז)
physicien (m)	fizikai	פִיזִיקָאי (ז)
chimiste (m)	χimai	כִימָאי (ז)

archéologue (m)	arχe'olog	אַרכֵיאוֹלוֹג (ז)
géologue (m)	ge'olog	גֵּיאוֹלוֹג (ז)
chercheur (m)	χoker	חוֹקֵר (ז)

baby-sitter (m, f)	ʃmartaf	שמַרטַף (ז)
pédagogue (m, f)	more, meχaneχ	מוֹרֶה, מְחַנֵּך (ז)

rédacteur (m)	oreχ	עוֹרֵך (ז)
rédacteur (m) en chef	oreχ raʃi	עוֹרֵך רָאשִי (ז)
correspondant (m)	katav	כַּתָּב (ז)
dactylographe (f)	kaldanit	קַלדָּנִית (נ)

designer (m)	me'atsev	מְעַצֵּב (ז)
informaticien (m)	mumχe maχʃevim	מוּמחֶה מַחשְבִים (ז)
programmeur (m)	metaχnet	מְתַכנֵת (ז)
ingénieur (m)	mehandes	מְהַנדֵּס (ז)

marin (m)	yamai	יַמַּאי (ז)
matelot (m)	malaχ	מַלָּח (ז)
secouriste (m)	matsil	מַצִּיל (ז)

pompier (m)	kabai	כַּבַּאי (ז)
policier (m)	ʃoter	שוֹטֵר (ז)
veilleur (m) de nuit	ʃomer	שוֹמֵר (ז)
détective (m)	balaʃ	בַּלָש (ז)

douanier (m)	pakid 'meχes	פָּקִיד מֶכֶס (ז)
garde (m) du corps	ʃomer roʃ	שוֹמֵר רֹאש (ז)
gardien (m) de prison	soher	סוֹהֵר (ז)
inspecteur (m)	mefa'keaχ	מְפַקֵּחַ (ז)

sportif (m)	sportai	ספוֹרטַאי (ז)
entraîneur (m)	me'amen	מְאַמֵּן (ז)

boucher (m)	katsav	קַצָּב (ז)
cordonnier (m)	sandlar	סַנדְלָר (ז)
commerçant (m)	soχer	סוֹחֵר (ז)
chargeur (m)	sabal	סַבָּל (ז)

| couturier (m) | me'atsev ofna | מְעַצֵּב אוֹפנָה (ז) |
| modèle (f) | dugmanit | דוּגמָנִית (נ) |

131. Les occupations. Le statut social

| écolier (m) | talmid | תַּלמִיד (ז) |
| étudiant (m) | student | סטוּדֶנט (ז) |

philosophe (m)	filosof	פִּילוֹסוֹף (ז)
économiste (m)	kalkelan	כַּלכְּלָן (ז)
inventeur (m)	mamtsi	מַמצִיא (ז)

chômeur (m)	muvtal	מוּבטָל (ז)
retraité (m)	pensyoner	פֶּנסִיוֹנֶר (ז)
espion (m)	meragel	מְרַגֵּל (ז)

prisonnier (m)	asir	אָסִיר (ז)
gréviste (m)	ʃovet	שׁוֹבֵת (ז)
bureaucrate (m)	birokrat	בִּירוֹקרָט (ז)
voyageur (m)	metayel	מְטַיֵּיל (ז)

homosexuel (m)	'lesbit, 'homo	לֶסבִּית (נ), הוֹמוֹ (ז)
hacker (m)	'haker	הָאקֶר (ז)
hippie (m, f)	'hipi	הִיפִּי (ז)

bandit (m)	ʃoded	שׁוֹדֵד (ז)
tueur (m) à gages	ro'tseaχ saχir	רוֹצֵחַ שָׂכִיר (ז)
drogué (m)	narkoman	נַרקוֹמָן (ז)
trafiquant (m) de drogue	soχer samim	סוֹחֵר סַמִּים (ז)
prostituée (f)	zona	זוֹנָה (נ)
souteneur (m)	sarsur	סַרסוּר (ז)

sorcier (m)	meχaʃef	מְכַשֵּׁף (ז)
sorcière (f)	maχʃefa	מַכשֵׁפָה (נ)
pirate (m)	ʃoded yam	שׁוֹדֵד יָם (ז)
esclave (m)	ʃifχa, 'eved	שִׁפחָה (נ), עֶבֶד (ז)
samouraï (m)	samurai	סָמוּרַאי (ז)
sauvage (m)	'pere adam	פֶּרֶא אָדָם (ז)

Le sport

132. Les types de sports. Les sportifs

sportif (m)	sportai	סְפּוֹרְטַאי (ז)
type (m) de sport	anaf sport	עָנָף סְפּוֹרְט (ז)
basket-ball (m)	kadursal	כַּדּוּרְסַל (ז)
basketteur (m)	kadursalan	כַּדּוּרְסַלָן (ז)
base-ball (m)	'beisbol	בֵּייסְבּוֹל (ז)
joueur (m) de base-ball	saxkan 'beisbol	שַׂחְקָן בֵּייסְבּוֹל (ז)
football (m)	kadu'regel	כַּדּוּרֶגֶל (ז)
joueur (m) de football	kaduraglan	כַּדּוּרַגְלָן (ז)
gardien (m) de but	ʃo'er	שׁוֹעֵר (ז)
hockey (m)	'hoki	הוֹקִי (ז)
hockeyeur (m)	saxkan 'hoki	שַׂחְקָן הוֹקִי (ז)
volley-ball (m)	kadur'af	כַּדּוּרְעָף (ז)
joueur (m) de volley-ball	saxkan kadur'af	שַׂחְקָן כַּדּוּרְעָף (ז)
boxe (f)	igruf	אִיגְרוּף (ז)
boxeur (m)	mit'agref	מִתְאַגְרֵף (ז)
lutte (f)	he'avkut	הֵיאָבְקוּת (נ)
lutteur (m)	mit'abek	מִתְאַבֵּק (ז)
karaté (m)	karate	קָרָטֶה (ז)
karatéka (m)	karatist	קָרָטִיסְט (ז)
judo (m)	'dʒudo	ג׳וּדוֹ (ז)
judoka (m)	dʒudai	ג׳וּדָאִי (ז)
tennis (m)	'tenis	טֶנִיס (ז)
joueur (m) de tennis	tenisai	טֶנִיסַאי (ז)
natation (f)	sxiya	שְׂחִייָה (נ)
nageur (m)	saxyan	שַׂחְייָן (ז)
escrime (f)	'sayif	סַיִף (ז)
escrimeur (m)	sayaf	סַייָף (ז)
échecs (m pl)	'ʃaxmat	שַׁחְמָט (ז)
joueur (m) d'échecs	ʃaxmetai	שַׁחְמְטַאי (ז)
alpinisme (m)	tipus harim	טִיפּוּס הָרִים (ז)
alpiniste (m)	metapes harim	מְטַפֵּס הָרִים (ז)
course (f)	ritsa	רִיצָה (נ)

coureur (m)	atsan	אָצָן (ז)
athlétisme (m)	at'letika kala	אַתְלֵטִיקָה קַלָה (נ)
athlète (m)	atlet	אַתְלֵט (ז)
équitation (f)	reχiva al sus	רְכִיבָה עַל סוּס (נ)
cavalier (m)	paraʃ	פָּרָשׁ (ז)
patinage (m) artistique	haχlaka omanutit	הַחְלָקָה אוֹמָנוּתִית (נ)
patineur (m)	maχlik amanuti	מַחְלִיק אָמָנוּתִי (ז)
patineuse (f)	maχlika amanutit	מַחְלִיקָה אָמָנוּתִית (נ)
haltérophilie (f)	haramat miʃkolot	הֲרָמַת מִשְׁקוֹלוֹת (נ)
haltérophile (m)	miʃkolan	מִשְׁקוֹלָן (ז)
course (f) automobile	merots meχoniyot	מֵירוֹץ מְכוֹנִיוֹת (ז)
pilote (m)	nahag merotsim	נֶהָג מֵרוֹצִים (ז)
cyclisme (m)	reχiva al ofa'nayim	רְכִיבָה עַל אוֹפַנַיִים (נ)
cycliste (m)	roχev ofa'nayim	רוֹכֵב אוֹפַנַיִים (ז)
sauts (m pl) en longueur	kfitsa la'roχav	קְפִיצָה לָרוֹחַק (נ)
sauts (m pl) à la perche	kfitsa bemot	קְפִיצָה בְּמוֹט (נ)
sauteur (m)	kofets	קוֹפֵץ (ז)

133. Les types de sports. Divers

football (m) américain	'futbol	פוּטְבּוֹל (ז)
badminton (m)	notsit	נוֹצִית (ז)
biathlon (m)	bi'atlon	בִּיאַתְלוֹן (ז)
billard (m)	bilyard	בִּילְיַארְד (ז)
bobsleigh (m)	miz'χelet	מִזְחֶלֶת (נ)
bodybuilding (m)	pi'tuaχ guf	פִּיתוּחַ גוּף (ז)
water-polo (m)	polo 'mayim	פּוֹלוֹ מַיִם (ז)
handball (m)	kadur yad	כַּדוּר־יָד (ז)
golf (m)	golf	גּוֹלְף (ז)
aviron (m)	χatira	חֲתִירָה (נ)
plongée (f)	tslila	צְלִילָה (נ)
course (f) à skis	ski bemiʃor	סְקִי בְּמִישׁוֹר (ז)
tennis (m) de table	'tenis ʃulχan	טֶנִיס שׁוּלְחָן (ז)
voile (f)	'ʃayit	שַׁיִט (ז)
rallye (m)	'rali	רָאלִי (ז)
rugby (m)	'rogbi	רוֹגְבִּי (ז)
snowboard (m)	gliʃat 'ʃeleg	גלִישַׁת שֶׁלֶג (נ)
tir (m) à l'arc	kaʃatut	קַשָּׁתוּת (נ)

134. La salle de sport

| barre (f) à disques | miʃ'kolet | מִשְׁקוֹלֶת (נ) |
| haltères (m pl) | miʃkolot | מִשְׁקוֹלוֹת (נ"ר) |

appareil (m) d'entraînement	maχſir 'koſer	מַכְשִׁיר כּוֹשֶׁר (ז)
vélo (m) d'exercice	ofanei 'koſer	אוֹפַנֵּי כּוֹשֶׁר (ז״ר)
tapis (m) roulant	haliχon	הֲלִיכוֹן (ז)

barre (f) fixe	'metaχ	מָתַח (ז)
barres (pl) parallèles	makbilim	מַקְבִּילִים (ז״ר)
cheval (m) d'Arçons	sus	סוּס (ז)
tapis (m) gymnastique	mizron	מִזְרוֹן (ז)

corde (f) à sauter	dalgit	דַּלְגִּית (נ)
aérobic (m)	ei'robika	אֵירוֹבִּיקָה (ז)
yoga (m)	'yoga	יוֹגָה (נ)

135. Le hockey sur glace

hockey (m)	'hoki	הוֹקִי (ז)
hockeyeur (m)	saχkan 'hoki	שַׂחְקָן הוֹקִי (ז)
jouer au hockey	lesaχek 'hoki	לְשַׂחֵק הוֹקִי
glace (f)	'keraχ	קֶרַח (ז)

palet (m)	diskit	דִּיסְקִית (נ)
crosse (f)	makel 'hoki	מַקֵּל הוֹקִי (ז)
patins (m pl)	maχli'kayim	מַחְלִיקַיִּם (ז״ר)

| rebord (m) | 'dofen | דּוֹפֶן (ז) |
| tir (m) | kli'a | קְלִיעָה (נ) |

gardien (m) de but	ſo'er	שׁוֹעֵר (ז)
but (m)	'ſa'ar	שַׁעַר (ז)
marquer un but	lehav'ki'a 'ſa'ar	לְהַבְקִיעַ שַׁעַר

période (f)	ſliſ	שְׁלִישׁ (ז)
deuxième période (f)	ſliſ ſeni	שְׁלִישׁ שֵׁנִי (ז)
banc (m) des remplaçants	safsal maχlifim	סַפְסַל מַחְלִיפִים (ז)

136. Le football

football (m)	kadu'regel	כַּדּוּרֶגֶל (ז)
joueur (m) de football	kaduraglan	כַּדּוּרַגְלָן (ז)
jouer au football	lesaχek kadu'regel	לְשַׂחֵק כַּדּוּרֶגֶל

ligue (f) supérieure	'liga elyona	לִיגָה עֶלְיוֹנָה (נ)
club (m) de football	mo'adon kadu'regel	מוֹעֲדוֹן כַּדּוּרֶגֶל (ז)
entraîneur (m)	me'amen	מְאַמֵּן (ז)
propriétaire (m)	be'alim	בְּעָלִים (ז)

équipe (f)	kvutsa, niv'χeret	קְבוּצָה, נִבְחֶרֶת (נ)
capitaine (m) de l'équipe	'kepten	קַפְּטֶן (ז)
joueur (m)	saχkan	שַׂחְקָן (ז)
remplaçant (m)	saχkan maχlif	שַׂחְקָן מַחְלִיף (ז)
attaquant (m)	χaluts	חָלוּץ (ז)
avant-centre (m)	χaluts merkazi	חָלוּץ מֶרְכָּזִי (ז)

butteur (m)	mavki	מַבְקִיעַ (ז)
arrière (m)	balam, megen	בַּלָם, מָגֵן (ז)
demi (m)	mekaʃer	מְקַשֵּׁר (ז)
match (m)	misχak	מִשְׂחָק (ז)
se rencontrer (vp)	lehipageʃ	לְהִיפָּגֵשׁ
finale (f)	gmar	גְּמָר (ז)
demi-finale (f)	χatsi gmar	חֲצִי גְּמָר (ז)
championnat (m)	alifut	אֲלִיפוּת (נ)
mi-temps (f)	maχatsit	מַחֲצִית (נ)
première mi-temps (f)	maχatsit riʃona	מַחֲצִית רִאשׁוֹנָה (נ)
mi-temps (f) (pause)	hafsaka	הַפְסָקָה (נ)
but (m)	'ʃa'ar	שַׁעַר (ז)
gardien (m) de but	ʃo'er	שׁוֹעֵר (ז)
poteau (m)	amud ha'ʃa'ar	עַמּוּד הַשַּׁעַר (ז)
barre (f)	maʃkof	מַשְׁקוֹף (ז)
filet (m)	'reʃet	רֶשֶׁת (נ)
encaisser un but	lispog 'ʃa'ar	לִסְפּוֹג שַׁעַר
ballon (m)	kadur	כַּדּוּר (ז)
passe (f)	mesira	מְסִירָה (נ)
coup (m)	be'ita	בְּעִיטָה (נ)
porter un coup	liv'ot	לִבְעוֹט
coup (m) franc	be'itat onʃin	בְּעִיטַת עוֹנְשִׁין (נ)
corner (m)	be'itat 'keren	בְּעִיטַת קֶרֶן (נ)
attaque (f)	hatkafa	הַתְקָפָה (נ)
contre-attaque (f)	hatkafat 'neged	הַתְקָפַת נֶגֶד (נ)
combinaison (f)	ʃiluv	שִׁילוּב (ז)
arbitre (m)	ʃofet	שׁוֹפֵט (ז)
siffler (vi)	liʃrok	לִשְׁרוֹק
sifflet (m)	ʃrika	שְׁרִיקָה (נ)
faute (f)	avira	עֲבֵירָה (נ)
commettre un foul	leva'tse'a avira	לְבַצֵּעַ עֲבֵירָה
expulser du terrain	leharχik	לְהַרְחִיק
carton (m) jaune	kartis tsahov	כַּרְטִיס צָהוֹב (ז)
carton (m) rouge	kartis adom	כַּרְטִיס אָדוֹם (ז)
disqualification (f)	psila, ʃlila	פְּסִילָה, שְׁלִילָה (נ)
disqualifier (vt)	lefsol	לִפְסוֹל
penalty (m)	'pendel	פֶּנְדֶּל (ז)
mur (m)	χoma	חוֹמָה (נ)
marquer (vt)	lehav'ki'a	לְהַבְקִיעַ
but (m)	'ʃa'ar	שַׁעַר (ז)
marquer un but	lehav'ki'a 'ʃa'ar	לְהַבְקִיעַ שַׁעַר
remplacement (m)	haχlata	הַחְלָטָה (נ)
remplacer (vt)	lehaχlif	לְהַחְלִיף
règles (f pl)	klalim	כְּלָלִים (ז״ר)
tactique (f)	'taktika	טַקְטִיקָה (נ)
stade (m)	itstadyon	אִצְטַדְיוֹן (ז)
tribune (f)	bama	בָּמָה (נ)

| supporteur (m) | ohed | אוֹהֵד (ז) |
| crier (vi) | lits'ok | לִצְעוֹק |

| tableau (m) | 'luax totsa'ot | לוּחַ תּוֹצָאוֹת (ז) |
| score (m) | totsa'a | תּוֹצָאָה (נ) |

défaite (f)	tvusa	תְּבוּסָה (נ)
perdre (vi)	lehafsid	לְהַפְסִיד
match (m) nul	'teku	תֵּיקוּ (ז)
faire match nul	lesayem be'teku	לְסַיֵּם בְּתֵיקוּ

| victoire (f) | nitsaxon | נִיצָחוֹן (ז) |
| gagner (vi, vt) | lena'tseax | לְנַצֵּחַ |

champion (m)	aluf	אַלּוּף (ז)
meilleur (adj)	hatov beyoter	הַטּוֹב בְּיוֹתֵר
féliciter (vt)	levarex	לְבָרֵךְ

commentateur (m)	parʃan	פַּרְשָׁן (ז)
commenter (vt)	lefarʃen	לְפַרְשֵׁן
retransmission (f)	ʃidur	שִׁידוּר (ז)

137. Le ski alpin

skis (m pl)	migla'ʃayim	מִגְלָשַׁיִם (ז"ר)
faire du ski	la'asot ski	לַעֲשׂוֹת סְקִי
station (f) de ski	atar ski	אֲתַר סְקִי (ז)
remontée (f) mécanique	ma'alit ski	מַעֲלִית סְקִי (נ)

bâtons (m pl)	maklot ski	מַקְלוֹת סְקִי (ז"ר)
pente (f)	midron	מִדְרוֹן (ז)
slalom (m)	merots akalaton	מֵירוֹץ עֲקַלָּתוֹן (ז)

138. Le tennis. Le golf

golf (m)	golf	גּוֹלְף (ז)
club (m) de golf	mo'adon golf	מוֹעֲדוֹן גּוֹלְף (ז)
joueur (m) au golf	saxkan golf	שַׂחְקָן גּוֹלְף (ז)

trou (m)	guma	גּוּמָה (נ)
club (m)	makel golf	מַקֵּל גּוֹלְף (ז)
chariot (m) de golf	eglat golf	עֶגְלַת גּוֹלְף (נ)

| tennis (m) | 'tenis | טֶנִיס (ז) |
| court (m) de tennis | migraʃ 'tenis | מִגְרַשׁ טֶנִיס (ז) |

| service (m) | xavatat hagaʃa | חֲבָטַת הַגָּשָׁה (נ) |
| servir (vi) | lehagiʃ | לְהַגִּישׁ |

raquette (f)	maxbet 'tenis	מַחְבֵּט טֶנִיס (ז)
filet (m)	'reʃet	רֶשֶׁת (נ)
balle (f)	kadur	כַּדּוּר (ז)

139. Les échecs

échecs (m pl)	'ʃaχmat	שַׁחְמָט (ז)
pièces (f pl)	klei 'ʃaχmat	כְּלֵי שַׁחְמָט (ז"ר)
joueur (m) d'échecs	ʃaχmetai	שַׁחְמְטַאי (ז)
échiquier (m)	'luaχ 'ʃaχmat	לוּחַ שַׁחְמָט (ז)
pièce (f)	kli	כְּלִי (ז)

blancs (m pl)	levanim	לְבָנִים (ז)
noirs (m pl)	ʃχorim	שְׁחוֹרִים (ז)

pion (m)	χayal	חַיָּל (ז)
fou (m)	rats	רָץ (ז)
cavalier (m)	paraʃ	פָּרָשׁ (ז)
tour (f)	'tsriaχ	צְרִיחַ (ז)
reine (f)	malka	מַלְכָּה (נ)
roi (m)	'meleχ	מֶלֶךְ (ז)

coup (m)	'tsa'ad	צַעַד (ז)
jouer (déplacer une pièce)	la'nu'a	לָנוּעַ
sacrifier (vt)	lehakriv	לְהַקְרִיב
roque (m)	hatsraχa	הַצְרָחָה (נ)
échec (m)	ʃaχ	שַׁח (ז)
tapis (m)	mat	מָט (ז)

tournoi (m) d'échecs	taχarut 'ʃaχmat	תַּחֲרוּת שַׁחְמָט (נ)
grand maître (m)	rav oman	רַב־אוֹמָן (ז)
combinaison (f)	ʃiluv	שִׁילוּב (ז)
partie (f)	misχak	מִשְׂחָק (ז)
dames (f pl)	'damka	דַּמְקָה (נ)

140. La boxe

boxe (f)	igruf	אִיגְרוּף (ז)
combat (m)	krav	קְרָב (ז)
match (m)	du krav	דּוּ־קְרָב (ז)
round (m)	sivuv	סִיבּוּב (ז)

ring (m)	zira	זִירָה (נ)
gong (m)	gong	גּוֹנְג (ז)

coup (m)	mahaluma	מַהֲלוּמָה (נ)
knock-down (m)	nefila lekraʃim	נְפִילָה לְקְרָשִׁים (נ)

knock-out (m)	'nok'a'ut	נוֹקָאָאוּט (ז)
mettre KO	liʃ'loaχ le'nok'a'ut	לִשְׁלוֹחַ לְנוֹקָאָאוּט

gant (m) de boxe	kfafat igruf	כְּפָפַת אִיגְרוּף (נ)
arbitre (m)	ʃofet	שׁוֹפֵט (ז)

poids (m) léger	miʃkal notsa	מִשְׁקָל נוֹצָה (ז)
poids (m) moyen	miʃkal beinoni	מִשְׁקָל בֵּינוֹנִי (ז)
poids (m) lourd	miʃkal kaved	מִשְׁקָל כָּבֵד (ז)

141. Le sport. Divers

Français	Translittération	עברית
Jeux (m pl) olympiques	hamisχakim ha'o'limpiyim	הַמִּשְׂחָקִים הָאוֹלִימְפִּיִים (ז״ר)
gagnant (m)	mena'tseaχ	מְנַצֵּחַ (ז)
remporter (vt)	lena'tseaχ	לְנַצֵּחַ
gagner (vi)	lena'tseaχ	לְנַצֵּחַ
leader (m)	manhig	מַנְהִיג (ז)
prendre la tête	lehovil	לְהוֹבִיל
première place (f)	makom riʃon	מָקוֹם רִאשׁוֹן (ז)
deuxième place (f)	makom ʃeni	מָקוֹם שֵׁנִי (ז)
troisième place (f)	makom ʃliʃi	מָקוֹם שְׁלִישִׁי (ז)
médaille (f)	me'dalya	מֶדַלְיָה (נ)
trophée (m)	pras	פְּרָס (ז)
coupe (f) (trophée)	ga'vi'a nitsaχon	גָּבִיעַ נִיצָחוֹן (ז)
prix (m)	pras	פְּרָס (ז)
prix (m) principal	pras riʃon	פְּרָס רִאשׁוֹן (ז)
record (m)	si	שִׂיא (ז)
établir un record	lik'bo'a si	לִקְבּוֹעַ שִׂיא
finale (f)	gmar	גְּמָר (ז)
final (adj)	ʃel hagmar	שֶׁל הַגְמָר
champion (m)	aluf	אַלּוּף (ז)
championnat (m)	alifut	אַלִּיפוּת (נ)
stade (m)	itstadyon	אִצְטַדְיוֹן (ז)
tribune (f)	bama	בָּמָה (נ)
supporteur (m)	ohed	אוֹהֵד (ז)
adversaire (m)	yariv	יָרִיב (ז)
départ (m)	kav zinuk	קַו זִינּוּק (ז)
ligne (f) d'arrivée	kav hagmar	קַו הַגְמָר (ז)
défaite (f)	tvusa	תְּבוּסָה (נ)
perdre (vi)	lehafsid	לְהַפְסִיד
arbitre (m)	ʃofet	שׁוֹפֵט (ז)
jury (m)	χaver ʃoftim	חֶבֶר שׁוֹפְטִים (ז)
score (m)	totsa'a	תּוֹצָאָה (נ)
match (m) nul	'teku	תֵּיקוּ (ז)
faire match nul	lesayem be'teku	לְסַיֵּם בְּתֵיקוּ
point (m)	nekuda	נְקוּדָה (נ)
résultat (m)	totsa'a	תּוֹצָאָה (נ)
période (f)	sivuv	סִיבוּב (ז)
mi-temps (f) (pause)	hafsaka	הַפְסָקָה (נ)
dopage (m)	sam	סַם (ז)
pénaliser (vt)	leha'aniʃ	לְהַעֲנִישׁ
disqualifier (vt)	lefsol	לִפְסוֹל
agrès (m)	maχʃir	מַכְשִׁיר (ז)
lance (f)	kidon	כִּידוֹן (ז)

poids (m) (boule de métal)	kadur barzel	כַּדּוּר בַּרְזֶל (ז)
bille (f) (de billard, etc.)	kadur	כַּדּוּר (ז)
but (cible)	matara	מַטָּרָה (נ)
cible (~ en papier)	matara	מַטָּרָה (נ)
tirer (vi)	lirot	לִירוֹת
précis (un tir ~)	meduyak	מְדֻיָּק
entraîneur (m)	me'amen	מְאַמֵּן (ז)
entraîner (vt)	le'amen	לְאַמֵּן
s'entraîner (vp)	lehit'amen	לְהִתְאַמֵּן
entraînement (m)	imun	אִימוּן (ז)
salle (f) de gym	'xeder 'koʃer	חֲדַר כּוֹשֶׁר (ז)
exercice (m)	imun	אִימוּן (ז)
échauffement (m)	ximum	חִימוּם (ז)

125

L'éducation

142. L'éducation

école (f)	beit 'sefer	בֵּית סֵפֶר (ז)
directeur (m) d'école	menahel beit 'sefer	מְנַהֵל בֵּית סֵפֶר (ז)
élève (m)	talmid	תַּלְמִיד (ז)
élève (f)	talmida	תַּלְמִידָה (נ)
écolier (m)	talmid	תַּלְמִיד (ז)
écolière (f)	talmida	תַּלְמִידָה (נ)
enseigner (vt)	lelamed	לְלַמֵּד
apprendre (~ l'arabe)	lilmod	לִלְמוֹד
apprendre par cœur	lilmod be'al pe	לִלְמוֹד בְּעַל פֶּה
apprendre (à faire qch)	lilmod	לִלְמוֹד
être étudiant, -e	lilmod	לִלְמוֹד
aller à l'école	la'lexet le'beit 'sefer	לָלֶכֶת לְבֵית סֵפֶר
alphabet (m)	alefbeit	אָלֶפְבֵּית (ז)
matière (f)	mik'tso'a	מִקְצוֹעַ (ז)
salle (f) de classe	kita	כִּיתָה (נ)
leçon (f)	ʃi'ur	שִׁיעוּר (ז)
récréation (f)	hafsaka	הַפְסָקָה (נ)
sonnerie (f)	pa'amon	פַּעֲמוֹן (ז)
pupitre (m)	ʃulxan limudim	שׁוּלחָן לִימוּדִים (ז)
tableau (m) noir	'luax	לוּחַ (ז)
note (f)	tsiyun	צִיוּן (ז)
bonne note (f)	tsiyun tov	צִיוּן טוֹב (ז)
mauvaise note (f)	tsiyun ga'ru'a	צִיוּן גָרוּעַ (ז)
donner une note	latet tsiyun	לָתֵת צִיוּן
faute (f)	ta'ut	טָעוּת (נ)
faire des fautes	la'asot ta'uyot	לַעֲשׂוֹת טָעוּיוֹת
corriger (une erreur)	letaken	לְתַקֵּן
antisèche (f)	ʃlif	שְׁלִיף (ז)
devoir (m)	ʃi'urei 'bayit	שִׁיעוּרֵי בַּיִת (ז"ר)
exercice (m)	targil	תַּרְגִיל (ז)
être présent	lihyot no'xeax	לִהיוֹת נוֹכֵחַ
être absent	lehe'ader	לְהֵיעָדֵר
manquer l'école	lehaxsir	לְהַחסִיר
punir (vt)	leha'aniʃ	לְהַעֲנִישׁ
punition (f)	'oneʃ	עוֹנֶשׁ (ז)
conduite (f)	hitnahagut	הִתנַהֲגוּת (נ)

carnet (m) de notes	yoman beit 'sefer	יוֹמָן בֵּית סֵפֶר (ז)
crayon (m)	iparon	עִיפָּרוֹן (ז)
gomme (f)	'maχak	מַחַק (ז)
craie (f)	gir	גִיר (ז)
plumier (m)	kalmar	קַלְמָר (ז)

cartable (m)	yalkut	יַלְקוּט (ז)
stylo (m)	et	עֵט (ז)
cahier (m)	maχ'beret	מַחְבֶּרֶת (נ)
manuel (m)	'sefer limud	סֵפֶר לִימוּד (ז)
compas (m)	meχuga	מְחוּגָה (נ)

| dessiner (~ un plan) | lesartet | לְשַׂרְטֵט |
| dessin (m) technique | sirtut | שִׂרְטוּט (ז) |

poésie (f)	ʃir	שִׁיר (ז)
par cœur (adv)	be'al pe	בְּעַל פֶּה
apprendre par cœur	lilmod be'al pe	לִלְמוֹד בְּעַל פֶּה

vacances (f pl)	χufʃa	חוּפְשָׁה (נ)
être en vacances	lihyot beχufʃa	לִהְיוֹת בְּחוּפְשָׁה
passer les vacances	leha'avir 'χofeʃ	לְהַעֲבִיר חוֹפֶשׁ

interrogation (f) écrite	mivχan	מִבְחָן (ז)
composition (f)	χibur	חִיבּוּר (ז)
dictée (f)	haχtava	הַכְתָּבָה (נ)
examen (m)	bχina	בְּחִינָה (נ)
passer les examens	lehibaχen	לְהִיבָּחֵן
expérience (f) (~ de chimie)	nisui	נִיסוּי (ז)

143. L'enseignement supérieur

académie (f)	aka'demya	אָקָדֶמְיָה (נ)
université (f)	uni'versita	אוּנִיבֶרְסִיטָה (נ)
faculté (f)	fa'kulta	פָקוּלְטָה (נ)

étudiant (m)	student	סְטוּדֶנְט (ז)
étudiante (f)	stu'dentit	סְטוּדֶנְטִית (נ)
enseignant (m)	martse	מַרְצֶה (ז)

| salle (f) | ulam hartsa'ot | אוּלָם הַרְצָאוֹת (ז) |
| licencié (m) | boger | בּוֹגֵר (ז) |

| diplôme (m) | di'ploma | דִיפְלוֹמָה (נ) |
| thèse (f) | diser'tatsya | דִיסֶרְטַצִיָה (נ) |

| étude (f) | meχkar | מֶחְקָר (ז) |
| laboratoire (m) | ma'abada | מַעֲבָּדָה (נ) |

| cours (m) | hartsa'a | הַרְצָאָה (נ) |
| camarade (m) de cours | χaver lelimudim | חָבֵר לְלִימוּדִים (ז) |

| bourse (f) | milga | מִלְגָה (נ) |
| grade (m) universitaire | 'to'ar aka'demi | תוֹאַר אָקָדֶמִי (ז) |

144. Les disciplines scientifiques

mathématiques (f pl)	mate'matika	מָתֶמָטִיקָה (נ)
algèbre (f)	'algebra	אַלְגֶּבְּרָה (נ)
géométrie (f)	ge'o'metriya	גֵּיאוֹמֶטְרְיָה (נ)

astronomie (f)	astro'nomya	אַסְטְרוֹנוֹמְיָה (נ)
biologie (f)	bio'logya	בִּיוֹלוֹגְיָה (נ)
géographie (f)	ge'o'grafya	גֵּיאוֹגְרַפְיָה (נ)
géologie (f)	ge'o'logya	גֵּיאוֹלוֹגְיָה (נ)
histoire (f)	his'torya	הִיסְטוֹרְיָה (נ)

médecine (f)	refu'a	רְפוּאָה (נ)
pédagogie (f)	χinuχ	חִינוּךְ (ז)
droit (m)	miʃpatim	מִשְׁפָּטִים (ז"ר)

physique (f)	'fizika	פִיזִיקָה (נ)
chimie (f)	'χimya	כִימְיָה (נ)
philosophie (f)	filo'sofya	פִילוֹסוֹפְיָה (נ)
psychologie (f)	psiχo'logya	פְּסִיכוֹלוֹגְיָה (נ)

145. Le système d'écriture et l'orthographe

grammaire (f)	dikduk	דִקְדּוּק (ז)
vocabulaire (m)	oʦar milim	אוֹצַר מִילִים (ז)
phonétique (f)	torat ha'hege	תּוֹרַת הַהֶגֶה (נ)

nom (m)	ʃem 'eʦem	שֵׁם עֶצֶם (ז)
adjectif (m)	ʃem 'to'ar	שֵׁם תּוֹאַר (ז)
verbe (m)	po'el	פּוֹעַל (ז)
adverbe (m)	'to'ar 'po'al	תּוֹאַר פּוֹעַל (ז)

pronom (m)	ʃem guf	שֵׁם גּוּף (ז)
interjection (f)	milat kri'a	מִילַת קְרִיאָה (נ)
préposition (f)	milat 'yaχas	מִילַת יַחַס (נ)

racine (f)	'ʃoreʃ	שׁוֹרֶשׁ (ז)
terminaison (f)	si'yomet	סִיוֹמֶת (נ)
préfixe (m)	tχilit	תְּחִילִית (נ)
syllabe (f)	havara	הֲבָרָה (נ)
suffixe (m)	si'yomet	סִיוֹמֶת (נ)

accent (m) tonique	'ta'am	טַעַם (ז)
apostrophe (f)	'gereʃ	גֶּרֶשׁ (ז)

point (m)	nekuda	נְקוּדָה (נ)
virgule (f)	psik	פְּסִיק (ז)
point (m) virgule	nekuda ufsik	נְקוּדָה וּפְסִיק (נ)
deux-points (m)	nekudo'tayim	נְקוּדוֹתַיִם (נ"ר)
points (m pl) de suspension	ʃaloʃ nekudot	שָׁלוֹשׁ נְקוּדוֹת (נ"ר)

point (m) d'interrogation	siman ʃe'ela	סִימָן שְׁאֵלָה (ז)
point (m) d'exclamation	siman kri'a	סִימָן קְרִיאָה (ז)

guillemets (m pl)	merχa'ot	מֵרְכָאוֹת (ז״ר)
entre guillemets	bemerχa'ot	בְּמֵרְכָאוֹת
parenthèses (f pl)	sog'rayim	סוֹגְרַיִים (ז״ר)
entre parenthèses	besog'rayim	בְּסוֹגְרַיִים
trait (m) d'union	makaf	מַקָּף (ז)
tiret (m)	kav mafrid	קַו מַפְרִיד (ז)
blanc (m)	'revaχ	רֶוַוח (ז)
lettre (f)	ot	אוֹת (נ)
majuscule (f)	ot gdola	אוֹת גְּדוֹלָה (נ)
voyelle (f)	tnu'a	תְּנוּעָה (נ)
consonne (f)	itsur	עִיצוּר (ז)
proposition (f)	miʃpat	מִשְׁפָּט (ז)
sujet (m)	nose	נוֹשֵׂא (ז)
prédicat (m)	nasu	נָשׂוּא (ז)
ligne (f)	ʃura	שׁוּרָה (נ)
à la ligne	beʃura χadaʃa	בְּשׁוּרָה חֲדָשָׁה
paragraphe (m)	piska	פִּסְקָה (נ)
mot (m)	mila	מִילָה (נ)
groupe (m) de mots	tsiruf milim	צֵירוּף מִילִים (ז)
expression (f)	bitui	בִּיטוּי (ז)
synonyme (m)	mila nir'defet	מִילָה נִרְדֶּפֶת (נ)
antonyme (m)	'hefeχ	הֶפֶךְ (ז)
règle (f)	klal	כְּלָל (ז)
exception (f)	yotse min haklal	יוֹצֵא מִן הַכְּלָל (ז)
correct (adj)	naχon	נָכוֹן
conjugaison (f)	hataya	הַטָּיָיה (נ)
déclinaison (f)	hataya	הַטָּיָיה (נ)
cas (m)	yaχasa	יַחֲסָה (נ)
question (f)	ʃe'ela	שְׁאֵלָה (נ)
souligner (vt)	lehadgiʃ	לְהַדְגִּישׁ
pointillé (m)	kav nakud	קַו נָקוּד (ז)

146. Les langues étrangères

langue (f)	safa	שָׂפָה (נ)
étranger (adj)	zar	זָר
langue (f) étrangère	safa zara	שָׂפָה זָרָה (נ)
étudier (vt)	lilmod	לִלְמוֹד
apprendre (~ l'arabe)	lilmod	לִלְמוֹד
lire (vi, vt)	likro	לִקְרוֹא
parler (vi, vt)	ledaber	לְדַבֵּר
comprendre (vt)	lehavin	לְהָבִין
écrire (vt)	liχtov	לִכְתּוֹב
vite (adv)	maher	מַהֵר
lentement (adv)	le'at	לְאַט

couramment (adv)	χofʃi	חוֹפְשִׁי
règles (f pl)	klalim	כְּלָלִים (ז"ר)
grammaire (f)	dikduk	דִּקְדּוּק (ז)
vocabulaire (m)	otsar milim	אוֹצַר מִילִים (ז)
phonétique (f)	torat ha'hege	תוֹרַת הַהֶגֶה (נ)

manuel (m)	'sefer limud	סֵפֶר לִימוּד (ז)
dictionnaire (m)	milon	מִילוֹן (ז)
manuel (m) autodidacte	'sefer lelimud atsmi	סֵפֶר לְלִימוּד עַצְמִי (ז)
guide (m) de conversation	siχon	שִׂיחוֹן (ז)

cassette (f)	ka'letet	קַלֶּטֶת (נ)
cassette (f) vidéo	ka'letet 'vide'o	קַלֶּטֶת וִידֵיאוֹ (נ)
CD (m)	taklitor	תַּקְלִיטוֹר (ז)
DVD (m)	di vi di	דִי. וִי. דִי. (ז)

alphabet (m)	alefbeit	אָלֶפְבֵּית (ז)
épeler (vt)	le'ayet	לְאַיֵּת
prononciation (f)	hagiya	הֲגִיָּיה (נ)

accent (m)	mivta	מִבְטָא (ז)
avec un accent	im mivta	עִם מִבְטָא
sans accent	bli mivta	בְּלִי מִבְטָא

| mot (m) | mila | מִילָה (נ) |
| sens (m) | maʃma'ut | מַשְׁמָעוּת (נ) |

cours (m pl)	kurs	קוּרְס (ז)
s'inscrire (vp)	leheraʃem lekurs	לְהֵירָשֵׁם לְקוּרְס
professeur (m) (~ d'anglais)	more	מוֹרֶה (ז)

traduction (f) (action)	tirgum	תִּרְגּוּם (ז)
traduction (f) (texte)	tirgum	תִּרְגּוּם (ז)
traducteur (m)	metargem	מְתַרְגֵּם (ז)
interprète (m)	meturgeman	מְתוּרְגְּמָן (ז)

| polyglotte (m) | poliglot | פּוֹלִיגְלוֹט (ז) |
| mémoire (f) | zikaron | זִיכָּרוֹן (ז) |

147. Les personnages de contes de fées

Père Noël (m)	'santa 'kla'us	סַנְטָה קְלָאוּס (ז)
Cendrillon (f)	sinde'rela	סִינְדֶּרֶלָה
sirène (f)	bat yam, betulat hayam	בַּת יָם, בְּתוּלַת הַיָּם (נ)
Neptune (m)	neptun	נֶפְּטוּן (ז)

magicien (m)	kosem	קוֹסֵם (ז)
fée (f)	'feya	פֵיָה (נ)
magique (adj)	kasum	קָסוּם
baguette (f) magique	ʃarvit 'kesem	שַׁרְבִיט קֶסֶם (ז)

conte (m) de fées	agada	אַגָּדָה (נ)
miracle (m)	nes	נֵס (ז)
gnome (m)	gamad	גַּמָד (ז)

se transformer en ...	lahafox le...	...לַהֲפֹךְ לְ
esprit (m) (revenant)	'ruax refa''im	רוּחַ רְפָאִים (נ)
fantôme (m)	'ruax refa''im	רוּחַ רְפָאִים (נ)
monstre (m)	mif'letset	מִפְלֶצֶת (נ)
dragon (m)	drakon	דְּרָקוֹן (ז)
géant (m)	anak	עֲנָק (ז)

148. Les signes du zodiaque

Bélier (m)	tale	טָלֶה (ז)
Taureau (m)	ʃor	שׁוֹר (ז)
Gémeaux (m pl)	te'omim	תְּאוֹמִים (ז"ר)
Cancer (m)	sartan	סַרְטָן (ז)
Lion (m)	arye	אַרְיֵה (ז)
Vierge (f)	betula	בְּתוּלָה (נ)

Balance (f)	moz'nayim	מֹאזְנַיִם (ז"ר)
Scorpion (m)	akrav	עַקְרָב (ז)
Sagittaire (m)	kaʃat	קֶשֶׁת (ז)
Capricorne (m)	gdi	גְּדִי (ז)
Verseau (m)	dli	דְּלִי (ז)
Poissons (m pl)	dagim	דָּגִים (ז"ר)

caractère (m)	'ofi	אוֹפִי (ז)
traits (m pl) du caractère	tχunot 'ofi	תְּכוּנוֹת אוֹפִי (נ"ר)
conduite (f)	hitnahagut	הִתְנַהֲגוּת (נ)
dire la bonne aventure	lenabe et ha'atid	לְנַבֵּא אֶת הֶעָתִיד
diseuse (f) de bonne aventure	ma'gedet atidot	מַגֶּדֶת עֲתִידוֹת (נ)
horoscope (m)	horoskop	הוֹרוֹסְקוֹפ (ז)

L'art

149. Le théâtre

théâtre (m)	te'atron	תִּיאַטְרוֹן (ז)
opéra (m)	'opera	אוֹפֶּרָה (נ)
opérette (f)	ope'reta	אוֹפֶּרֶטָה (נ)
ballet (m)	balet	בָּלֶט (ז)
affiche (f)	kraza	כְּרָזָה (נ)
troupe (f) de théâtre	lahaka	לַהֲקָה (נ)
tournée (f)	masa hofa'ot	מַסַע הוֹפָעוֹת (ז)
être en tournée	latset lemasa hofa'ot	לָצֵאת לְמַסַע הוֹפָעוֹת
répéter (vt)	la'aroχ χazara	לַעֲרוֹך חֲזָרָה
répétition (f)	χazara	חֲזָרָה (נ)
répertoire (m)	repertu'ar	רֶפֶּרְטוּאָר (ז)
représentation (f)	hofa'a	הוֹפָעָה (נ)
spectacle (m)	hatsaga	הַצָּגָה (נ)
pièce (f) de théâtre	maχaze	מַחֲזֶה (ז)
billet (m)	kartis	כַּרְטִיס (ז)
billetterie (f pl)	kupa	קוּפָּה (נ)
hall (m)	'lobi	לוֹבִּי (ז)
vestiaire (m)	meltaχa	מֶלְתָּחָה (נ)
jeton (m) de vestiaire	mispar meltaχa	מִסְפַּר מֶלְתָּחָה (ז)
jumelles (f pl)	mif'kefet	מִשְׁקֶפֶת (נ)
placeur (m)	sadran	סַדְרָן (ז)
parterre (m)	parter	פַּרְטֶר (ז)
balcon (m)	mir'peset	מִרְפֶּסֶת (נ)
premier (m) balcon	ya'tsi'a	יָצִיעַ (ז)
loge (f)	ta	תָּא (ז)
rang (m)	ʃura	שׁוּרָה (נ)
place (f)	moʃav	מוֹשָׁב (ז)
public (m)	'kahal	קָהָל (ז)
spectateur (m)	tsofe	צוֹפֶה (ז)
applaudir (vi)	limχo ka'payim	לִמְחוֹא כַּפַּיִם
applaudissements (m pl)	meχi'ot ka'payim	מְחִיאוֹת כַּפַּיִם (נ"ר)
ovation (f)	tʃu'ot	תְּשׁוּאוֹת (נ"ר)
scène (f) (monter sur ~)	bama	בָּמָה (נ)
rideau (m)	masaχ	מָסָך (ז)
décor (m)	taf'ura	תַּפְאוּרָה (נ)
coulisses (f pl)	klayim	קְלָעִים
scène (f) (la dernière ~)	'stsena	סְצֵינָה (נ)
acte (m)	ma'araχa	מַעֲרָכָה (נ)
entracte (m)	hafsaka	הַפְסָקָה (נ)

150. Le cinéma

acteur (m)	saχkan	שַׂחְקָן (ז)
actrice (f)	saχkanit	שַׂחְקָנִית (נ)
cinéma (m) (industrie)	kol'no'a	קוֹלְנוֹעַ (ז)
film (m)	'seret	סֶרֶט (ז)
épisode (m)	epi'zoda	אֶפִּיזוֹדָה (נ)
film (m) policier	'seret balaʃi	סֶרֶט בַּלָּשִׁי (ז)
film (m) d'action	ma'arvon	מַעֲרָבוֹן (ז)
film (m) d'aventures	'seret harpatka'ot	סֶרֶט הַרְפַּתְקָאוֹת (ז)
film (m) de science-fiction	'seret mada bidyoni	סֶרֶט מַדָּע בִּדְיוֹנִי (ז)
film (m) d'horreur	'seret eima	סֶרֶט אֵימָה (ז)
comédie (f)	ko'medya	קוֹמֶדְיָה (נ)
mélodrame (m)	melo'drama	מֶלוֹדְרָמָה (נ)
drame (m)	'drama	דְּרָמָה (נ)
film (m) de fiction	'seret alilati	סֶרֶט עֲלִילָתִי (ז)
documentaire (m)	'seret ti'udi	סֶרֶט תִּיעוּדִי (ז)
dessin (m) animé	'seret ani'matsya	סֶרֶט אֲנִימַצְיָה (ז)
cinéma (m) muet	sratim ilmim	סְרָטִים אִילְמִים (ז"ר)
rôle (m)	tafkid	תַּפְקִיד (ז)
rôle (m) principal	tafkid raʃi	תַּפְקִיד רָאשִׁי (ז)
jouer (vt)	lesaχek	לְשַׂחֵק
vedette (f)	koχav kol'no'a	כּוֹכַב קוֹלְנוֹעַ (ז)
connu (adj)	mefursam	מְפוּרְסָם
célèbre (adj)	mefursam	מְפוּרְסָם
populaire (adj)	popu'lari	פּוֹפּוּלָרִי
scénario (m)	tasrit	תַּסְרִיט (ז)
scénariste (m)	tasritai	תַּסְרִיטַאי (ז)
metteur (m) en scène	bamai	בַּמַאי (ז)
producteur (m)	mefik	מֵפִיק (ז)
assistant (m)	ozer	עוֹזֵר (ז)
opérateur (m)	tsalam	צַלָּם (ז)
cascadeur (m)	pa'alulan	פַּעֲלוּלָן (ז)
doublure (f)	saχkan maχlif	שַׂחְקָן מַחֲלִיף (ז)
tourner un film	letsalem 'seret	לְצַלֵּם סֶרֶט
audition (f)	mivdak	מִבְדָּק (ז)
tournage (m)	hasrata	הַסְרָטָה (נ)
équipe (f) de tournage	'tsevet ha'seret	צֶוֶת הַסֶּרֶט (ז)
plateau (m) de tournage	atar hatsilum	אֲתַר הַצִּילוּם (ז)
caméra (f)	matslema	מַצְלֵמָה (נ)
cinéma (m)	beit kol'no'a	בֵּית קוֹלְנוֹעַ (ז)
écran (m)	masaχ	מָסָךְ (ז)
donner un film	lehar'ot 'seret	לְהַרְאוֹת סֶרֶט
piste (f) sonore	paskol	פַּסְקוֹל (ז)
effets (m pl) spéciaux	e'fektim meyuχadim	אֶפֶקְטִים מְיוּחָדִים (ז"ר)

sous-titres (m pl)	ktuviyot	כְּתוּבִיּוֹת (נ"ר)
générique (m)	ktuviyot	כְּתוּבִיּוֹת (נ"ר)
traduction (f)	tirgum	תִּרְגּוּם (ז)

151. La peinture

art (m)	amanut	אָמָנוּת (נ)
beaux-arts (m pl)	omanuyot yafot	אוֹמָנוּיוֹת יָפוֹת (נ"ר)
galerie (f) d'art	ga'lerya le'amanut	גָּלֶרְיָה לְאָמָנוּת (נ)
exposition (f) d'art	ta'aruxat amanut	תַּעֲרוּכַת אָמָנוּת (נ)

peinture (f)	tsiyur	צִיּוּר (ז)
graphique (f)	'grafika	גְּרָפִיקָה (נ)
art (m) abstrait	amanut muf'fetet	אָמָנוּת מוּפְשֶׁטֶת (נ)
impressionnisme (m)	impresyonizm	אִימְפְּרֶסְיוֹנִיזְם (ז)

tableau (m)	tmuna	תְּמוּנָה (נ)
dessin (m)	tsiyur	צִיּוּר (ז)
poster (m)	'poster	פּוֹסְטֶר (ז)

illustration (f)	iyur	אִיּוּר (ז)
miniature (f)	minya'tura	מִינְיָאטוּרָה (נ)
copie (f)	he'etek	הֶעְתֵּק (ז)
reproduction (f)	ʃi'atuk	שִׁיעֲתוּק (ז)

mosaïque (f)	psefas	פְּסֵיפָס (ז)
vitrail (m)	vitraʒ	וִיטְרָאז' (ז)
fresque (f)	fresko	פְרֶסְקוֹ (ז)
gravure (f)	taxrit	תַּחְרִיט (ז)

buste (m)	pro'toma	פְּרוֹטוֹמָה (נ)
sculpture (f)	'pesel	פֶּסֶל (ז)
statue (f)	'pesel	פֶּסֶל (ז)
plâtre (m)	'geves	גֶּבֶס (ז)
en plâtre	mi'geves	מִגֶּבֶס

portrait (m)	dyukan	דְּיוֹקָן (ז)
autoportrait (m)	dyukan atsmi	דְּיוֹקָן עַצְמִי (ז)
paysage (m)	tsiyur nof	צִיּוּר נוֹף (ז)
nature (f) morte	'teva domem	טֶבַע דּוֹמֵם (ז)
caricature (f)	karika'tura	קָרִיקָטוּרָה (נ)
croquis (m)	tarʃim	תַּרְשִׁים (ז)

peinture (f)	'tseva	צֶבַע (ז)
aquarelle (f)	'tseva 'mayim	צֶבַע מַיִם (ז)
huile (f)	'ʃemen	שֶׁמֶן (ז)
crayon (m)	iparon	עִיפָּרוֹן (ז)
encre (f) de Chine	tuʃ	טוּשׁ (ז)
fusain (m)	pexam	פֶּחָם (ז)

dessiner (vi, vt)	letsayer	לְצַיֵּר
peindre (vi, vt)	letsayer	לְצַיֵּר
poser (vi)	ledagmen	לְדַגְמֵן
modèle (m)	dugman eirom	דּוּגְמָן עֵירוֹם (ז)

modèle (f)	dugmanit erom	דוּגמָנִית עֵירוֹם (נ)
peintre (m)	tsayar	צַיָיר (ז)
œuvre (f) d'art	yetsirat amanut	יְצִירַת אָמָנוּת (נ)
chef (m) d'œuvre	yetsirat mofet	יְצִירַת מוֹפֵת (נ)
atelier (m) d'artiste	'studyo	סטוּדִיוֹ (ז)
toile (f)	bad piʃtan	בַּד פִּשתָן (ז)
chevalet (m)	kan tsiyur	כַּן צִיוּר (ז)
palette (f)	'plata	פָּלֶטָה (נ)
encadrement (m)	mis'geret	מִסגֶרֶת (נ)
restauration (f)	ʃixzur	שִחזוּר (ז)
restaurer (vt)	leʃaxzer	לְשַחזֵר

152. La littérature et la poésie

littérature (f)	sifrut	סִפרוּת (נ)
auteur (m) (écrivain)	sofer	סוֹפֵר (ז)
pseudonyme (m)	ʃem badui	שֵם בָּדוּי (ז)
livre (m)	'sefer	סֵפֶר (ז)
volume (m)	'kerex	כֶּרֶך (ז)
table (f) des matières	'toxen inyanim	תוֹכֶן עֲנָייָנִים (ז)
page (f)	amud	עָמוּד (ז)
protagoniste (m)	hagibor haraʃi	הַגִיבּוֹר הָרָאשִי (ז)
autographe (m)	xatima	חָתִימָה (נ)
récit (m)	sipur katsar	סִיפּוּר קָצָר (ז)
nouvelle (f)	sipur	סִיפּוּר (ז)
roman (m)	roman	רוֹמָן (ז)
œuvre (f) littéraire	xibur	חִיבּוּר (ז)
fable (f)	maʃal	מָשָל (ז)
roman (m) policier	roman balaʃi	רוֹמָן בַּלָשִי (ז)
vers (m)	ʃir	שִיר (ז)
poésie (f)	ʃira	שִירָה (נ)
poème (m)	po''ema	פּוֹאֶמָה (נ)
poète (m)	meʃorer	מְשוֹרֵר (ז)
belles-lettres (f pl)	sifrut yafa	סִפרוּת יָפָה (נ)
science-fiction (f)	mada bidyoni	מַדָע בְּדִיוֹנִי (ז)
aventures (f pl)	harpatka'ot	הַרפַתקָאוֹת (נ"ר)
littérature (f) didactique	sifrut limudit	סִפרוּת לִימוּדִית (נ)
littérature (f) pour enfants	sifrut yeladim	סִפרוּת יְלָדִים (נ)

153. Le cirque

cirque (m)	kirkas	קִרקָס (ז)
chapiteau (m)	kirkas nayad	קִרקָס נַייָד (ז)
programme (m)	toxnit	תוֹכנִית (נ)
représentation (f)	hofa'a	הוֹפָעָה (נ)
numéro (m)	hofa'a	הוֹפָעָה (נ)

arène (f)	zira	זִירָה (נ)
pantomime (f)	panto'mima	פַּנטוֹמִימָה (נ)
clown (m)	leitsan	לֵיצָן (ז)

acrobate (m)	akrobat	אָקרוֹבָּט (ז)
acrobatie (f)	akro'batika	אָקרוֹבָּטִיקָה (נ)
gymnaste (m)	mit'amel	מִתעַמֵל (ז)
gymnastique (f)	hit'amlut	הִתעַמלוּת (נ)
salto (m)	'salta	סַלטָה (נ)

hercule (m)	atlet	אַתלֵט (ז)
dompteur (m)	me'alef	מְאַלֵף (ז)
écuyer (m)	roxev	רוֹכֵב (ז)
assistant (m)	ozer	עוֹזֵר (ז)

truc (m)	pa'alul	פַּעֲלוּל (ז)
tour (m) de passe-passe	'kesem	קֶסֶם (ז)
magicien (m)	kosem	קוֹסֵם (ז)

jongleur (m)	lahatutan	לַהֲטוּטָן (ז)
jongler (vi)	lelahtet	לְלַהֲטֵט
dresseur (m)	me'alef hayot	מְאַלֵף חַיוֹת (ז)
dressage (m)	iluf xayot	אִילוּף חַיוֹת (ז)
dresser (vt)	le'alef	לְאַלֵף

154. La musique

musique (f)	'muzika	מוֹזִיקָה (נ)
musicien (m)	muzikai	מוּזִיקַאי (ז)
instrument (m) de musique	kli negina	כּלִי נְגִינָה (ז)
jouer de ...	lenagen be...	לְנַגֵן בְּ...

guitare (f)	gi'tara	גִיטָרָה (נ)
violon (m)	kinor	כִּינוֹר (ז)
violoncelle (m)	'tʃelo	צֶ'לוֹ (ז)
contrebasse (f)	kontrabas	קוֹנטרַבָּס (ז)
harpe (f)	'nevel	נֵבֶל (ז)

piano (m)	psanter	פְּסַנתֵר (ז)
piano (m) à queue	psanter kanaf	פְּסַנתֵר כָּנָף (ז)
orgue (m)	ugav	עוּגָב (ז)

instruments (m pl) à vent	klei neʃifa	כּלֵי נְשִיפָה (ז"ר)
hautbois (m)	abuv	אַבּוּב (ז)
saxophone (m)	saksofon	סַקסוֹפוֹן (ז)
clarinette (f)	klarinet	קלָרִינֶט (ז)
flûte (f)	xalil	חָלִיל (ז)
trompette (f)	xatsotsra	חֲצוֹצרָה (נ)

accordéon (m)	akordyon	אָקוֹרדִיוֹן (ז)
tambour (m)	tof	תוֹף (ז)

duo (m)	'du'o	דוּאוֹ (ז)
trio (m)	ʃliʃiya	שלִישִיָה (נ)

quartette (m)	revi'iya	רְבִיעִיָה (נ)
chœur (m)	makhela	מַקְהֵלָה (נ)
orchestre (m)	tiz'moret	תִזְמֹרֶת (נ)
musique (f) pop	'muzikat pop	מוּזִיקַת פּוֹפ (נ)
musique (f) rock	'muzikat rok	מוּזִיקַת רוֹק (נ)
groupe (m) de rock	lehakat rok	לַהֲקַת רוֹק (נ)
jazz (m)	dʒez	גָ'ז (ז)
idole (f)	koxav	כּוֹכָב (ז)
admirateur (m)	ohed	אוֹהֵד (ז)
concert (m)	kontsert	קוֹנְצֶרְט (ז)
symphonie (f)	si'fonya	סִימְפוֹנְיָה (נ)
œuvre (f) musicale	yetsira	יְצִירָה (נ)
composer (vt)	lexaber	לְחַבֵּר
chant (m) (~ d'oiseau)	ʃira	שִׁירָה (נ)
chanson (f)	ʃir	שִׁיר (ז)
mélodie (f)	mangina	מַנְגִינָה (נ)
rythme (m)	'ketsev	קֶצֶב (ז)
blues (m)	bluz	בְּלוּז (ז)
notes (f pl)	tavim	תָוִים (ז"ר)
baguette (f)	ʃarvit ni'tsuax	שַׁרְבִיט נִיצוּחַ (ז)
archet (m)	'keʃet	קֶשֶׁת (נ)
corde (f)	meitar	מֵיתָר (ז)
étui (m)	nartik	נַרְתִיק (ז)

Les loisirs. Les voyages

155. Les voyages. Les excursions

tourisme (m)	tayarut	תַּיָּירוּת (נ)
touriste (m)	tayar	תַּיָּיר (ז)
voyage (m) (à l'étranger)	tiyul	טִיּוּל (ז)
aventure (f)	harpatka	הַרְפַּתְקָה (נ)
voyage (m)	nesi'a	נְסִיעָה (נ)
vacances (f pl)	χufʃa	חוּפְשָׁה (נ)
être en vacances	lihyot beχufʃa	לִהְיוֹת בְּחוּפְשָׁה
repos (m) (jours de ~)	menuχa	מְנוּחָה (נ)
train (m)	ra'kevet	רַכֶּבֶת (נ)
en train	bera'kevet	בְּרַכֶּבֶת
avion (m)	matos	מָטוֹס (ז)
en avion	bematos	בְּמָטוֹס
en voiture	bemeχonit	בִּמְכוֹנִית
en bateau	be'oniya	בָּאוֹנִייָה
bagage (m)	mit'an	מִטְעָן (ז)
malle (f)	mizvada	מִזְוָודָה (נ)
chariot (m)	eglat mit'an	עֶגְלַת מִטְעָן (נ)
passeport (m)	darkon	דַרְכּוֹן (ז)
visa (m)	'viza, aʃra	וִיזָה, אַשְׁרָה (נ)
ticket (m)	kartis	כַּרְטִיס (ז)
billet (m) d'avion	kartis tisa	כַּרְטִיס טִיסָה (ז)
guide (m) (livre)	madriχ	מַדְרִיךְ (ז)
carte (f)	mapa	מַפָּה (נ)
région (f) (~ rurale)	ezor	אָזוֹר (ז)
endroit (m)	makom	מָקוֹם (ז)
exotisme (m)	ek'zotika	אֶקְזוֹטִיקָה (נ)
exotique (adj)	ek'zoti	אֶקְזוֹטִי
étonnant (adj)	nifla	נִפְלָא
groupe (m)	kvutsa	קְבוּצָה (נ)
excursion (f)	tiyul	טִיּוּל (ז)
guide (m) (personne)	madriχ tiyulim	מַדְרִיךְ טִיּוּלִים (ז)

156. L'hôtel

hôtel (m), auberge (f)	malon	מָלוֹן (ז)
motel (m)	motel	מוֹטֶל (ז)
3 étoiles	ʃloʃa koχavim	שְׁלוֹשָׁה כּוֹכָבִים

| 5 étoiles | χamiʃa koχavim | תָּמִישָׁה כּוֹכָבִים |
| descendre (à l'hôtel) | lehit'aχsen | לְהִתְאַכְסֵן |

chambre (f)	'χeder	חָדָר (ז)
chambre (f) simple	'χeder yaχid	חֶדֶר יָחִיד (ז)
chambre (f) double	'χeder zugi	חֶדֶר זוּגִי (ז)
réserver une chambre	lehazmin 'χeder	לְהַזְמִין חֶדֶר

| demi-pension (f) | χatsi pensiyon | חֲצִי פֶּנְסִיוֹן (ז) |
| pension (f) complète | pensyon male | פֶּנְסִיוֹן מָלֵא (ז) |

avec une salle de bain	im am'batya	עִם אַמְבַּטְיָה
avec une douche	im mik'laχat	עִם מִקְלַחַת
télévision (f) par satellite	tele'vizya bekvalim	טֶלֶוִוִיזְיָה בְּכְבָלִים (נ)
climatiseur (m)	mazgan	מַזְגָן (ז)
serviette (f)	ma'gevet	מַגֶּבֶת (נ)
clé (f)	maf'teaχ	מַפְתֵּחַ (ז)

administrateur (m)	amarkal	אֲמַרְכָּל (ז)
femme (f) de chambre	χadranit	חַדְרָנִית (נ)
porteur (m)	sabal	סַבָּל (ז)
portier (m)	pakid kabala	פְּקִיד קַבָּלָה (ז)

restaurant (m)	mis'ada	מִסְעָדָה (נ)
bar (m)	bar	בָּר (ז)
petit déjeuner (m)	aruχat 'boker	אֲרוּחַת בּוֹקֶר (נ)
dîner (m)	aruχat 'erev	אֲרוּחַת עֶרֶב (נ)
buffet (m)	miznon	מִזְנוֹן (ז)

| hall (m) | 'lobi | לוֹבִּי (ז) |
| ascenseur (m) | ma'alit | מַעֲלִית (נ) |

| PRIÈRE DE NE PAS DÉRANGER | lo lehaf'ri'a | לֹא לְהַפְרִיעַ |
| DÉFENSE DE FUMER | asur le'aʃen! | אָסוּר לְעַשֵׁן! |

157. Le livre. La lecture

livre (m)	'sefer	סֵפֶר (ז)
auteur (m)	sofer	סוֹפֵר (ז)
écrivain (m)	sofer	סוֹפֵר (ז)
écrire (~ un livre)	liχtov	לִכְתּוֹב

lecteur (m)	kore	קוֹרֵא (ז)
lire (vi, vt)	likro	לִקְרוֹא
lecture (f)	kri'a	קְרִיאָה (נ)

| à part soi | belev, be'ʃeket | בְּלֵב, בְּשֶׁקֶט |
| à haute voix | bekol ram | בְּקוֹל רָם |

éditer (vt)	lehotsi la'or	לְהוֹצִיא לָאוֹר
édition (f) (~ des livres)	hotsa'a la'or	הוֹצָאָה לָאוֹר (נ)
éditeur (m)	motsi le'or	מוֹצִיא לָאוֹר (ז)
maison (f) d'édition	hotsa'a la'or	הוֹצָאָה לָאוֹר (נ)

paraître (livre)	latset le'or	לָצֵאת לָאוֹר
sortie (f) (~ d'un livre)	hafatsa	הָפָצָה (נ)
tirage (m)	tfutsa	תְּפוּצָה (נ)

librairie (f)	χanut sfarim	חֲנוּת סְפָרִים (נ)
bibliothèque (f)	sifriya	סְפְרִיָּה (נ)

nouvelle (f)	sipur	סִיפּוּר (ז)
récit (m)	sipur katsar	סִיפּוּר קָצָר (ז)
roman (m)	roman	רוֹמָן (ז)
roman (m) policier	roman balaʃi	רוֹמָן בַּלָשִׁי (ז)

mémoires (m pl)	ziχronot	זִיכְרוֹנוֹת (ז"ר)
légende (f)	agada	אַגָּדָה (נ)
mythe (m)	'mitos	מִיתוֹס (ז)

vers (m pl)	ʃirim	שִׁירִים (ז"ר)
autobiographie (f)	otobio'grafya	אוֹטוֹבִּיּוֹגְרַפְיָה (נ)
les œuvres choisies	mivχar ktavim	מִבְחַר כְּתָבִים (ז)
science-fiction (f)	mada bidyoni	מַדָּע בִּדְיוֹנִי (ז)

titre (m)	kotar	כּוֹתָר (ז)
introduction (f)	mavo	מָבוֹא (ז)
page (f) de titre	amud ha'ʃa'ar	עַמּוּד הַשַּׁעַר (ז)

chapitre (m)	'perek	פֶּרֶק (ז)
extrait (m)	'keta	קֶטַע (ז)
épisode (m)	epi'zoda	אֶפִּיזוֹדָה (נ)

sujet (m)	alila	עֲלִילָה (נ)
sommaire (m)	'toχen	תּוֹכֶן (ז)
table (f) des matières	'toχen inyanim	תּוֹכֶן עִנְיָנִים (ז)
protagoniste (m)	hagibor haraʃi	הַגִּיבּוֹר הָרָאשִׁי (ז)

volume (m)	'kereχ	כֶּרֶךְ (ז)
couverture (f)	kriχa	כְּרִיכָה (נ)
reliure (f)	kriχa	כְּרִיכָה (נ)
marque-page (m)	simaniya	סִימָנִיָּה (נ)

page (f)	amud	עַמּוּד (ז)
feuilleter (vt)	ledafdef	לְדַפְדֵּף
marges (f pl)	ʃu'layim	שׁוּלַיִם (ז"ר)
annotation (f)	he'ara	הֶעָרָה (נ)
note (f) de bas de page	he'arat ʃu'layim	הֶעָרַת שׁוּלַיִם (נ)

texte (m)	tekst	טֶקְסְט (ז)
police (f)	gufan	גּוּפָן (ז)
faute (f) d'impression	ta'ut dfus	טָעוּת דְּפוּס (נ)

traduction (f)	tirgum	תַּרְגּוּם (ז)
traduire (vt)	letargem	לְתַרְגֵּם
original (m)	makor	מָקוֹר (ז)

célèbre (adj)	mefursam	מְפוּרְסָם
inconnu (adj)	lo ya'du'a	לֹא יָדוּעַ
intéressant (adj)	me'anyen	מְעַנְיֵין

best-seller (m)	rav 'meχer	רַב־מֶכֶר (ז)
dictionnaire (m)	milon	מִילוֹן (ז)
manuel (m)	'sefer limud	סֵפֶר לִימוּד (ז)
encyclopédie (f)	entsiklo'pedya	אֶנְצִיקְלוֹפֶּדְיָה (נ)

158. La chasse. La péche

chasse (f)	'tsayid	צַיִד (ז)
chasser (vi, vt)	latsud	לָצוּד
chasseur (m)	tsayad	צַיָּיד (ז)

tirer (vi)	lirot	לִירוֹת
fusil (m)	rove	רוֹבֶה (ז)
cartouche (f)	kadur	כַּדוּר (ז)
grains (m pl) de plomb	kaduriyot	כַּדוּרִיּוֹת (נ"ר)

piège (m) à mâchoires	mal'kodet	מַלְכּוֹדֶת (נ)
piège (m)	mal'kodet	מַלְכּוֹדֶת (נ)
être pris dans un piège	lehilaχed bemal'kodet	לְהִילָכֵד בְּמַלְכּוֹדֶת
mettre un piège	leha'niaχ mal'kodet	לְהָנִיחַ מַלְכּוֹדֶת

braconnier (m)	tsayad lelo reʃut	צַיָּיד לְלֹא רְשׁוּת (ז)
gibier (m)	χayot bar	חַיּוֹת בַּר (נ"ר)
chien (m) de chasse	'kelev 'tsayid	כֶּלֶב צַיִד (ז)
safari (m)	sa'fari	סָפָארִי (ז)
animal (m) empaillé	puχlats	פּוּחְלָץ (ז)

pêcheur (m)	dayag	דַּיָּיג (ז)
pêche (f)	'dayig	דַּיִג (ז)
pêcher (vi)	ladug	לָדוּג

canne (f) à pêche	χaka	חַכָּה (נ)
ligne (f) de pêche	χut haχaka	חוּט הַחַכָּה (ז)
hameçon (m)	'keres	קֶרֶס (ז)
flotteur (m)	matsof	מָצוֹף (ז)
amorce (f)	pitayon	פִּיתָּיוֹן (ז)

| lancer la ligne | lizrok et haχaka | לִזְרוֹק אֶת הַחַכָּה |
| mordre (vt) | liv'lo'a pitayon | לִבְלוֹעַ פִּיתָּיוֹן |

| pêche (f) (poisson capturé) | ʃlal 'dayig | שְׁלַל דַּיִג (ז) |
| trou (m) dans la glace | mivka 'keraχ | מִבְקַע קֶרַח (ז) |

| filet (m) | 'reʃet dayagim | רֶשֶׁת דַּיָּיגִים (נ) |
| barque (f) | sira | סִירָה (נ) |

pêcher au filet	ladug be'reʃet	לָדוּג בְּרֶשֶׁת
jeter un filet	lizrok 'reʃet	לִזְרוֹק רֶשֶׁת
retirer le filet	ligror 'reʃet	לִגְרוֹר רֶשֶׁת
tomber dans le filet	lehilaχed be'reʃet	לְהִילָכֵד בְּרֶשֶׁת

baleinier (m)	tsayad livyatanim	צַיָּיד לִוְויָתָנִים (ז)
baleinière (f)	sfinat tseid livyetanim	סְפִינַת צֵיד לִוְויָתָנִית (נ)
harpon (m)	tsiltsal	צִלְצָל (ז)

159. Les jeux. Le billard

billard (m)	bilyard	בִּילְיַארְד (ז)
salle (f) de billard	'χeder bilyard	חֶדֶר בִּילְיַארְד (ז)
bille (f) de billard	kadur bilyard	כַּדּוּר בִּילְיַארְד (ז)
empocher une bille	lehaχnis kadur lekis	לְהַכְנִיס כַּדּוּר לְכִּיס
queue (f)	makel bilyard	מַקֵּל בִּילְיַארְד (ז)
poche (f)	kis	כִּיס (ז)

160. Les jeux de cartes

carreau (m)	yahalom	יַהֲלוֹם (ז)
pique (m)	ale	עָלֶה (ז)
cœur (m)	lev	לֵב (ז)
trèfle (m)	tiltan	תִּלְתָּן (ז)
as (m)	as	אָס (ז)
roi (m)	'meleχ	מֶלֶךְ (ז)
dame (f)	malka	מַלְכָּה (נ)
valet (m)	nasiχ	נָסִיךְ (ז)
carte (f)	klaf	קְלָף (ז)
jeu (m) de cartes	klafim	קְלָפִים (ז״ר)
atout (m)	klaf nitsaχon	קְלָף נִיצָחוֹן (ז)
paquet (m) de cartes	χafisat klafim	חֲפִיסַת קְלָפִים (נ)
point (m)	nekuda	נְקוּדָה (נ)
distribuer (les cartes)	leχalek klafim	לְחַלֵּק קְלָפִים
battre les cartes	litrof	לִטְרוֹף
tour (m) de jouer	tor	תּוֹר (ז)
tricheur (m)	noχel klafim	נוֹכֵל קְלָפִים (ז)

161. Le casino. La roulette

casino (m)	ka'zino	קָזִינוֹ (ז)
roulette (f)	ru'leta	רוּלֶטָה (נ)
mise (f)	menat misχak	מְנַת מִשְׂחָק (נ)
miser (vt)	leha'niaχ menat misχak	לְהָנִיחַ מְנַת מִשְׂחָק
rouge (m)	adom	אָדוֹם
noir (m)	ʃaχor	שָׁחוֹר
miser sur le rouge	lehamer al adom	לְהַמֵּר עַל אָדוֹם
miser sur le noir	lehamer al ʃaχor	לְהַמֵּר עַל שָׁחוֹר
croupier (m)	'diler	דִּילֶר (ז)
faire tourner la roue	lesovev et hagalgal	לְסוֹבֵב אֶת הַגַּלְגַּל
règles (f pl) du jeu	klalei hamisχak	כְּלָלֵי הַמִּשְׂחָק (ז״ר)
fiche (f)	asimon	אֲסִימוֹן (ז)
gagner (vi, vt)	lizkot	לִזְכּוֹת
gain (m)	zχiya	זְכִיָּה (נ)

| perdre (vi) | lehafsid | לְהַפְסִיד |
| perte (f) | hefsed | הֶפְסֵד (ז) |

joueur (m)	saxkan	שַׂחְקָן (ז)
black-jack (m)	esrim ve'exad	עֶשְׂרִים וְאֶחָד (ז)
jeu (m) de dés	misxak kubiyot	מִשְׂחַק קוּבִּיּוֹת (ז)
dés (m pl)	kubiyot	קוּבִּיּוֹת (נ"ר)
machine (f) à sous	mexonat misxak	מְכוֹנַת מִשְׂחָק (נ)

162. Les loisirs. Les jeux

se promener (vp)	letayel ba'regel	לְטַיֵּל בָּרֶגֶל
promenade (f)	tiyul ragli	טִיּוּל רַגְלִי (ז)
promenade (f) (en voiture)	nesi'a bamexonit	נְסִיעָה בַּמְכוֹנִית (נ)
aventure (f)	harpatka	הַרְפַּתְקָה (נ)
pique-nique (m)	'piknik	פִּיקְנִיק (ז)

jeu (m)	misxak	מִשְׂחָק (ז)
joueur (m)	saxkan	שַׂחְקָן (ז)
partie (f) (~ de cartes, etc.)	misxak	מִשְׂחָק (ז)

collectionneur (m)	asfan	אַסְפָן (ז)
collectionner (vt)	le'esof	לֶאֱסוֹף
collection (f)	'osef	אוֹסֶף (ז)

mots (m pl) croisés	taʃbets	תַשְׁבֵּץ (ז)
hippodrome (m)	hipodrom	הִיפּוֹדְרוֹם (ז)
discothèque (f)	diskotek	דִיסְקוֹטֶק (ז)

| sauna (m) | 'sa'una | סָאוּנָה (נ) |
| loterie (f) | 'loto | לוֹטוֹ (ז) |

trekking (m)	tiyul maxana'ut	טִיּוּל מַחֲנָאוּת (ז)
camp (m)	maxane	מַחֲנֶה (ז)
tente (f)	'ohel	אוֹהֶל (ז)
boussole (f)	matspen	מַצְפֵּן (ז)
campeur (m)	maxnai	מַחֲנַאי (ז)

regarder (la télé)	lir'ot	לִרְאוֹת
téléspectateur (m)	tsofe	צוֹפֶה (ז)
émission (f) de télé	toxnit tele'vizya	תּוֹכְנִית טֶלֶוִיזְיָה (נ)

163. La photographie

| appareil (m) photo | matslema | מַצְלֵמָה (נ) |
| photo (f) | tmuna | תְמוּנָה (נ) |

photographe (m)	tsalam	צַלָּם (ז)
studio (m) de photo	'studyo letsilum	סְטוּדִיוֹ לְצִילוּם (ז)
album (m) de photos	albom tmunot	אַלְבּוֹם תְמוּנוֹת (ז)
objectif (m)	adaʃa	עֲדָשָׁה (נ)
téléobjectif (m)	a'deʃet teleskop	עֲדָשֶׁת טֶלֶסְקוֹפ (נ)

| filtre (m) | masnen | מַסְנֵן (ז) |
| lentille (f) | adaʃa | עֲדָשָׁה (נ) |

optique (f)	'optika	אוֹפְּטִיקָה (נ)
diaphragme (m)	tsamtsam	צַמְצָם (ז)
temps (m) de pose	zman hahe'ara	זְמַן הַהֶאָרָה (ז)
viseur (m)	einit	עֵינִית (נ)

appareil (m) photo numérique	matslema digi'talit	מַצְלֵמָה דִיגִיטָלִית (נ)
trépied (m)	χatsuva	חֲצוּבָה (נ)
flash (m)	mavzek	מַבְזֵק (ז)

photographier (vt)	letsalem	לְצַלֵם
prendre en photo	letsalem	לְצַלֵם
se faire prendre en photo	lehitstalem	לְהִצְטַלֵם

mise (f) au point	moked	מוֹקֵד (ז)
mettre au point	lemaked	לְמַקֵד
net (adj)	χad, memukad	חַד, מְמוֹקָד
netteté (f)	χadut	חַדוּת (נ)

| contraste (m) | nigud | נִיגוּד (ז) |
| contrasté (adj) | menugad | מְנוּגָד |

épreuve (f)	tmuna	תְמוּנָה (נ)
négatif (m)	taʃlil	תַשְׁלִיל (ז)
pellicule (f)	'seret	סֶרֶט (ז)
image (f)	freim	פְרֵיים (ז)
tirer (des photos)	lehadpis	לְהַדְפִּיס

164. La plage. La baignade

plage (f)	χof yam	חוֹף יָם (ז)
sable (m)	χol	חוֹל (ז)
désert (plage ~e)	ʃomem	שׁוֹמֵם

bronzage (m)	ʃizuf	שִׁיזוּף (ז)
se bronzer (vp)	lehiʃtazef	לְהִשְׁתַזֵף
bronzé (adj)	ʃazuf	שָׁזוּף
crème (f) solaire	krem hagana	קְרֶם הֲגָנָה (ז)

bikini (m)	bi'kini	בִּיקִינִי (ז)
maillot (m) de bain	'beged yam	בֶּגֶד יָם (ז)
slip (m) de bain	'beged yam	בֶּגֶד יָם (ז)

piscine (f)	breχa	בְּרֵיכָה (נ)
nager (vi)	lisχot	לִשְׂחוֹת
douche (f)	mik'laχat	מִקְלַחַת (נ)
se changer (vp)	lehaχlif bgadim	לְהַחְלִיף בְּגָדִים
serviette (f)	ma'gevet	מַגֶבֶת (נ)

barque (f)	sira	סִירָה (נ)
canot (m) à moteur	sirat ma'no'a	סִירַת מָנוֹעַ (נ)
ski (m) nautique	ski 'mayim	סְקִי מַיִם (ז)

pédalo (m)	sirat pe'dalim	סִירַת פְּדָלִים (נ)
surf (m)	gliʃat galim	גְּלִישַׁת גַּלִים
surfeur (m)	goleʃ	גּוֹלֵשׁ (ז)
scaphandre (m) autonome	'skuba	סְקוּבָה (נ)
palmes (f pl)	snapirim	סְנַפִּירִים (ז"ר)
masque (m)	maseχa	מַסֵּכָה (נ)
plongeur (m)	tsolelan	צוֹלְלָן (ז)
plonger (vi)	litslol	לִצְלוֹל
sous l'eau (adv)	mi'taχat lifnei ha'mayim	מִתַּחַת לִפְנֵי הַמַּיִם
parasol (m)	ʃimʃiya	שִׁמְשִׁיָּה (נ)
chaise (f) longue	kise 'noaχ	כִּיסֵא נוֹחַ (ז)
lunettes (f pl) de soleil	miʃkefei 'ʃemeʃ	מִשְׁקְפֵי שֶׁמֶשׁ (ז"ר)
matelas (m) pneumatique	mizron mitna'peaχ	מִזְרוֹן מִתְנַפֵּחַ (ז)
jouer (s'amuser)	lesaχek	לְשַׂחֵק
se baigner (vp)	lehitraχets	לְהִתְרַחֵץ
ballon (m) de plage	kadur yam	כַּדּוּר יָם (ז)
gonfler (vt)	lena'peaχ	לְנַפֵּחַ
gonflable (adj)	menupaχ	מְנוּפָּח
vague (f)	gal	גַּל (ז)
bouée (f)	matsof	מָצוֹף (ז)
se noyer (vp)	lit'bo'a	לִטְבּוֹעַ
sauver (vt)	lehatsil	לְהַצִּיל
gilet (m) de sauvetage	χagorat hatsala	חֲגוֹרַת הַצָּלָה (נ)
observer (vt)	litspot, lehaʃkif	לִצְפּוֹת, לְהַשְׁקִיף
maître nageur (m)	matsil	מַצִּיל (ז)

LE MATÉRIEL TECHNIQUE. LES TRANSPORTS

Le matériel technique

165. L'informatique

ordinateur (m)	maxʃev	מַחְשֵׁב (ז)
PC (m) portable	maxʃev nayad	מַחְשֵׁב נַיָּד (ז)
allumer (vt)	lehadlik	לְהַדְלִיק
éteindre (vt)	lexabot	לְכַבּוֹת
clavier (m)	mik'ledet	מִקְלֶדֶת (נ)
touche (f)	makaʃ	מָקָשׁ (ז)
souris (f)	axbar	עַבְבָּר (ז)
tapis (m) de souris	ʃa'tiax le'axbar	שָׁטִיחַ לְעַבְבָּר (ז)
bouton (m)	kaftor	כַּפְתּוֹר (ז)
curseur (m)	saman	סַמָּן (ז)
moniteur (m)	masax	מָסָךְ (ז)
écran (m)	tsag	צַג (ז)
disque (m) dur	disk ka'ʃiax	דִּיסְק קָשִׁיחַ (ז)
capacité (f) du disque dur	'nefax disk ka'ʃiax	נֶפַח דִּיסְק קָשִׁיחַ (ז)
mémoire (f)	zikaron	זִיכָּרוֹן (ז)
mémoire (f) vive	zikaron giʃa akra'it	זִיכָּרוֹן גִּישָׁה אַקְרָאִית (ז)
fichier (m)	'kovets	קוֹבֶץ (ז)
dossier (m)	tikiya	תִּיקִייָה (נ)
ouvrir (vt)	lif'toax	לִפְתּוֹחַ
fermer (vt)	lisgor	לִסְגוֹר
sauvegarder (vt)	liʃmor	לִשְׁמוֹר
supprimer (vt)	limxok	לִמְחוֹק
copier (vt)	leha'atik	לְהַעֲתִיק
trier (vt)	lemayen	לְמַיֵּן
copier (vt)	leha'avir	לְהַעֲבִיר
programme (m)	toxna	תּוֹכְנָה (נ)
logiciel (m)	toxna	תּוֹכְנָה (נ)
programmeur (m)	metaxnet	מְתַכְנֵת (ז)
programmer (vt)	letaxnet	לְתַכְנֵת
hacker (m)	'haker	הָאקֶר (ז)
mot (m) de passe	sisma	סִיסְמָה (נ)
virus (m)	'virus	וִירוּס (ז)
découvrir (détecter)	limtso, le'ater	לִמְצוֹא, לְאַתֵּר
bit (m)	bait	בַּייְט (ז)

mégabit (m)	megabait	מֶגָבַּיְט (ז)
données (f pl)	netunim	נְתוּנִים (ז"ר)
base (f) de données	bsis netunim	בְּסִיס נְתוּנִים (ז)

câble (m)	'kevel	כֶּבֶל (ז)
déconnecter (vt)	lenatek	לְנַתֵּק
connecter (vt)	leχaber	לְחַבֵּר

166. L'Internet. Le courrier électronique

Internet (m)	'internet	אִינְטֶרְנֶט (ז)
navigateur (m)	dafdefan	דַּפְדְּפָן (ז)
moteur (m) de recherche	ma'no'a χipus	מָנוֹעַ חִיפּוּשׁ (ז)
fournisseur (m) d'accès	sapak	סַפָּק (ז)

administrateur (m) de site	menahel ha'atar	מְנַהֵל הָאֲתָר (ז)
site (m) web	atar	אֲתָר (ז)
page (f) web	daf 'internet	דַּף אִינְטֶרְנֶט (ז)

| adresse (f) | 'ktovet | כְּתוֹבֶת (נ) |
| carnet (m) d'adresses | 'sefer ktovot | סֵפֶר כְּתוֹבוֹת (ז) |

boîte (f) de réception	teivat 'do'ar	תֵּיבַת דּוֹאַר (נ)
courrier (m)	'do'ar, 'do'al	דּוֹאַר (ז), דּוֹאֵ"ל (ז)
pleine (adj)	gaduʃ	גָּדוּשׁ

message (m)	hoda'a	הוֹדָעָה (נ)
messages (pl) entrants	hoda'ot niχnasot	הוֹדָעוֹת נִכְנָסוֹת (נ"ר)
messages (pl) sortants	hoda'ot yots'ot	הוֹדָעוֹת יוֹצְאוֹת (נ"ר)
expéditeur (m)	ʃo'leaχ	שׁוֹלֵחַ (ז)
envoyer (vt)	liʃ'loaχ	לִשְׁלוֹחַ
envoi (m)	ʃliχa	שְׁלִיחָה (ז)
destinataire (m)	nim'an	נִמְעָן (ז)
recevoir (vt)	lekabel	לְקַבֵּל

| correspondance (f) | hitkatvut | הִתְכַּתְּבוּת (נ) |
| être en correspondance | lehitkatev | לְהִתְכַּתֵּב |

fichier (m)	'kovets	קוֹבֶץ (ז)
télécharger (vt)	lehorid	לְהוֹרִיד
créer (vt)	litsor	לִיצוֹר
supprimer (vt)	limχok	לִמְחוֹק
supprimé (adj)	maχuk	מָחוּק

connexion (f) (ADSL, etc.)	χibur	חִיבּוּר (ז)
vitesse (f)	mehirut	מְהִירוּת (נ)
modem (m)	'modem	מוֹדֶם (ז)
accès (m)	giʃa	גִּישָׁה (נ)
port (m)	port	פּוֹרְט (ז)

connexion (f) (établir la ~)	χibur	חִיבּוּר (ז)
se connecter à ...	lehitχaber	לְהִתְחַבֵּר
sélectionner (vt)	livχor	לִבְחוֹר
rechercher (vt)	leχapes	לְחַפֵּשׂ

167. L'électricité

électricité (f)	xaʃmal	חַשְׁמַל (ז)
électrique (adj)	xaʃmali	חַשְׁמַלִי
centrale (f) électrique	taxanat 'koax	תַּחֲנַת כּוֹחַ (נ)
énergie (f)	e'nergya	אֶנֶרְגְיָה (נ)
énergie (f) électrique	e'nergya xaʃmalit	אֶנֶרְגְיָה חַשְׁמַלִית (נ)
ampoule (f)	nura	נוּרָה (נ)
torche (f)	panas	פָּנָס (ז)
réverbère (m)	panas rexov	פָּנָס רְחוֹב (ז)
lumière (f)	or	אוֹר (ז)
allumer (vt)	lehadlik	לְהַדְלִיק
éteindre (vt)	lexabot	לְכַבּוֹת
éteindre la lumière	lexabot	לְכַבּוֹת
être grillé	lehisaref	לְהִישָׂרֵף
court-circuit (m)	'ketser	קֶצֶר (ז)
rupture (f)	xut ka'ru'a	חוּט קָרוּעַ (ז)
contact (m)	maga	מַגָע (ז)
interrupteur (m)	'meteg	מֶתֶג (ז)
prise (f)	'ʃeka	שֶׁקַע (ז)
fiche (f)	'teka	תֶּקַע (ז)
rallonge (f)	'kabel ma'arix	כֶּבֶל מַאֲרִיךְ (ז)
fusible (m)	natix	נָתִיךְ (ז)
fil (m)	xut	חוּט (ז)
installation (f) électrique	xivut	חִיווּט (ז)
ampère (m)	amper	אַמְפֵּר (ז)
intensité (f) du courant	'zerem xaʃmali	זֶרֶם חַשְׁמַלִי (ז)
volt (m)	volt	וֹולְט (ז)
tension (f)	'metax	מֶתַח (ז)
appareil (m) électrique	maxʃir xaʃmali	מַכְשִׁיר חַשְׁמַלִי (ז)
indicateur (m)	maxvan	מַחֲווָן (ז)
électricien (m)	xaʃmalai	חַשְׁמַלַאי (ז)
souder (vt)	lehalxim	לְהַלְחִים
fer (m) à souder	malxem	מַלְחֵם (ז)
courant (m)	'zerem	זֶרֶם (ז)

168. Les outils

outil (m)	kli	כְּלִי (ז)
outils (m pl)	klei avoda	כְּלֵי עֲבוֹדָה (ז"ר)
équipement (m)	tsiyud	צִיוּד (ז)
marteau (m)	patiʃ	פַּטִישׁ (ז)
tournevis (m)	mavreg	מַבְרֵג (ז)
hache (f)	garzen	גַּרְזֶן (ז)

scie (f)	masor	מַסּוֹר (ז)
scier (vt)	lenaser	לְנַסֵּר
rabot (m)	maktso'a	מַקְצוּעָה (נ)
raboter (vt)	lehak'tsi'a	לְהַקְצִיעַ
fer (m) à souder	malχem	מַלְחֵם (ז)
souder (vt)	lehalχim	לְהַלְחִים

lime (f)	ptsira	פְּצִירָה (נ)
tenailles (f pl)	tsvatot	צְבָתוֹת (נ״ר)
pince (f) plate	mel'kaχat	מֶלְקָחַת (נ)
ciseau (m)	izmel	אִזְמֵל (ז)

foret (m)	mak'deaχ	מַקְדֵחַ (ז)
perceuse (f)	makdeχa	מַקְדֵחָה (נ)
percer (vt)	lik'doaχ	לִקְדּוֹחַ

couteau (m)	sakin	סַכִּין (ז, נ)
canif (m)	olar	אוֹלָר (ז)
lame (f)	'lahav	לַהַב (ז)

bien affilé (adj)	χad	חַד
émoussé (adj)	kehe	קֵהֶה
s'émousser (vp)	lehitkahot	לְהִתְקַהוֹת
affiler (vt)	lehaʃχiz	לְהַשְׁחִיז

boulon (m)	'boreg	בּוֹרֶג (ז)
écrou (m)	om	אוֹם (ז)
filetage (m)	tavrig	תַּבְרִיג (ז)
vis (f) à bois	'boreg	בּוֹרֶג (ז)

| clou (m) | masmer | מַסְמֵר (ז) |
| tête (f) de clou | roʃ hamasmer | רֹאשׁ הַמַּסְמֵר (ז) |

règle (f)	sargel	סַרְגֵּל (ז)
mètre (m) à ruban	'seret meida	סֶרֶט מֵידָה (ז)
niveau (m) à bulle	'peles	פֶּלֶס (ז)
loupe (f)	zχuχit mag'delet	זְכוּכִית מַגְדֶּלֶת (נ)

appareil (m) de mesure	maχʃir medida	מַכְשִׁיר מְדִידָה (ז)
mesurer (vt)	limdod	לִמְדוֹד
échelle (f) (~ métrique)	'skala	סְקָאלָה (נ)
relevé (m)	medida	מְדִידָה (נ)

| compresseur (m) | madχes | מַדְחֵס (ז) |
| microscope (m) | mikroskop | מִיקְרוֹסְקוֹפ (ז) |

pompe (f)	maʃeva	מַשְׁאֵבָה (נ)
robot (m)	robot	רוֹבּוֹט (ז)
laser (m)	'leizer	לֵייזֶר (ז)

clé (f) de serrage	maf'teaχ bragim	מַפְתֵּחַ בְּרָגִים (ז)
ruban (m) adhésif	neyar 'devek	נְיָיר דֶּבֶק (ז)
colle (f)	'devek	דֶּבֶק (ז)

| papier (m) d'émeri | neyar zχuχit | נְיָיר זְכוּכִית (ז) |
| ressort (m) | kfits | קְפִיץ (ז) |

aimant (m)	magnet	מַגְנֵט (ז)
gants (m pl)	kfafot	כְּפָפוֹת (נ״ר)
corde (f)	'xevel	חֶבֶל (ז)
cordon (m)	srox	שְׂרוֹךְ (ז)
fil (m) (~ électrique)	xut	חוּט (ז)
câble (m)	'kevel	כֶּבֶל (ז)
masse (f)	kurnas	קוּרְנָס (ז)
pic (m)	lom	לוֹם (ז)
escabeau (m)	sulam	סוּלָם (ז)
échelle (f) double	sulam	סוּלָם (ז)
visser (vt)	lehavrig	לְהַבְרִיג
dévisser (vt)	lif'toax, lehavrig	לִפְתּוֹחַ, לְהַבְרִיג
serrer (vt)	lehadek	לְהַדֵּק
coller (vt)	lehadbik	לְהַדְבִּיק
couper (vt)	laxtox	לַחְתּוֹךְ
défaut (m)	takala	תַּקָּלָה (נ)
réparation (f)	tikun	תִּיקּוּן (ז)
réparer (vt)	letaken	לְתַקֵּן
régler (vt)	lexavnen	לְכַוְּנֵן
vérifier (vt)	livdok	לִבְדּוֹק
vérification (f)	bdika	בְּדִיקָה (נ)
relevé (m)	kri'a	קְרִיאָה (נ)
fiable (machine ~)	amin	אָמִין
complexe (adj)	murkav	מוּרְכָּב
rouiller (vi)	lehaxlid	לְהַחֲלִיד
rouillé (adj)	xalud	חָלוּד
rouille (f)	xaluda	חֲלוּדָה (נ)

Les transports

169. L'avion

avion (m)	matos	מָטוֹס (ז)
billet (m) d'avion	kartis tisa	כַּרְטִיס טִיסָה (ז)
compagnie (f) aérienne	xevrat te'ufa	חֶבְרַת תְּעוּפָה (נ)
aéroport (m)	nemal te'ufa	נְמַל תְּעוּפָה (ז)
supersonique (adj)	al koli	עַל קוֹלִי

commandant (m) de bord	kabarnit	קַבַּרְנִיט (ז)
équipage (m)	'tsevet	צֶוֶת (ז)
pilote (m)	tayas	טַיָּס (ז)
hôtesse (f) de l'air	da'yelet	דַּיֶּלֶת (נ)
navigateur (m)	navat	נַוָּט (ז)

ailes (f pl)	kna'fayim	כְּנָפַיִם (נ"ר)
queue (f)	zanav	זָנָב (ז)
cabine (f)	'kokpit	קוֹקְפִּיט (ז)
moteur (m)	ma'no'a	מָנוֹעַ (ז)
train (m) d'atterrissage	kan nesi'a	כַּן נְסִיעָה (ז)
turbine (f)	tur'bina	טוּרְבִּינָה (נ)

hélice (f)	madxef	מַדְחֵף (ז)
boîte (f) noire	kufsa ʃxora	קוּפְסָה שְׁחוֹרָה (נ)
gouvernail (m)	'hege	הֶגֶה (ז)
carburant (m)	'delek	דֶּלֶק (ז)

consigne (f) de sécurité	hora'ot betixut	הוֹרָאוֹת בְּטִיחוּת (נ"ר)
masque (m) à oxygène	masexat xamtsan	מַסֵּכַת חַמְצָן (נ)
uniforme (m)	madim	מַדִּים (ז"ר)

gilet (m) de sauvetage	xagorat hatsala	חֲגוֹרַת הַצָּלָה (נ)
parachute (m)	mitsnax	מִצְנָח (ז)

décollage (m)	hamra'a	הַמְרָאָה (נ)
décoller (vi)	lehamri	לְהַמְרִיא
piste (f) de décollage	maslul hamra'a	מַסְלוּל הַמְרָאָה (ז)

visibilité (f)	re'ut	רְאוּת (נ)
vol (m) (~ d'oiseau)	tisa	טִיסָה (נ)

altitude (f)	'gova	גּוֹבַהּ (ז)
trou (m) d'air	kis avir	כִּיס אֲוִויר (ז)

place (f)	moʃav	מוֹשָׁב (ז)
écouteurs (m pl)	ozniyot	אָזְנִיּוֹת (נ"ר)
tablette (f)	magaʃ mitkapel	מַגָּשׁ מִתְקַפֵּל (ז)
hublot (m)	tsohar	צוֹהַר (ז)
couloir (m)	ma'avar	מַעֲבָר (ז)

170. Le train

train (m)	ra'kevet	רַכֶּבֶת (נ)
train (m) de banlieue	ra'kevet parvarim	רַכֶּבֶת פַרְבָרִים (נ)
TGV (m)	ra'kevet mehira	רַכֶּבֶת מְהִירָה (נ)
locomotive (f) diesel	katar 'dizel	קַטָר דִיזָל (ז)
locomotive (f) à vapeur	katar	קַטָר (ז)

| wagon (m) | karon | קָרוֹן (ז) |
| wagon-restaurant (m) | kron mis'ada | קְרוֹן מִסְעָדָה (ז) |

rails (m pl)	mesilot	מְסִילוֹת (נ"ר)
chemin (m) de fer	mesilat barzel	מְסִילַת בַּרְזָל (נ)
traverse (f)	'eden	אָדֶן (ז)

quai (m)	ratsif	רָצִיף (ז)
voie (f)	mesila	מְסִילָה (נ)
sémaphore (m)	ramzor	רַמְזוֹר (ז)
station (f)	taxana	תַחֲנָה (נ)

conducteur (m) de train	nahag ra'kevet	נַהַג רַכֶּבֶת (ז)
porteur (m)	sabal	סַבָּל (ז)
steward (m)	sadran ra'kevet	סַדְרַן רַכֶּבֶת (ז)
passager (m)	no'se'a	נוֹסֵעַ (ז)
contrôleur (m) de billets	bodek	בּוֹדֵק (ז)

| couloir (m) | prozdor | פְּרוֹזְדוֹר (ז) |
| frein (m) d'urgence | ma'atsar xirum | מַעֲצַר חֵירוּם (ז) |

compartiment (m)	ta	תָא (ז)
couchette (f)	dargaſ	דַרְגָש (ז)
couchette (f) d'en haut	dargaſ elyon	דַרְגָש עֶלְיוֹן (ז)
couchette (f) d'en bas	dargaſ taxton	דַרְגָש תַחְתוֹן (ז)
linge (m) de lit	matsa'im	מַצָעִים (ז"ר)

ticket (m)	kartis	כַּרְטִיס (ז)
horaire (m)	'luax zmanim	לוּחַ זְמַנִים (ז)
tableau (m) d'informations	'ſelet meida	שֶׁלֶט מֵידָע (ז)

| partir (vi) | latset | לָצֵאת |
| départ (m) (du train) | yetsi'a | יְצִיאָה (נ) |

| arriver (le train) | leha'gi'a | לְהַגִיעַ |
| arrivée (f) | haga'a | הַגָעָה (נ) |

arriver en train	leha'gi'a bera'kevet	לְהַגִיעַ בְּרַכֶּבֶת
prendre le train	la'alot lera'kevet	לַעֲלוֹת לְרַכֶּבֶת
descendre du train	la'redet mehara'kevet	לָרֶדֶת מֵהָרַכֶּבֶת

accident (m) ferroviaire	hitraskut	הִתְרַסְקוּת (נ)
dérailler (vi)	la'redet mipasei ra'kevet	לָרֶדֶת מִפַּסֵי רַכֶּבֶת
locomotive (f) à vapeur	katar	קַטָר (ז)
chauffeur (m)	masik	מַסִיק (ז)
chauffe (f)	kivſan	כִּבְשָן (ז)
charbon (m)	pexam	פֶּחָם (ז)

171. Le bateau

bateau (m)	sfina	סְפִינָה (נ)
navire (m)	sfina	סְפִינָה (נ)
bateau (m) à vapeur	oniyat kitor	אוֹנִיַּת קִיטוֹר (נ)
paquebot (m)	sfinat nahar	סְפִינַת נָהָר (נ)
bateau (m) de croisière	oniyat ta'anugot	אוֹנִיַּת תַּעֲנוּגוֹת (נ)
croiseur (m)	sa'yeret	סַיֶּרֶת (נ)
yacht (m)	'yaχta	יַכְטָה (נ)
remorqueur (m)	go'reret	גּוֹרֶרֶת (נ)
péniche (f)	arba	אַרְבָּה (נ)
ferry (m)	ma'a'boret	מַעֲבּוֹרֶת (נ)
voilier (m)	sfinat mifras	סְפִינַת מִפְרָשׂ (נ)
brigantin (m)	briganit	בְּרִיגָנִית (נ)
brise-glace (m)	ʃo'veret 'keraχ	שׁוֹבֶרֶת קֶרַח (נ)
sous-marin (m)	tso'lelet	צוֹלֶלֶת (נ)
canot (m) à rames	sira	סִירָה (נ)
dinghy (m)	sira	סִירָה (נ)
canot (m) de sauvetage	sirat hatsala	סִירַת הַצָּלָה (נ)
canot (m) à moteur	sirat ma'no'a	סִירַת מָנוֹעַ (נ)
capitaine (m)	rav χovel	רַב־חוֹבֵל (ז)
matelot (m)	malaχ	מַלָּח (ז)
marin (m)	yamai	יַמַּאי (ז)
équipage (m)	'tsevet	צֶוֶת (ז)
maître (m) d'équipage	rav malaχim	רַב־מַלָּחִים (ז)
mousse (m)	'na'ar sipun	נַעַר סִיפּוּן (ז)
cuisinier (m) du bord	tabaχ	טַבָּח (ז)
médecin (m) de bord	rofe ha'oniya	רוֹפֵא הָאוֹנִייָה (ז)
pont (m)	sipun	סִיפּוּן (ז)
mât (m)	'toren	תּוֹרֶן (ז)
voile (f)	mifras	מִפְרָשׂ (ז)
cale (f)	'beten oniya	בֶּטֶן אוֹנִייָה (נ)
proue (f)	χartom	חַרְטוֹם (ז)
poupe (f)	yarketei hasfina	יַרְכְּתֵי הַסְּפִינָה (ז״ר)
rame (f)	maʃot	מָשׁוֹט (ז)
hélice (f)	madχef	מַדְחֵף (ז)
cabine (f)	ta	תָּא (ז)
carré (m) des officiers	mo'adon ktsinim	מוֹעֲדוֹן קְצִינִים (ז)
salle (f) des machines	χadar meχonot	חֲדַר מְכוֹנוֹת (ז)
passerelle (f)	'geʃer hapikud	גֶּשֶׁר הַפִּיקּוּד (ז)
cabine (f) de T.S.F.	ta alχutan	תָּא אַלְחוּטָן (ז)
onde (f)	'teder	תֶּדֶר (ז)
journal (m) de bord	yoman ha'oniya	יוֹמַן הָאוֹנִייָה (ז)
longue-vue (f)	miʃ'kefet	מִשְׁקֶפֶת (נ)
cloche (f)	pa'amon	פַּעֲמוֹן (ז)

153

pavillon (m)	'degel	דֶּגֶל (ז)
grosse corde (f) tressée	avot ha'oniya	עֲבוֹת הָאוֹנִיָּה (נ)
nœud (m) marin	'keʃer	קֶשֶׁר (ז)

| rampe (f) | ma'ake hasipun | מַעֲקֵה הַסִּיפּוּן (ז) |
| passerelle (f) | 'keveʃ | כֶּבֶשׁ (ז) |

ancre (f)	'ogen	עוֹגֶן (ז)
lever l'ancre	leharim 'ogen	לְהָרִים עוֹגֶן
jeter l'ancre	la'agon	לַעֲגוֹן
chaîne (f) d'ancrage	ʃar'ʃeret ha'ogen	שַׁרְשֶׁרֶת הָעוֹגֶן (נ)

port (m)	namal	נָמָל (ז)
embarcadère (m)	'mezaχ	מֵזַח (ז)
accoster (vi)	la'agon	לַעֲגוֹן
larguer les amarres	lehaflig	לְהַפְלִיג

voyage (m) (à l'étranger)	masa, tiyul	מַסָּע (ז), טִיּוּל (ז)
croisière (f)	'ʃayit	שַׁיִט (ז)
cap (m) (suivre un ~)	kivun	כִּיווּן (ז)
itinéraire (m)	nativ	נָתִיב (ז)

chenal (m)	nativ 'ʃayit	נְתִיב שַׁיִט (ז)
bas-fond (m)	sirton	שִׂרְטוֹן (ז)
échouer sur un bas-fond	la'alot al hasirton	לַעֲלוֹת עַל הַשִּׂרְטוֹן

tempête (f)	sufa	סוּפָה (נ)
signal (m)	ot	אוֹת (ז)
sombrer (vi)	lit'bo'a	לִטְבּוֹעַ
Un homme à la mer!	adam ba'mayim!	אָדָם בַּמַּיִם!
SOS (m)	kri'at hatsala	קְרִיאַת הַצָּלָה
bouée (f) de sauvetage	galgal hatsala	גַּלְגַּל הַצָּלָה (ז)

172. L'aéroport

aéroport (m)	nemal te'ufa	נְמַל תְּעוּפָה (ז)
avion (m)	matos	מָטוֹס (ז)
compagnie (f) aérienne	χevrat te'ufa	חֶבְרַת תְּעוּפָה (נ)
contrôleur (m) aérien	bakar tisa	בַּקָּר טִיסָה (ז)

départ (m)	hamra'a	הַמְרָאָה (נ)
arrivée (f)	neχita	נְחִיתָה (נ)
arriver (par avion)	leha'gi'a betisa	לְהַגִּיעַ בְּטִיסָה

| temps (m) de départ | zman hamra'a | זְמַן הַמְרָאָה (ז) |
| temps (m) d'arrivée | zman neχita | זְמַן נְחִיתָה (ז) |

| être retardé | lehit'akev | לְהִתְעַכֵּב |
| retard (m) de l'avion | ikuv hatisa | עִיכּוּב הַטִּיסָה (ז) |

tableau (m) d'informations	'luaχ meida	לוּחַ מֵידָע (ז)
information (f)	meida	מֵידָע (ז)
annoncer (vt)	leho'dia	לְהוֹדִיעַ
vol (m)	tisa	טִיסָה (נ)

| douane (f) | 'meχes | מֶכֶס (ז) |
| douanier (m) | pakid 'meχes | פְּקִיד מֶכֶס (ז) |

déclaration (f) de douane	haʦharat meχes	הַצְהָקַת מֶכֶס (נ)
remplir (vt)	lemale	לְמַלֵּא
remplir la déclaration	lemale 'tofes haʦhara	לְמַלֵּא טוֹפֶס הַצהָרָה
contrôle (m) de passeport	bdikat darkonim	בְּדִיקַת דַרְכּוֹנִים (נ)

bagage (m)	kvuda	כְּבוּדָה (נ)
bagage (m) à main	kvudat yad	כְּבוּדַת יָד (נ)
chariot (m)	eglat kvuda	עֶגלַת כְּבוּדָה (נ)

atterrissage (m)	neχita	נְחִיתָה (נ)
piste (f) d'atterrissage	maslul neχita	מַסלוּל נְחִיתָה (ז)
atterrir (vi)	linχot	לַנחוֹת
escalier (m) d'avion	'keveʃ	כֶּבֶש (ז)

enregistrement (m)	ʧek in	צֶ'ק אִין (ז)
comptoir (m) d'enregistrement	dalpak ʧek in	דַלפַּק צֶ'ק אִין (ז)
s'enregistrer (vp)	leva'ʦe'a ʧek in	לְבַצֵּעַ צֶ'ק אִין
carte (f) d'embarquement	kartis aliya lematos	כַּרטִיס עֲלָיָה לְמָטוֹס (ז)
porte (f) d'embarquement	'ʃa'ar yeʦi'a	שַעַר יְצִיאָה (ז)

transit (m)	ma'avar	מַעֲבָר (ז)
attendre (vt)	lehamtin	לְהַמתִּין
salle (f) d'attente	traklin tisa	טְרַקלִין טִיסָה (ז)
raccompagner (à l'aéroport, etc.)	lelavot	לְלַווֹת
dire au revoir	lomar lehitra'ot	לוֹמַר לְהִתרָאוֹת

173. Le vélo. La moto

vélo (m)	ofa'nayim	אוֹפַנַּיִים (ז"ר)
scooter (m)	kat'no'a	קַטנוֹעַ (ז)
moto (f)	of'no'a	אוֹפנוֹעַ (ז)

faire du vélo	lirkov al ofa'nayim	לִרכּוֹב עַל אוֹפַנַּיִים
guidon (m)	kidon	כִּידוֹן (ז)
pédale (f)	davʃa	דַווְשָה (נ)
freins (m pl)	blamim	בְּלָמִים (ז"ר)
selle (f)	ukaf	אוּכָּף (ז)

pompe (f)	maʃeva	מַשאֵבָה (נ)
porte-bagages (m)	sabal	סַבָּל (ז)
phare (m)	panas kidmi	פָּנַס קִדמִי (ז)
casque (m)	kasda	קַסדָה (נ)

roue (f)	galgal	גַלגַל (ז)
garde-boue (m)	kanaf	כָּנָף (נ)
jante (f)	χiʃuk	חִישוּק (ז)
rayon (m)	χiʃur	חִישוּר (ז)

La voiture

174. Les différents types de voiture

Français	Translittération	עברית
automobile (f)	meχonit	מְכוֹנִית (נ)
voiture (f) de sport	meχonit sport	מְכוֹנִית סְפּוֹרְט (נ)
limousine (f)	limu'zina	לִימוּזִינָה (נ)
tout-terrain (m)	'reχev 'ʃetaχ	רֶכֶב שֶׁטַח (ז)
cabriolet (m)	meχonit gag niftaχ	מְכוֹנִית גַג נִפְתָּח (נ)
minibus (m)	'minibus	מִינִיבּוּס (ז)
ambulance (f)	'ambulans	אַמְבּוּלַנְס (ז)
chasse-neige (m)	maf'leset 'ʃeleg	מַפְלֶסֶת שֶׁלֶג (נ)
camion (m)	masa'it	מַשָׂאִית (נ)
camion-citerne (m)	meχalit 'delek	מֵיכָלִית דֶלֶק (נ)
fourgon (m)	masa'it kala	מַשָׂאִית קַלָה (נ)
tracteur (m) routier	gorer	גוֹרֵר (ז)
remorque (f)	garur	גָרוּר (ז)
confortable (adj)	'noaχ	נוֹחַ
d'occasion (adj)	meʃumaʃ	מְשׁוּמָשׁ

175. La voiture. La carrosserie

Français	Translittération	עברית
capot (m)	miχse hama'no'a	מִכְסֵה הַמָנוֹעַ (ז)
aile (f)	kanaf	כָּנָף (נ)
toit (m)	gag	גַג (ז)
pare-brise (m)	ʃimʃa kidmit	שִׁמְשָׁה קִדְמִית (נ)
rétroviseur (m)	mar'a aχorit	מַרְאָה אֲחוֹרִית (נ)
lave-glace (m)	mataz	מַתָז (ז)
essuie-glace (m)	magev	מַגָב (ז)
fenêtre (f) latéral	ʃimʃat tsad	שִׁמְשַׁת צַד (נ)
lève-glace (m)	χalon χaʃmali	חַלוֹן חַשְׁמַלִי (ז)
antenne (f)	an'tena	אַנְטֶנָה (נ)
toit (m) ouvrant	χalon gag	חַלוֹן גַג (ז)
pare-chocs (m)	pagoʃ	פָּגוֹשׁ (ז)
coffre (m)	ta mit'an	תָא מִטְעָן (ז)
galerie (f) de toit	gagon	גָגוֹן (ז)
portière (f)	'delet	דֶלֶת (נ)
poignée (f)	yadit	יָדִית (נ)
serrure (f)	man'ul	מַנְעוּל (ז)
plaque (f) d'immatriculation	luχit riʃui	לוֹחִית רִישׁוּי (נ)
silencieux (m)	am'am	עַמְעָם (ז)

| réservoir (m) d'essence | meiχal 'delek | מֵיכָל דֶּלֶק (ז) |
| pot (m) d'échappement | maflet | מַפְלֵט (ז) |

accélérateur (m)	gaz	גָּז (ז)
pédale (f)	davʃa	דַּוְושָׁה (נ)
pédale (f) d'accélérateur	davʃat gaz	דַּוְוֹשַׁת גָּז (נ)

frein (m)	'belem	בֶּלֶם (ז)
pédale (f) de frein	davʃat hablamim	דַּוְוֹשַׁת הַבְּלָמִים (נ)
freiner (vi)	livlom	לִבְלוֹם
frein (m) à main	'belem χaniya	בֶּלֶם חֲנִיָּה (ז)

embrayage (m)	matsmed	מַצְמֵד (ז)
pédale (f) d'embrayage	davʃat hamatsmed	דַּוְוֹשַׁת הַמַּצְמֵד (נ)
disque (m) d'embrayage	luχit hamatsmed	לוּחִית הַמַּצְמֵד (נ)
amortisseur (m)	bolem za'a'zu'a	בּוֹלֵם זַעֲזוּעִים (ז)

roue (f)	galgal	גַּלְגַּל (ז)
roue (f) de rechange	galgal χilufi	גַּלְגַּל חִילוּפִי (ז)
pneu (m)	tsmig	צְמִיג (ז)
enjoliveur (m)	tsa'laχat galgal	צַלַּחַת גַּלְגַּל (נ)

roues (f pl) motrices	galgalim meni'im	גַּלְגַּלִים מְנִיעִים (ז"ר)
à traction avant	shel hana'a kidmit	שֶׁל הֲנָעָה קִדְמִית
à traction arrière	shel hana'a aχorit	שֶׁל הֲנָעָה אֲחוֹרִית
à traction intégrale	shel hana'a male'a	שֶׁל הֲנָעָה מָלֵאָה

boîte (f) de vitesses	teivat hiluχim	תֵּיבַת הִילוּכִים (נ)
automatique (adj)	oto'mati	אוֹטוֹמָטִי
mécanique (adj)	me'χani	מֶכָנִי
levier (m) de vitesse	yadit hiluχim	יָדִית הִילוּכִים (נ)

| phare (m) | panas kidmi | פָּנָס קִדְמִי (ז) |
| feux (m pl) | panasim | פָּנָסִים (ז"ר) |

feux (m pl) de croisement	or namuχ	אוֹר נָמוּךְ (ז)
feux (m pl) de route	or ga'voha	אוֹר גָּבוֹהַּ (ז)
feux (m pl) stop	or 'belem	אוֹר בֶּלֶם (ז)

feux (m pl) de position	orot χanaya	אוֹרוֹת חֲנִיָּה (ז"ר)
feux (m pl) de détresse	orot χerum	אוֹרוֹת חֵירוּם (ז"ר)
feux (m pl) de brouillard	orot arafel	אוֹרוֹת עֲרָפֶל (ז"ר)
clignotant (m)	panas itut	פָּנָס אִיתוּת (ז)
feux (m pl) de recul	orot revers	אוֹרוֹת רֶבֶרְס (ז"ר)

176. La voiture. L'habitacle

habitacle (m)	ta hanos'im	תָּא הַנּוֹסְעִים (ז)
en cuir (adj)	asui me'or	עָשׂוּי מֵעוֹר
en velours (adj)	ktifati	קְטִיפָתִי
revêtement (m)	ripud	רִיפּוּד (ז)

| instrument (m) | maχven | מַכְוֵן (ז) |
| tableau (m) de bord | 'luaχ maχvenim | לוּחַ מַכְוֵנִים (ז) |

indicateur (m) de vitesse	mad mehirut	מַד מְהִירוּת (ז)
aiguille (f)	'maχat	מַחַט (נ)

compteur (m) de kilomètres	mad merχak	מַד מֶרְחָק (ז)
indicateur (m)	χaiʃan	חַיְשָׁן (ז)
niveau (m)	ramat mi'lui	רָמַת מִילוּי (נ)
témoin (m)	nurat azhara	נוּרַת אַזְהָרָה (נ)

volant (m)	'hege	הֶגָה (ז)
klaxon (m)	tsofar	צוֹפָר (ז)
bouton (m)	kaftor	כַּפְתוֹר (ז)
interrupteur (m)	'meteg	מֶתֶג (ז)

siège (m)	moʃav	מוֹשָׁב (ז)
dossier (m)	miʃ'enet	מִשְׁעֶנֶת (נ)
appui-tête (m)	miʃ'enet roʃ	מִשְׁעֶנֶת רֹאשׁ (נ)
ceinture (f) de sécurité	χagorat betiχut	חֲגוֹרַת בְּטִיחוּת (נ)
mettre la ceinture	lehadek χagora	לְהַדֵק חֲגוֹרָה
réglage (m)	kivnun	כִּיווּנוּן (ז)

airbag (m)	karit avir	כָּרִית אֲווִיר (נ)
climatiseur (m)	mazgan	מַזְגָן (ז)

radio (f)	'radyo	רַדְיוֹ (ז)
lecteur (m) de CD	'diskmen	דִיסְקְמֶן (ז)
allumer (vt)	lehadlik	לְהַדְלִיק
antenne (f)	an'tena	אַנְטֶנָה (נ)
boîte (f) à gants	ta kfafot	תָּא כְּפָפוֹת (ז)
cendrier (m)	ma'afera	מַאֲפֵרָה (נ)

177. La voiture. Le moteur

moteur (m)	ma'no'a	מָנוֹעַ (ז)
diesel (adj)	shel 'dizel	שֶׁל דִיזֶל
à essence (adj)	'delek	דֶלֶק

capacité (f) du moteur	'nefaχ ma'no'a	נֶפַח מָנוֹעַ (ז)
puissance (f)	otsma	עוֹצְמָה (נ)
cheval-vapeur (m)	'koaχ sus	כּוֹחַ סוּס (ז)
piston (m)	buχna	בּוּכְנָה (נ)
cylindre (m)	tsi'linder	צִילִינְדֶר (ז)
soupape (f)	ʃastom	שַׁסְתוֹם (ז)

injecteur (m)	mazrek	מַזְרֵק (ז)
générateur (m)	meχolel	מְחוֹלֵל (ז)
carburateur (m)	me'ayed	מְאַיֵד (ז)
huile (f) moteur	'ʃemen mano'im	שֶׁמֶן מָנוֹעִים (ז)

radiateur (m)	matsnen	מַצְנֵן (ז)
liquide (m) de refroidissement	nozel kirur	נוֹזֵל קֵירוּר (ז)
ventilateur (m)	me'avrer	מְאַווְרֵר (ז)

batterie (f)	matsber	מַצְבֵּר (ז)
starter (m)	mat'ne'a	מַתְנֵעַ (ז)

| allumage (m) | hatsata | הַצָּתָה (נ) |
| bougie (f) d'allumage | matset | מַצֵּת (ז) |

borne (f)	'hedek	חֶדֶק (ז)
borne (f) positive	'hedek χiyuvi	חֶדֶק חִיּוּבִי (ז)
borne (f) négative	'hedek ʃlili	חֶדֶק שְׁלִילִי (ז)
fusible (m)	natiχ	נָתִיךְ (ז)

filtre (m) à air	masnen avir	מַסְנֵן אֲוִיר (ז)
filtre (m) à huile	masnen 'ʃemen	מַסְנֵן שֶׁמֶן (ז)
filtre (m) à essence	masnen 'delek	מַסְנֵן דֶּלֶק (ז)

178. La voiture. La réparation

accident (m) de voiture	te'una	תְּאוּנָה (נ)
accident (m) de route	te'unat draχim	תְּאוּנַת דְּרָכִים (נ)
percuter contre …	lehitnageʃ	לְהִתְנַגֵּשׁ
s'écraser (vp)	lehima'eχ	לְהִימָעֵךְ
dégât (m)	'nezek	נֶזֶק (ז)
intact (adj)	ʃalem	שָׁלֵם

panne (f)	takala	תַּקָּלָה (נ)
tomber en panne	lehitkalkel	לְהִתְקַלְקֵל
corde (f) de remorquage	'χevel grar	חֶבֶל גְּרָר (ז)

crevaison (f)	'teker	תֶּקֶר (ז)
crever (vi) (pneu)	lehitpantʃer	לְהִתְפַּנְצֵ'ר
gonfler (vt)	lena'peaχ	לְנַפֵּחַ
pression (f)	'laχats	לַחַץ (ז)
vérifier (vt)	livdok	לִבְדּוֹק

réparation (f)	ʃiputs	שִׁיפּוּץ (ז)
garage (m) (atelier)	musaχ	מוּסָךְ (ז)
pièce (f) détachée	'χelek χiluf	חֵלֶק חִילוּף (ז)
pièce (f)	'χelek	חֵלֶק (ז)

boulon (m)	'boreg	בּוֹרֶג (ז)
vis (f)	'boreg	בּוֹרֶג (ז)
écrou (m)	om	אוֹם (ז)
rondelle (f)	diskit	דִּיסְקִית (נ)
palier (m)	mesav	מֵסַב (ז)

tuyau (m)	tsinorit	צִינוֹרִית (נ)
joint (m)	'etem	אֶטֶם (ז)
fil (m)	χut	חוּט (ז)

cric (m)	dʒek	גַ'ק (ז)
clé (f) de serrage	maf'teaχ bragim	מַפְתֵּחַ בְּרָגִים (ז)
marteau (m)	patiʃ	פַּטִישׁ (ז)
pompe (f)	maʃ'eva	מַשְׁאֵבָה (נ)
tournevis (m)	mavreg	מַבְרֵג (ז)

| extincteur (m) | mataf | מַטָּף (ז) |
| triangle (m) de signalisation | meʃulaʃ χirum | מְשׁוּלַשׁ חִירוּם (ז) |

caler (vi)	ledomem	לְדוֹמֵם
calage (m)	hadmama	הַדְמָמָה (נ)
être en panne	lihyot ʃavur	לִהְיוֹת שָׁבוּר

surchauffer (vi)	lehitχamem yoter midai	לְהִתְחַמֵּם יוֹתֵר מִדַי
se boucher (vp)	lehisatem	לְהִיסָתֵם
geler (vi)	likpo	לִקְפּוֹא
éclater (tuyau, etc.)	lehitpa'ke'a	לְהִתְפַּקֵעַ

pression (f)	'laχats	לַחַץ (ז)
niveau (m)	ramat mi'lui	רָמַת מִילוּי (נ)
lâche (courroie ~)	rafe	רָפֶה

fosse (f)	dfika	דְּפִיקָה (נ)
bruit (m) anormal	'ra'aʃ	רַעַשׁ (ז)
fissure (f)	'sedek	סֶדֶק (ז)
égratignure (f)	srita	שְׂרִיטָה (נ)

179. La voiture. La route

route (f)	'dereχ	דֶּרֶךְ (נ)
grande route (autoroute)	kviʃ mahir	כְּבִישׁ מָהִיר (ז)
autoroute (f)	kviʃ mahir	כְּבִישׁ מָהִיר (ז)
direction (f)	kivun	כִּיוּוּן (ז)
distance (f)	merχak	מֶרְחָק (ז)

pont (m)	'geʃer	גֶּשֶׁר (ז)
parking (m)	χanaya	חֲנָיָה (נ)
place (f)	kikar	כִּיכָּר (נ)
échangeur (m)	meχlaf	מֶחְלָף (ז)
tunnel (m)	minhara	מִנְהָרָה (נ)

station-service (f)	taχanat 'delek	תַּחֲנַת דֶּלֶק (נ)
parking (m)	migraʃ χanaya	מִגְרַשׁ חֲנָיָה (ז)
poste (m) d'essence	maʃevat 'delek	מַשְׁאֵבַת דֶּלֶק (נ)
garage (m) (atelier)	musaχ	מוּסָךְ (ז)
se ravitailler (vp)	letadlek	לְתַדְלֵק
carburant (m)	'delek	דֶּלֶק (ז)
jerrycan (m)	'dʒerikan	גַ'רִיקֶן (ז)

asphalte (m)	asfalt	אַסְפַלְט (ז)
marquage (m)	simun	סִימוּן (ז)
bordure (f)	sfat midraχa	שְׂפַת מִדְרָכָה (נ)
barrière (f) de sécurité	ma'ake betiχut	מַעֲקֶה בְּטִיחוּת (ז)
fossé (m)	te'ala	תְּעָלָה (נ)
bas-côté (m)	ʃulei ha'dereχ	שׁוּלֵי הַדֶּרֶךְ (ז"ר)
réverbère (m)	amud te'ura	עַמוּד תְּאוֹרָה (ז)

conduire (une voiture)	linhog	לִנְהוֹג
tourner (~ à gauche)	lifnot	לִפְנוֹת
faire un demi-tour	leva'tse'a pniyat parsa	לְבַצֵעַ פְּנִיַת פַּרְסָה
marche (f) arrière	hiluχ aχori	הִילוּךְ אֲחוֹרִי (ז)
klaxonner (vi)	litspor	לִצְפּוֹר
coup (m) de klaxon	tsfira	צְפִירָה (נ)

s'embourber (vp)	lehitaka	לְהִיתָּקַע
déraper (vi)	lesovev et hagalgal al rek	לְסוֹבֵב אֶת הַגַּלְגַּלִים עַל רֵיק
couper (le moteur)	ledomem	לְדוֹמֵם
vitesse (f)	mehirut	מְהִירוּת (נ)
dépasser la vitesse	linhog bemehirut muf'rezet	לִנְהוֹג בִּמְהִירוּת מוּפְרֶזֶת
mettre une amende	liknos	לִקְנוֹס
feux (m pl) de circulation	ramzor	רַמְזוֹר (ז)
permis (m) de conduire	riʃyon nehiga	רִשְׁיוֹן נְהִיגָה (ז)
passage (m) à niveau	ma'avar pasei ra'kevet	מַעֲבַר פַּסֵי רַכֶּבֶת (ז)
carrefour (m)	'tsomet	צוֹמֶת (ז)
passage (m) piéton	ma'avar xatsaya	מַעֲבַר חֲצָיָה (ז)
virage (m)	pniya	פְּנִיָּה (נ)
zone (f) piétonne	midrexov	מִדְרְחוֹב (ז)

180. Les panneaux de signalisation

code (m) de la route	xukei hatnu'a	חוּקֵי הַתְּנוּעָה (ז"ר)
signe (m)	tamrur	תַּמְרוּר (ז)
dépassement (m)	akifa	עֲקִיפָה (נ)
virage (m)	pniya	פְּנִיָּה (נ)
demi-tour (m)	sivuv parsa	סִיבּוּב פַּרְסָה (ז)
sens (m) giratoire	ma'agal tnu'a	מַעֲגַל תְּנוּעָה (ז)
sens interdit	ein knisa	אֵין כְּנִיסָה
circulation interdite	ein knisat rexavim	אֵין כְּנִיסַת רְכָבִים
interdiction de dépasser	akifa asura	עֲקִיפָה אֲסוּרָה
stationnement interdit	xanaya asura	חֲנָיָה אֲסוּרָה
arrêt interdit	atsira asura	עֲצִירָה אֲסוּרָה
virage dangereux	sivuv xad	סִיבּוּב חַד (ז)
descente dangereuse	yerida tlula	יְרִידָה תְּלוּלָה (נ)
sens unique	tnu'a xad sitrit	תְּנוּעָה חַד־סִטְרִית (נ)
passage (m) piéton	ma'avar xatsaya	מַעֲבַר חֲצָיָה (ז)
chaussée glissante	kviʃ xalaklak	כְּבִישׁ חֲלַקְלַק (ז)
cédez le passage	zxut kdima	זְכוּת קְדִימָה

LES GENS. LES ÉVÉNEMENTS

Les grands événements de la vie

181. Les fêtes et les événements

fête (f)	χagiga	חֲגִיגָה (נ)
fête (f) nationale	χag le'umi	חַג לְאוֹמִי (ז)
jour (m) férié	yom χag	יוֹם חַג (ז)
fêter (vt)	laχgog	לַחֲגוֹג
événement (m) (~ du jour)	hitraχaʃut	הִתְרַחֲשׁוּת (נ)
événement (m) (soirée, etc.)	ei'ru'a	אֵירוּעַ (ז)
banquet (m)	se'uda χagigit	סְעוּדָה חֲגִיגִית (נ)
réception (f)	ei'ruaχ	אֵירוּחַ (ז)
festin (m)	miʃte	מִשְׁתֶּה (ז)
anniversaire (m)	yom haʃana	יוֹם הַשָׁנָה (ז)
jubilé (m)	χag hayovel	חַג הַיוֹבֵל (ז)
célébrer (vt)	laχgog	לַחֲגוֹג
Nouvel An (m)	ʃana χadaʃa	שָׁנָה חֲדָשָׁה (נ)
Bonne année!	ʃana tova!	שָׁנָה טוֹבָה!
Père Noël (m)	'santa 'kla'us	סַנְטָה קְלָאוּס
Noël (m)	χag hamolad	חַג הַמוֹלָד (ז)
Joyeux Noël!	χag hamolad sa'meaχ!	חַג הַמוֹלָד שָׂמֵחַ!
arbre (m) de Noël	ets χag hamolad	עֵץ חַג הַמוֹלָד (ז)
feux (m pl) d'artifice	zikukim	זִיקוּקִים (ז"ר)
mariage (m)	χatuna	חֲתוּנָה (נ)
fiancé (m)	χatan	חָתָן (ז)
fiancée (f)	kala	כַּלָה (נ)
inviter (vt)	lehazmin	לְהַזְמִין
lettre (f) d'invitation	hazmana	הַזְמָנָה (נ)
invité (m)	o'reaχ	אוֹרֵחַ (ז)
visiter (~ les amis)	levaker	לְבַקֵר
accueillir les invités	lekabel orχim	לְקַבֵּל אוֹרְחִים
cadeau (m)	matana	מַתָּנָה (נ)
offrir (un cadeau)	latet matana	לָתֵת מַתָּנָה
recevoir des cadeaux	lekabel matanot	לְקַבֵּל מַתָּנוֹת
bouquet (m)	zer	זֵר (ז)
félicitations (f pl)	braχa	בְּרָכָה (נ)
féliciter (vt)	levareχ	לְבָרֵךְ
carte (f) de vœux	kartis braχa	כַּרְטִיס בְּרָכָה (ז)

envoyer une carte	liʃloaχ gluya	לִשְׁלוֹחַ גְּלוּיָה
recevoir une carte	lekabel gluya	לְקַבֵּל גְּלוּיָה
toast (m)	leharim kosit	לְהָרִים כּוֹסִית
offrir (un verre, etc.)	leχabed	לְכַבֵּד
champagne (m)	ʃam'panya	שַׁמְפַּנְיָה (נ)
s'amuser (vp)	lehanot	לֵיהָנוֹת
gaieté (f)	alitsut	עֲלִיצוּת (נ)
joie (f) (émotion)	simχa	שִׂמְחָה (נ)
danse (f)	rikud	רִיקּוּד (ז)
danser (vi, vt)	lirkod	לִרְקוֹד
valse (f)	vals	וַלְס (ז)
tango (m)	'tango	טַנְגּוֹ (ז)

182. L'enterrement. Le deuil

cimetière (m)	beit kvarot	בֵּית קְבָרוֹת (ז)
tombe (f)	'kever	קֶבֶר (ז)
croix (f)	tslav	צְלָב (ז)
pierre (f) tombale	matseva	מַצֵּבָה (נ)
clôture (f)	gader	גָּדֵר (נ)
chapelle (f)	beit tfila	בֵּית תְּפִילָּה (ז)
mort (f)	'mavet	מָוֶת (ז)
mourir (vi)	lamut	לָמוּת
défunt (m)	niftar	נִפְטָר (ז)
deuil (m)	'evel	אֵבֶל (ז)
enterrer (vt)	likbor	לִקְבּוֹר
maison (f) funéraire	beit levayot	בֵּית לְוָיוֹת (ז)
enterrement (m)	levaya	לְוָיָה (נ)
couronne (f)	zer	זֵר (ז)
cercueil (m)	aron metim	אֲרוֹן מֵתִים (ז)
corbillard (m)	kron hamet	קְרוֹן הַמֵּת (ז)
linceul (m)	taχriχim	תַּכְרִיכִים (ז"ר)
cortège (m) funèbre	tahaluχat 'evel	תַּהֲלוּכַת אֵבֶל (נ)
urne (f) funéraire	kad 'efer	כַּד אֵפֶר (ז)
crématoire (m)	misrafa	מִשְׂרָפָה (נ)
nécrologue (m)	moda'at 'evel	מוֹדָעַת אֵבֶל (נ)
pleurer (vi)	livkot	לִבְכּוֹת
sangloter (vi)	lehitya'peaχ	לְהִתְיַפֵּחַ

183. La guerre. Les soldats

| section (f) | maχlaka | מַחְלָקָה (נ) |
| compagnie (f) | pluga | פְּלוּגָה (נ) |

régiment (m)	χativa	חֲטִיבָה (נ)
armée (f)	tsava	צָבָא (ז)
division (f)	ugda	אוּגְדָּה (נ)

| détachement (m) | kita | כִּיתָה (נ) |
| armée (f) (Moyen Âge) | 'χayil | חַיִל (ז) |

| soldat (m) (un militaire) | χayal | חַיָּיל (ז) |
| officier (m) | katsin | קָצִין (ז) |

soldat (m) (grade)	turai	טוּרַאי (ז)
sergent (m)	samal	סַמָּל (ז)
lieutenant (m)	'segen	סֶגֶן (ז)
capitaine (m)	'seren	סֶרֶן (ז)
commandant (m)	rav 'seren	רַב־סֶרֶן (ז)
colonel (m)	aluf miʃne	אַלּוּף מִשְׁנֶה (ז)
général (m)	aluf	אַלּוּף (ז)

marin (m)	yamai	יַמַּאי (ז)
capitaine (m)	rav χovel	רַב־חוֹבֵל (ז)
maître (m) d'équipage	rav malaχim	רַב־מַלָּחִים (ז)

artilleur (m)	totχan	תּוֹתְחָן (ז)
parachutiste (m)	tsanχan	צַנְחָן (ז)
pilote (m)	tayas	טַיָּיס (ז)
navigateur (m)	navat	נַוָּוט (ז)
mécanicien (m)	meχonai	מְכוֹנַאי (ז)

démineur (m)	χablan	חַבְּלָן (ז)
parachutiste (m)	tsanχan	צַנְחָן (ז)
éclaireur (m)	iʃ modi'in kravi	אִישׁ מוֹדִיעִין קְרָבִי (ז)
tireur (m) d'élite	tsalaf	צַלָּף (ז)

patrouille (f)	siyur	סִיּוּר (ז)
patrouiller (vi)	lefatrel	לְפַטְרֵל
sentinelle (f)	zakif	זָקִיף (ז)

| guerrier (m) | loχem | לוֹחֵם (ז) |
| patriote (m) | patriyot | פַּטְרִיּוֹט (ז) |

| héros (m) | gibor | גִּיבּוֹר (ז) |
| héroïne (f) | gibora | גִּיבּוֹרָה (נ) |

| traître (m) | boged | בּוֹגֵד (ז) |
| trahir (vt) | livgod | לִבְגּוֹד |

| déserteur (m) | arik | עָרִיק (ז) |
| déserter (vt) | la'arok | לַעֲרוֹק |

mercenaire (m)	sχir 'χerev	שְׂכִיר חֶרֶב (ז)
recrue (f)	tiron	טִירוֹן (ז)
volontaire (m)	mitnadev	מִתְנַדֵּב (ז)

mort (m)	harug	הָרוּג (ז)
blessé (m)	pa'tsu'a	פָּצוּעַ (ז)
prisonnier (m) de guerre	ʃavui	שָׁבוּי (ז)

184. La guerre. Partie 1

guerre (f)	milχama	מִלְחָמָה (נ)
faire la guerre	lehilaχem	לְהִילָחֵם
guerre (f) civile	mil'χemet ezraχim	מִלְחֶמֶת אֶזְרָחִים (נ)
perfidement (adv)	bogdani	בּוֹגְדָנִי
déclaration (f) de guerre	haχrazat milχama	הַכְרָזַת מִלְחָמָה (נ)
déclarer (la guerre)	lehaχriz	לְהַכְרִיז
agression (f)	tokfanut	תּוֹקְפָנוּת (נ)
attaquer (~ un pays)	litkof	לִתְקוֹף
envahir (vt)	liχboʃ	לִכְבּוֹשׁ
envahisseur (m)	koveʃ	כּוֹבֵשׁ (ז)
conquérant (m)	koveʃ	כּוֹבֵשׁ (ז)
défense (f)	hagana	הֲגָנָה (נ)
défendre (vt)	lehagen al	לְהָגֵן עַל
se défendre (vp)	lehitgonen	לְהִתְגּוֹנֵן
ennemi (m)	oyev	אוֹיֵב (ז)
adversaire (m)	yariv	יָרִיב (ז)
ennemi (adj) (territoire ~)	ʃel oyev	שֶׁל אוֹיֵב
stratégie (f)	astra'tegya	אַסְטְרָטֶגְיָה (נ)
tactique (f)	'taktika	טַקְטִיקָה (נ)
ordre (m)	pkuda	פְּקוּדָה (נ)
commande (f)	pkuda	פְּקוּדָה (נ)
ordonner (vt)	lifkod	לִפְקוֹד
mission (f)	mesima	מְשִׂימָה (נ)
secret (adj)	sodi	סוֹדִי
bataille (f)	ma'araχa	מַעֲרָכָה (נ)
combat (m)	krav	קְרָב (ז)
attaque (f)	hatkafa	הַתְקָפָה (נ)
assaut (m)	hista'arut	הִסְתָּעֲרוּת (נ)
prendre d'assaut	lehista'er	לְהִסְתָּעֵר
siège (m)	matsor	מָצוֹר (ז)
offensive (f)	mitkafa	מִתְקָפָה (נ)
passer à l'offensive	latset lemitkafa	לָצֵאת לְמִתְקָפָה
retraite (f)	nesiga	נְסִיגָה (נ)
faire retraite	la'seget	לָסֶגֶת
encerclement (m)	kitur	כִּיתּוּר (ז)
encercler (vt)	leχater	לְכַתֵּר
bombardement (m)	haftsatsa	הַפְצָצָה (נ)
lancer une bombe	lehatil ptsatsa	לְהָטִיל פְּצָצָה
bombarder (vt)	lehaftsits	לְהַפְצִיץ
explosion (f)	pitsuts	פִּיצוּץ (ז)
coup (m) de feu	yeriya	יְרִיָּה (נ)

| tirer un coup de feu | lirot | לִירוֹת |
| fusillade (f) | 'yeri | יְרִי (ז) |

viser ... (cible)	leχaven 'neʃek	לְכַוֵּון נֶשֶׁק
pointer (sur ...)	leχaven	לְכַוֵּון
atteindre (cible)	lik'lo'a	לִקְלוֹעַ

faire sombrer	lehat'bi'a	לְהַטְבִּיעַ
trou (m) (dans un bateau)	pirtsa	פִּרְצָה (נ)
sombrer (navire)	lit'bo'a	לִטְבּוֹעַ

front (m)	χazit	חָזִית (נ)
évacuation (f)	pinui	פִּינּוּי (ז)
évacuer (vt)	lefanot	לְפַנּוֹת

tranchée (f)	te'ala	תְּעָלָה (נ)
barbelés (m pl)	'tayil dokrani	תַּיִל דּוֹקְרָנִי (ז)
barrage (m) (~ antichar)	maχsom	מַחְסוֹם (ז)
tour (f) de guet	migdal ʃmira	מִגְדַּל שְׁמִירָה (ז)

hôpital (m)	beit χolim tsva'i	בֵּית חוֹלִים צְבָאִי (ז)
blesser (vt)	lif'tso'a	לִפְצוֹעַ
blessure (f)	'petsa	פֶּצַע (ז)
blessé (m)	pa'tsu'a	פָּצוּעַ (ז)
être blessé	lehipatsa	לְהִיפָּצַע
grave (blessure)	kaʃe	קָשֶׁה

185. La guerre. Partie 2

captivité (f)	'ʃevi	שְׁבִי (ז)
captiver (vt)	la'kaχat be'ʃevi	לָקַחַת בְּשֶׁבִי
être prisonnier	lihyot be'ʃevi	לִהְיוֹת בְּשֶׁבִי
être fait prisonnier	lipol be'ʃevi	לִיפּוֹל בַּשֶּׁבִי

camp (m) de concentration	maχane rikuz	מַחֲנֵה רִיכּוּז (ז)
prisonnier (m) de guerre	ʃavui	שָׁבוּי (ז)
s'enfuir (vp)	liv'roaχ	לִבְרוֹחַ

trahir (vt)	livgod	לִבְגּוֹד
traître (m)	boged	בּוֹגֵד (ז)
trahison (f)	bgida	בְּגִידָה (נ)

| fusiller (vt) | lehotsi la'horeg | לְהוֹצִיא לַהוֹרֵג |
| fusillade (f) (exécution) | hotsa'a le'horeg | הוֹצָאָה לַהוֹרֵג (נ) |

équipement (m) (uniforme, etc.)	tsiyud	צִיּוּד (ז)
épaulette (f)	ko'tefet	כּוֹתֶפֶת (נ)
masque (m) à gaz	maseχat 'abaχ	מַסֵּכַת אַבָּ"ך (נ)

émetteur (m) radio	maχʃir 'keʃer	מַכְשִׁיר קֶשֶׁר (ז)
chiffre (m) (code)	'tsofen	צוֹפֶן (ז)
conspiration (f)	χaʃa'iut	חַשָׁאִיּוּת (נ)
mot (m) de passe	sisma	סִיסְמָה (נ)

mine (f) terrestre	mokeʃ	מוֹקֵשׁ (ז)
miner (poser des mines)	lemakeʃ	לְמַקֵּשׁ
champ (m) de mines	sde mokʃim	שְׂדֵה מוֹקְשִׁים (ז)
alerte (f) aérienne	az'aka	אַזְעָקָה (נ)
signal (m) d'alarme	az'aka	אַזְעָקָה (נ)
signal (m)	ot	אוֹת (ז)
fusée signal (f)	zikuk az'aka	זִיקּוּק אַזְעָקָה (ז)
état-major (m)	mifkada	מִפְקָדָה (נ)
reconnaissance (f)	isuf modi'in	אִיסוּף מוֹדִיעִין (ז)
situation (f)	matsav	מַצָּב (ז)
rapport (m)	doχ	דוֹ"ח (ז)
embuscade (f)	ma'arav	מַאֲרָב (ז)
renfort (m)	tig'boret	תִּגְבּוֹרֶת (נ)
cible (f)	matara	מַטָּרָה (נ)
polygone (m)	sde imunim	שְׂדֵה אִימּוּנִים (ז)
manœuvres (f pl)	timronim	תִּמְרוֹנִים (ז"ר)
panique (f)	behala	בֶּהָלָה (נ)
dévastation (f)	'heres	הֶרֶס (ז)
destructions (f pl) (ruines)	harisot	הֲרִיסוֹת (נ"ר)
détruire (vt)	laharos	לַהֲרוֹס
survivre (vi)	lisrod	לִשְׂרוֹד
désarmer (vt)	lifrok mi'neʃek	לִפְרוֹק מִנֶּשֶׁק
manier (une arme)	lehiʃtameʃ be...	...לְהִשְׁתַּמֵּשׁ בְּ
Garde-à-vous! Fixe!	amod dom!	עֲמוֹד דּוֹם!
Repos!	amod 'noaχ!	עֲמוֹד נוֹחַ!
exploit (m)	ma'ase gvura	מַעֲשֵׂה גְּבוּרָה (ז)
serment (m)	ʃvu'a	שְׁבוּעָה (נ)
jurer (de faire qch)	lehiʃava	לְהִישָׁבַע
décoration (f)	itur	עִיטּוּר (ז)
décorer (de la médaille)	leha'anik	לְהַעֲנִיק
médaille (f)	me'dalya	מֶדַלְיָה (נ)
ordre (m) (~ du Mérite)	ot hitstainut	אוֹת הִצְטַיְּינוּת (ז)
victoire (f)	nitsaχon	נִיצָּחוֹן (ז)
défaite (f)	tvusa	תְּבוּסָה (נ)
armistice (m)	hafsakat eʃ	הַפְסָקַת אֵשׁ (נ)
drapeau (m)	'degel	דֶּגֶל (ז)
gloire (f)	tehila	תְּהִילָּה (נ)
défilé (m)	mits'ad	מִצְעָד (ז)
marcher (défiler)	lits'od	לִצְעוֹד

186. Les armes

arme (f)	'neʃek	נֶשֶׁק (ז)
armes (f pl) à feu	'neʃek χam	נֶשֶׁק חַם (ז)

armes (f pl) blanches	'neʃek kar	נֶשֶׁק קַר (ז)
arme (f) chimique	'neʃek 'χimi	נֶשֶׁק כִּימִי (ז)
nucléaire (adj)	gar'ini	גַּרְעִינִי
arme (f) nucléaire	'neʃek gar'ini	נֶשֶׁק גַּרְעִינִי (ז)
bombe (f)	pʦaʦa	פְּצָצָה (נ)
bombe (f) atomique	pʦaʦa a'tomit	פְּצָצָה אָטוֹמִית (נ)
pistolet (m)	ekdaχ	אֶקְדָּח (ז)
fusil (m)	rove	רוֹבֶה (ז)
mitraillette (f)	tat mak'le'a	תַּת־מַקְלֵעַ (ז)
mitrailleuse (f)	mak'le'a	מַקְלֵעַ (ז)
bouche (f)	kane	קָנֶה (ז)
canon (m)	kane	קָנֶה (ז)
calibre (m)	ka'liber	קָלִיבֶּר (ז)
gâchette (f)	'hedek	הֶדֶק (ז)
mire (f)	ka'venet	כַּוֶּנֶת (נ)
magasin (m)	maχsanit	מַחְסָנִית (נ)
crosse (f)	kat	קָת (נ)
grenade (f) à main	rimon	רִימוֹן (ז)
explosif (m)	'χomer 'nefeʦ	חוֹמֶר נֶפֶץ (ז)
balle (f)	ka'li'a	קָלִיעַ (ז)
cartouche (f)	kadur	כַּדּוּר (ז)
charge (f)	te'ina	טְעִינָה (נ)
munitions (f pl)	taχ'moʃet	תַּחְמוֹשֶׁת (נ)
bombardier (m)	mafʦiʦ	מַפְצִיץ (ז)
avion (m) de chasse	metos krav	מְטוֹס קְרָב (ז)
hélicoptère (m)	masok	מָסוֹק (ז)
pièce (f) de D.C.A.	totaχ 'neged metosim	תּוֹתָח נֶגֶד מְטוֹסִים (ז)
char (m)	tank	טַנְק (ז)
canon (m) d'un char	totaχ	תּוֹתָח (ז)
artillerie (f)	arti'lerya	אַרְטִילֶרְיָה (נ)
canon (m)	totaχ	תּוֹתָח (ז)
pointer (~ l'arme)	leχaven	לְכַוֵּון
obus (m)	pagaz	פָּגָז (ז)
obus (m) de mortier	pʦaʦat margema	פְּצָצַת מַרְגֵּמָה (נ)
mortier (m)	margema	מַרְגֵּמָה (נ)
éclat (m) d'obus	resis	רְסִיס (ז)
sous-marin (m)	ʦo'lelet	צוֹלֶלֶת (נ)
torpille (f)	tor'pedo	טוֹרְפֶּדוֹ (ז)
missile (m)	til	טִיל (ז)
charger (arme)	lit'on	לִטְעוֹן
tirer (vi)	lirot	לִירוֹת
viser ... (cible)	leχaven	לְכַוֵּון
baïonnette (f)	kidon	כִּידוֹן (ז)
épée (f)	'χerev	חֶרֶב (נ)

sabre (m)	'xerev paraʃim	חֶרֶב פָּרָשִׁים (ז)
lance (f)	xanit	חֲנִית (נ)
arc (m)	'keʃet	קֶשֶׁת (נ)
flèche (f)	xets	חֵץ (ז)
mousquet (m)	musket	מוּסְקֶט (ז)
arbalète (f)	'keʃet metsu'levet	קֶשֶׁת מְצוּלֶּבֶת (נ)

187. Les hommes préhistoriques

primitif (adj)	kadmon	קַדְמוֹן
préhistorique (adj)	prehis'tori	פְּרֶהִיסְטוֹרִי
ancien (adj)	atik	עַתִּיק

Âge (m) de pierre	idan ha''even	עִידָן הָאֶבֶן (ז)
Âge (m) de bronze	idan ha'arad	עִידָן הָאָרָד (ז)
période (f) glaciaire	idan ha'kerax	עִידָן הַקֶּרַח (ז)

tribu (f)	'ʃevet	שֵׁבֶט (ז)
cannibale (m)	oxel adam	אוֹכֵל אָדָם (ז)
chasseur (m)	tsayad	צַיָּד (ז)
chasser (vi, vt)	latsud	לָצוּד
mammouth (m)	ma'muta	מָמוּטָה (נ)

caverne (f)	me'ara	מְעָרָה (נ)
feu (m)	eʃ	אֵשׁ (נ)
feu (m) de bois	medura	מְדוּרָה (נ)
dessin (m) rupestre	pet'roglif	פֶּטְרוֹגְלִיף (ז)

outil (m)	kli	כְּלִי (ז)
lance (f)	xanit	חֲנִית (נ)
hache (f) en pierre	garzen ha'even	גַּרְזֶן הָאֶבֶן (ז)
faire la guerre	lehilaxem	לְהִילָחֵם
domestiquer (vt)	levayet	לְבַיֵּית

| idole (f) | 'pesel | פֶּסֶל (ז) |
| adorer, vénérer (vt) | la'avod et | לַעֲבוֹד אֶת |

| superstition (f) | emuna tfela | אֱמוּנָה תְּפֵלָה (נ) |
| rite (m) | 'tekes | טֶקֶס (ז) |

| évolution (f) | evo'lutsya | אֵבוֹלוּצְיָה (נ) |
| développement (m) | hitpatxut | הִתְפַּתְּחוּת (נ) |

| disparition (f) | he'almut | הֵיעָלְמוּת (נ) |
| s'adapter (vp) | lehistagel | לְהִסְתַּגֵּל |

archéologie (f)	arxe'o'logya	אַרְכֵיאוֹלוֹגְיָה (נ)
archéologue (m)	arxe'olog	אַרְכֵיאוֹלוֹג (ז)
archéologique (adj)	arxe'o'logi	אַרְכֵיאוֹלוֹגִי

site (m) d'excavation	atar xafirot	אֲתַר חֲפִירוֹת (ז)
fouilles (f pl)	xafirot	חֲפִירוֹת (נ"ר)
trouvaille (f)	mimtsa	מִמְצָא (ז)
fragment (m)	resis	רְסִיס (ז)

188. Le Moyen Âge

Français	Translittération	Hébreu
peuple (m)	am	עַם (ז)
peuples (m pl)	amim	עַמִים (ז״ר)
tribu (f)	'ʃevet	שֵׁבֶט (ז)
tribus (f pl)	ʃvatim	שְׁבָטִים (ז״ר)
Barbares (m pl)	bar'barim	בַּרְבָּרִים (ז״ר)
Gaulois (m pl)	'galim	גָּאלִים (ז״ר)
Goths (m pl)	'gotim	גּוֹתִים (ז״ר)
Slaves (m pl)	'slavim	סְלָאבִים (ז״ר)
Vikings (m pl)	'vikingim	וִיקִינְגִים (ז״ר)
Romains (m pl)	roma'im	רוֹמָאִים (ז״ר)
romain (adj)	'romi	רוֹמִי
byzantins (m pl)	bi'zantim	בִּיזַנְטִים (ז״ר)
Byzance (f)	bizantion, bizants	בִּיזַנְטִיוֹן, בִּיזַנְץ (נ)
byzantin (adj)	bi'zanti	בִּיזַנְטִי
empereur (m)	keisar	קֵיסָר (ז)
chef (m)	manhig	מַנְהִיג (ז)
puissant (adj)	rav 'koaχ	רַב-כּוֹחַ
roi (m)	'meleχ	מֶלֶךְ (ז)
gouverneur (m)	ʃalit	שַׁלִּיט (ז)
chevalier (m)	abir	אַבִּיר (ז)
féodal (m)	fe'odal	פֵיאוֹדָל (ז)
féodal (adj)	fe'o'dali	פֵיאוֹדָלִי
vassal (m)	vasal	וַסָל (ז)
duc (m)	dukas	דוּכָּס (ז)
comte (m)	rozen	רוֹזֵן (ז)
baron (m)	baron	בָּרוֹן (ז)
évêque (m)	'biʃof	בִּישׁוֹף (ז)
armure (f)	ʃiryon	שִׁרְיוֹן (ז)
bouclier (m)	magen	מָגֵן (ז)
glaive (m)	'χerev	חֶרֶב (נ)
visière (f)	magen panim	מָגֵן פָּנִים (ז)
cotte (f) de mailles	ʃiryon kaskasim	שִׁרְיוֹן קַשְׂקַשִׂים (ז)
croisade (f)	masa tslav	מַסָע צְלָב (ז)
croisé (m)	tsalban	צַלְבָּן (ז)
territoire (m)	'ʃetaχ	שֶׁטַח (ז)
attaquer (~ un pays)	litkof	לִתְקוֹף
conquérir (vt)	liχboʃ	לִכְבּוֹשׁ
occuper (envahir)	lehiʃtalet	לְהִשְׁתַלֵט
siège (m)	matsor	מָצוֹר (ז)
assiégé (adj)	natsur	נָצוּר
assiéger (vt)	latsur	לָצוּר
inquisition (f)	inkvi'zitsya	אִינְקְווִיזִיצְיָה (נ)
inquisiteur (m)	inkvi'zitor	אִינְקְווִיזִיטוֹר (ז)

torture (f)	inui	עִינּוּי (ז)
cruel (adj)	aҳzari	אַכְזָרִי
hérétique (m)	kofer	כּוֹפֵר (ז)
hérésie (f)	kfira	כְּפִירָה (נ)
navigation (f) en mer	haflaga bayam	הַפְלָגָה בַּיָם (נ)
pirate (m)	ʃoded yam	שׁוֹדֵד יָם (ז)
piraterie (f)	pi'ratiyut	פִּירָטִיּוּת (נ)
abordage (m)	la'alot al	לַעֲלוֹת עַל
butin (m)	ʃalal	שָׁלָל (ז)
trésor (m)	otsarot	אוֹצָרוֹת (ז"ר)
découverte (f)	taglit	תַּגְלִית (נ)
découvrir (vt)	legalot	לְגַלוֹת
expédition (f)	miʃ'laxat	מִשְׁלַחַת (נ)
mousquetaire (m)	musketer	מוּסְקֶטֶר (ז)
cardinal (m)	xaʃman	חַשְׁמָן (ז)
héraldique (f)	he'raldika	הֶרַלְדִּיקָה (נ)
héraldique (adj)	he'raldi	הֶרַלְדִּי

189. Les dirigeants. Les responsables. Les autorités

roi (m)	'melex	מֶלֶךְ (ז)
reine (f)	malka	מַלְכָּה (נ)
royal (adj)	malxuti	מַלְכוּתִי
royaume (m)	mamlaxa	מַמְלָכָה (נ)
prince (m)	nasix	נָסִיךְ (ז)
princesse (f)	nesixa	נְסִיכָה (נ)
président (m)	nasi	נָשִׂיא (ז)
vice-président (m)	sgan nasi	סְגַן נָשִׂיא (ז)
sénateur (m)	se'nator	סֶנָאטוֹר (ז)
monarque (m)	'melex	מֶלֶךְ (ז)
gouverneur (m)	ʃalit	שַׁלִיט (ז)
dictateur (m)	rodan	רוֹדָן (ז)
tyran (m)	aruts	עָרוּץ (ז)
magnat (m)	eil hon	אֵיל הוֹן (ז)
directeur (m)	menahel	מְנַהֵל (ז)
chef (m)	menahel, roʃ	מְנַהֵל (ז), רֹאשׁ (ז)
gérant (m)	menahel	מְנַהֵל (ז)
boss (m)	bos	בּוֹס (ז)
patron (m)	'ba'al	בַּעַל (ז)
leader (m)	manhig	מַנְהִיג (ז)
chef (m) (~ d'une délégation)	roʃ	רֹאשׁ (ז)
autorités (f pl)	ʃiltonot	שִׁלְטוֹנוֹת (נ"ר)
supérieurs (m pl)	memunim	מְמוּנִים (ז"ר)
gouverneur (m)	moʃel	מוֹשֵׁל (ז)
consul (m)	'konsul	קוֹנְסוּל (ז)

diplomate (m)	diplomat	דִיפּלוֹמָט (ז)
maire (m)	roʃ ha'ir	רֹאשׁ הָעִיר (ז)
shérif (m)	ʃerif	שֶׁרִיף (ז)

empereur (m)	keisar	קֵיסָר (ז)
tsar (m)	tsar	צָאר (ז)
pharaon (m)	par'o	פַּרְעֹה (ז)
khan (m)	χan	חָאן (ז)

190. L'itinéraire. La direction. Le chemin

| route (f) | 'dereχ | דֶרֶךְ (נ) |
| voie (f) | kivun | כִּיווּן (ז) |

autoroute (f)	kviʃ mahir	כְּבִישׁ מָהִיר (ז)
grande route (autoroute)	kviʃ mahir	כְּבִישׁ מָהִיר (ז)
route (f) nationale	kviʃ le'umi	כְּבִישׁ לְאוּמִי (ז)

| route (f) principale | kviʃ raʃi | כביש רָאשִׁי (ז) |
| route (f) de campagne | 'dereχ afar | דֶרֶךְ עָפָר (נ) |

| chemin (m) (sentier) | ʃvil | שְׁבִיל (ז) |
| sentier (m) | ʃvil | שְׁבִיל (ז) |

Où?	'eifo?	אֵיפֹה?
Où? (~ vas-tu?)	le'an?	לְאָן?
D'où?	me''eifo?	מֵאֵיפֹה?

| direction (f) | kivun | כִּיווּן (ז) |
| indiquer (le chemin) | lenatev | לְנַתֵב |

à gauche (tournez ~)	'smola	שְׂמֹאלָה
à droite (tournez ~)	ya'mina	יָמִינָה
tout droit (adv)	yaʃar	יָשָׁר
en arrière (adv)	a'χora	אָחוֹרָה

virage (m)	ikul	עִיקוּל (ז)
tourner (~ à gauche)	lifnot	לִפְנוֹת
faire un demi-tour	leva'tse'a pniyat parsa	לְבַצֵעַ פְּנְיַת פַּרְסָה

| se dessiner (vp) | lihyot nir'a | לִהְיוֹת נִרְאָה |
| apparaître (vi) | leho'fi'a | לְהוֹפִיעַ |

halte (f)	taχana	תַחֲנָה (נ)
se reposer (vp)	la'nuaχ	לָנוּחַ
repos (m)	menuχa	מְנוּחָה (נ)

s'égarer (vp)	lit'ot	לִתְעוֹת
mener à ... (le chemin)	lehovil le...	לְהוֹבִיל לְ...
arriver à ...	latset le...	לָצֵאת לְ...
tronçon (m) (de chemin)	'keta	קֶטַע (ז)

| asphalte (m) | asfalt | אַסְפַלְט (ז) |
| bordure (f) | sfat midraχa | שְׂפַת מִדְרָכָה (נ) |

fossé (m)	te'ala	תְּעָלָה (נ)
bouche (f) d'égout	bor	בּוֹר (ז)
bas-côté (m)	ʃulei ha'dereχ	שׁוּלֵי הַדֶּרֶךְ (ז"ר)
nid-de-poule (m)	bor	בּוֹר (ז)

aller (à pied)	la'leχet	לָלֶכֶת
dépasser (vt)	la'akof	לַעֲקוֹף

pas (m)	'tsa'ad	צַעַד (ז)
à pied	ba'regel	בָּרֶגֶל

barrer (vt)	laχsom	לַחְסוֹם
barrière (f)	maχsom	מַחְסוֹם (ז)
impasse (f)	mavoi satum	מָבוֹי סָתוּם (ז)

191. Les crimes. Les criminels. Partie 1

bandit (m)	ʃoded	שׁוֹדֵד (ז)
crime (m)	'peʃa	פֶּשַׁע (ז)
criminel (m)	po'ʃe'a	פּוֹשֵׁעַ (ז)

voleur (m)	ganav	גַּנָּב (ז)
voler (qch à qn)	lignov	לִגְנוֹב
vol (m) (activité)	gneva	גְּנֵיבָה (נ)
vol (m) (~ à la tire)	gneva	גְּנֵיבָה (נ)

kidnapper (vt)	laχatof	לַחְטוֹף
kidnapping (m)	χatifa	חֲטִיפָה (נ)
kidnappeur (m)	χotef	חוֹטֵף (ז)

rançon (f)	'kofer	כּוֹפֶר (ז)
exiger une rançon	lidroʃ 'kofer	לִדְרוֹשׁ כּוֹפֶר

cambrioler (vt)	liʃdod	לִשְׁדּוֹד
cambriolage (m)	ʃod	שׁוֹד (ז)
cambrioleur (m)	ʃoded	שׁוֹדֵד (ז)

extorquer (vt)	lisχot	לִסְחוֹט
extorqueur (m)	saχtan	סַחְטָן (ז)
extorsion (f)	saχtanut	סַחְטָנוּת (נ)

tuer (vt)	lir'tsoaχ	לִרְצוֹחַ
meurtre (m)	'retsaχ	רֶצַח (ז)
meurtrier (m)	ro'tseaχ	רוֹצֵחַ (ז)

coup (m) de feu	yeriya	יְרִיָּה (נ)
tirer un coup de feu	lirot	לִירוֹת
abattre (par balle)	lirot la'mavet	לִירוֹת לַמָּוֶת
tirer (vi)	lirot	לִירוֹת
coups (m pl) de feu	'yeri	יְרִי (ז)

incident (m)	takrit	תַּקְרִית (נ)
bagarre (f)	ktata	קְטָטָה (נ)
Au secours!	ha'tsilu!	הַצִּילוּ!

victime (f)	nifga	נִפְגָע (ז)
endommager (vt)	lekalkel	לְקַלְקֵל
dommage (m)	'nezek	נֶזֶק (ז)
cadavre (m)	gufa	גוּפָה (נ)
grave (~ crime)	χamur	חָמוּר

attaquer (vt)	litkof	לִתְקוֹף
battre (frapper)	lehakot	לְהַכּוֹת
passer à tabac	lehakot	לְהַכּוֹת
prendre (voler)	la'kaχat be'koaχ	לָקַחַת בְּכוֹחַ
poignarder (vt)	lidkor le'mavet	לִדְקוֹר לָמָוֶת
mutiler (vt)	lehatil mum	לְהָטִיל מוּם
blesser (vt)	lif'tso'a	לִפְצוֹעַ

chantage (m)	saχtanut	סַחְטָנוּת (נ)
faire chanter	lisχot	לִסְחוֹט
maître (m) chanteur	saχtan	סַחְטָן (ז)

racket (m) de protection	dmei χasut	דְמֵי חָסוּת (ז״ר)
racketteur (m)	gove χasut	גוֹבֶה חָסוּת (ז)
gangster (m)	'gangster	גַנְגְסְטֶר (ז)
mafia (f)	'mafya	מָאפְיָה (נ)

pickpocket (m)	kayas	כַּיָיס (ז)
cambrioleur (m)	porets	פּוֹרֵץ (ז)
contrebande (f) (trafic)	havraχa	הַבְרָחָה (נ)
contrebandier (m)	mav'riaχ	מַבְרִיחַ (ז)

contrefaçon (f)	ziyuf	זִיוּף (ז)
falsifier (vt)	lezayef	לְזַיֵיף
faux (falsifié)	mezuyaf	מְזוּיָיף

192. Les crimes. Les criminels. Partie 2

viol (m)	'ones	אוֹנֶס (ז)
violer (vt)	le'enos	לֶאֱנוֹס
violeur (m)	anas	אַנָס (ז)
maniaque (m)	'manyak	מַנְיָאק (ז)

prostituée (f)	zona	זוֹנָה (נ)
prostitution (f)	znut	זְנוּת (נ)
souteneur (m)	sarsur	סַרְסוּר (ז)

| drogué (m) | narkoman | נַרְקוֹמָן (ז) |
| trafiquant (m) de drogue | soχer samim | סוֹחֵר סַמִים (ז) |

faire exploser	lefotsets	לְפוֹצֵץ
explosion (f)	pitsuts	פִּיצוּץ (ז)
mettre feu	lehatsit	לְהַצִית
incendiaire (m)	matsit	מַצִית (ז)

terrorisme (m)	terorizm	טֶרוֹרִיזְם (ז)
terroriste (m)	meχabel	מְחַבֵּל (ז)
otage (m)	ben aruba	בֶּן עֲרוּבָה (ז)

escroquer (vt)	lehonot	לְהוֹנוֹת
escroquerie (f)	hona'a	הוֹנָאָה (נ)
escroc (m)	ramai	רַמַאי (ז)
soudoyer (vt)	leʃaχed	לְשַׁחֵד
corruption (f)	'ʃoχad	שׁוֹחַד (ז)
pot-de-vin (m)	'ʃoχad	שׁוֹחַד (ז)
poison (m)	'ra'al	רַעַל (ז)
empoisonner (vt)	lehar'il	לְהַרְעִיל
s'empoisonner (vp)	lehar'il et atsmo	לְהַרְעִיל אֶת עַצְמוֹ
suicide (m)	hit'abdut	הִתְאַבְּדוּת (נ)
suicidé (m)	mit'abed	מִתְאַבֵּד (ז)
menacer (vt)	le'ayem	לְאַיֵּם
menace (f)	iyum	אִיּוּם (ז)
attenter (vt)	lehitnakeʃ	לְהִתְנַקֵּשׁ
attentat (m)	nisayon hitnakʃut	נִיסָיוֹן הַתְנַקְשׁוּת (ז)
voler (un auto)	lignov	לִגְנוֹב
détourner (un avion)	laχatof matos	לַחֲטוֹף מָטוֹס
vengeance (f)	nekama	נְקָמָה (נ)
se venger (vp)	linkom	לִנְקוֹם
torturer (vt)	la'anot	לְעַנּוֹת
torture (f)	inui	עִינּוּי (ז)
tourmenter (vt)	leyaser	לְיַסֵּר
pirate (m)	ʃoded yam	שׁוֹדֵד יָם (ז)
voyou (m)	χuligan	חוּלִיגָאן (ז)
armé (adj)	mezuyan	מְזוּיָן
violence (f)	alimut	אַלִּימוּת (נ)
illégal (adj)	'bilti le'gali	בִּלְתִּי לֶגָלִי
espionnage (m)	rigul	רִיגוּל (ז)
espionner (vt)	leragel	לְרַגֵּל

193. La police. La justice. Partie 1

justice (f)	'tsedek	צֶדֶק (ז)
tribunal (m)	beit miʃpat	בֵּית מִשְׁפָּט (ז)
juge (m)	ʃofet	שׁוֹפֵט (ז)
jury (m)	muʃba'im	מוּשְׁבָּעִים (ז״ר)
cour (f) d'assises	χaver muʃba'im	חֲבֶר מוּשְׁבָּעִים (ז)
juger (vt)	liʃpot	לִשְׁפּוֹט
avocat (m)	oreχ din	עוֹרֵךְ דִּין (ז)
accusé (m)	omed lemiʃpat	עוֹמֵד לְמִשְׁפָּט (ז)
banc (m) des accusés	safsal ne'eʃamim	סַפְסַל נֶאֱשָׁמִים (ז)
inculpation (f)	ha'aʃama	הַאֲשָׁמָה (נ)
inculpé (m)	ne'eʃam	נֶאֱשָׁם (ז)

e patrouille | na'yedet | נַיֶּדֶת (נ) |
sirène (f)	tsofar	צוֹפָר (ז)
enclencher la sirène	lehaf'il tsofar	לְהַפְעִיל צוֹפָר
hurlement (m) de la sirène	tsfira	צְפִירָה (נ)

lieu (m) du crime	zirat 'pefa	זִירַת פֶּשַׁע (נ)
témoin (m)	ed	עֵד (ז)
liberté (f)	'xofef	חוֹפֶש (ז)
complice (m)	futaf	שׁוּתָף (ז)
s'enfuir (vp)	lehixave	לְהֵיחָבֵא
trace (f)	akev	עָקֵב (ז)

194. La police. La justice. Partie 2

| recherche (f) | xipus | חִיפּוּש (ז) |
| rechercher (vt) | lexapes | לְחַפֵּשׂ |

176

suspicion (f)	χaʃad	חָשָׁד (ז)
suspect (adj)	χaʃud	חָשׁוּד
arrêter (dans la rue)	la'atsor	לַעֲצוֹר
détenir (vt)	la'atsor	לַעֲצוֹר

affaire (f) (~ pénale)	tik	תִּיק (ז)
enquête (f)	χakira	חֲקִירָה (נ)
détective (m)	balaʃ	בַּלָשׁ (ז)
enquêteur (m)	χoker	חוֹקֵר (ז)
hypothèse (f)	haʃara	הַשְׁעָרָה (נ)

motif (m)	me'ni'a	מֵנִיעַ (ז)
interrogatoire (m)	χakira	חֲקִירָה (נ)
interroger (vt)	laχkor	לַחְקוֹר
interroger (~ les voisins)	letaʃ'el	לְתַשְׁאֵל
inspection (f)	bdika	בְּדִיקָה (נ)

rafle (f)	matsod	מָצוֹד (ז)
perquisition (f)	χipus	חִיפּוּשׂ (ז)
poursuite (f)	mirdaf	מִרְדָף (ז)
poursuivre (vt)	lirdof aχarei	לִרְדוֹף אַחֲרֵי
dépister (vt)	la'akov aχarei	לַעֲקוֹב אַחֲרֵי

arrestation (f)	ma'asar	מַאֲסָר (ז)
arrêter (vt)	le'esor	לֶאֱסוֹר
attraper (~ un criminel)	lilkod	לִלְכּוֹד
capture (f)	leχida	לְכִידָה (נ)

document (m)	mismaχ	מִסְמָךְ (ז)
preuve (f)	hoχaχa	הוֹכָחָה (נ)
prouver (vt)	leho'χiaχ	לְהוֹכִיחַ
empreinte (f) de pied	akev	עָקֵב (ז)
empreintes (f pl) digitales	tvi'ot etsba'ot	טְבִיעוֹת אֶצְבָּעוֹת (נ"ר)
élément (m) de preuve	re'aya	רְאָיָה (נ)

alibi (m)	'alibi	אֲלִיבִּי (ז)
innocent (non coupable)	χaf mi'peʃa	חַף מִפֶּשַׁע
injustice (f)	i 'tsedek	אִי צֶדֶק (ז)
injuste (adj)	lo tsodek	לֹא צוֹדֵק

criminel (adj)	plili	פְּלִילִי
confisquer (vt)	lehaχrim	לְהַחֲרִים
drogue (f)	sam	סַם (ז)
arme (f)	'neʃek	נֶשֶׁק (ז)
désarmer (vt)	lifrok mi'neʃek	לְפָרֵק מִנֶשֶׁק
ordonner (vt)	lifkod	לִפְקוֹד
disparaître (vi)	lehe'alem	לְהֵיעָלֵם

loi (f)	χok	חוֹק (ז)
légal (adj)	χuki	חוּקִי
illégal (adj)	'bilti χuki	בִּלְתִּי חוּקִי

| responsabilité (f) | aχrayut | אַחֲרָיוּת (נ) |
| responsable (adj) | aχrai | אַחֲרַאי |

LA NATURE

La Terre. Partie 1

195. L'espace cosmique

cosmos (m)	χalal	חָלָל (ז)
cosmique (adj)	ʃel χalal	שֶׁל חָלָל
espace (m) cosmique	χalal χitson	חָלָל חִיצוֹן (ז)
monde (m)	olam	עוֹלָם (ז)
univers (m)	yekum	יְקוּם (ז)
galaxie (f)	ga'laksya	גָלַקְסְיָה (נ)

étoile (f)	koχav	כּוֹכָב (ז)
constellation (f)	tsvir koχavim	צְבִיר כּוֹכָבִים (ז)
planète (f)	koχav 'leχet	כּוֹכָב לָכָת (ז)
satellite (m)	lavyan	לַוְיָן (ז)

météorite (m)	mete'orit	מֶטֶאוֹרִיט (ז)
comète (f)	koχav ʃavit	כּוֹכָב שָׁבִיט (ז)
astéroïde (m)	aste'ro'id	אַסְטֶרוֹאִיד (ז)

orbite (f)	maslul	מַסְלוּל (ז)
tourner (vi)	lesovev	לְסוֹבֵב
atmosphère (f)	atmos'fera	אַטְמוֹסְפֶרָה (נ)

Soleil (m)	'ʃemeʃ	שֶׁמֶשׁ (נ)
système (m) solaire	ma'a'reχet ha'ʃemeʃ	מַעֲרֶכָת הַשֶׁמֶשׁ (נ)
éclipse (f) de soleil	likui χama	לִיקוּי חַמָה (ז)

Terre (f)	kadur ha''arets	כַּדוּר הָאָרֶץ (ז)
Lune (f)	ya'reaχ	יָרֵחַ (ז)

Mars (m)	ma'adim	מַאֲדִים (ז)
Vénus (f)	'noga	נוֹגַה (ז)
Jupiter (m)	'tsedek	צֶדֶק (ז)
Saturne (m)	ʃabtai	שַׁבְּתַאי (ז)

Mercure (m)	koχav χama	כּוֹכָב חַמָה (ז)
Uranus (m)	u'ranus	אוּרָנוּס (ז)
Neptune	neptun	נֶפְּטוּן (ז)
Pluton (m)	'pluto	פְּלוּטוֹ (ז)

la Voie Lactée	ʃvil haχalav	שְׁבִיל הָחָלָב (ז)
la Grande Ours	duba gdola	דוּבָּה גְדוֹלָה (נ)
la Polaire	koχav hatsafon	כּוֹכָב הַצָפוֹן (ז)

martien (m)	toʃav ma'adim	תוֹשָׁב מַאֲדִים (ז)
extraterrestre (m)	χutsan	חוּצָן (ז)

| alien (m) | χaizar | חַיְיָזָר (ז) |
| soucoupe (f) volante | tsa'laχat me'o'fefet | צַלַחַת מְעוֹפֶפֶת (נ) |

vaisseau (m) spatial	χalalit	חֲלָלִית (נ)
station (f) orbitale	taχanat χalal	תַחֲנַת חָלָל (נ)
lancement (m)	hamra'a	הַמְרָאָה (נ)

moteur (m)	ma'no'a	מָנוֹעַ (ז)
tuyère (f)	neχir	נְחִיר (ז)
carburant (m)	'delek	דֶלֶק (ז)

cabine (f)	'kokpit	קוֹקְפִּיט (ז)
antenne (f)	an'tena	אַנְטֶנָה (נ)
hublot (m)	eʃnav	אֶשְׁנָב (ז)
batterie (f) solaire	'luaχ so'lari	לוּחַ סוֹלָרִי (ז)
scaphandre (m)	χalifat χalal	חֲלִיפַת חָלָל (נ)

| apesanteur (f) | 'χoser miʃkal | חוֹסֶר מִשְׁקָל (ז) |
| oxygène (m) | χamtsan | חַמְצָן (ז) |

| arrimage (m) | agina | עֲגִינָה (נ) |
| s'arrimer à ... | la'agon | לַעֲגוֹן |

observatoire (m)	mitspe koχavim	מִצְפֶּה כּוֹכָבִים (ז)
télescope (m)	teleskop	טֶלֶסְקוֹפּ (ז)
observer (vt)	litspot, lehaʃkif	לִצְפּוֹת, לְהַשְׁקִיף
explorer (un cosmos)	laχkor	לַחְקוֹר

196. La Terre

Terre (f)	kadur ha''arets	כַּדוּר הָאָרֶץ (ז)
globe (m) terrestre	kadur ha''arets	כַּדוּר הָאָרֶץ (ז)
planète (f)	koχav 'leχet	כּוֹכַב לֶכֶת (ז)

atmosphère (f)	atmos'fera	אַטְמוֹסְפֶּרָה (נ)
géographie (f)	ge'o'grafya	גֵיאוֹגְרַפְיָה (נ)
nature (f)	'teva	טֶבַע (ז)

globe (m) de table	'globus	גלוֹבּוּס (ז)
carte (f)	mapa	מַפָּה (נ)
atlas (m)	'atlas	אַטְלָס (ז)

| Europe (f) | ei'ropa | אֵירוֹפָּה (נ) |
| Asie (f) | 'asya | אַסְיָה (נ) |

| Afrique (f) | 'afrika | אַפְרִיקָה (נ) |
| Australie (f) | ost'ralya | אוֹסְטְרַלְיָה (נ) |

Amérique (f)	a'merika	אָמֶרִיקָה (נ)
Amérique (f) du Nord	a'merika hatsfonit	אָמֶרִיקָה הַצְפוֹנִית (נ)
Amérique (f) du Sud	a'merika hadromit	אָמֶרִיקָה הַדְרוֹמִית (נ)

| l'Antarctique (m) | ya'beʃet an'tarktika | יַבֶּשֶׁת אַנְטַארקְטִיקָה (נ) |
| l'Arctique (m) | 'arktika | אַרקְטִיקָה (נ) |

197. Les quatre parties du monde

nord (m)	tsafon	צָפוֹן (ז)
vers le nord	tsa'fona	צָפוֹנָה
au nord	batsafon	בַּצָּפוֹן
du nord (adj)	tsfoni	צְפוֹנִי
sud (m)	darom	דָּרוֹם (ז)
vers le sud	da'roma	דָּרוֹמָה
au sud	badarom	בַּדָּרוֹם
du sud (adj)	dromi	דְּרוֹמִי
ouest (m)	ma'arav	מַעֲרָב (ז)
vers l'occident	ma'a'rava	מַעֲרָבָה
à l'occident	bama'arav	בַּמַּעֲרָב
occidental (adj)	ma'aravi	מַעֲרָבִי
est (m)	mizraχ	מִזְרָח (ז)
vers l'orient	miz'raχa	מִזְרָחָה
à l'orient	bamizraχ	בַּמִּזְרָח
oriental (adj)	mizraχi	מִזְרָחִי

198. Les océans et les mers

mer (f)	yam	יָם (ז)
océan (m)	ok'yanos	אוֹקְיָאנוֹס (ז)
golfe (m)	mifrats	מִפְרָץ (ז)
détroit (m)	meitsar	מֵיצָר (ז)
terre (f) ferme	yabaʃa	יַבָּשָׁה (נ)
continent (m)	ya'beʃet	יַבֶּשֶׁת (נ)
île (f)	i	אִי (ז)
presqu'île (f)	χatsi i	חֲצִי אִי (ז)
archipel (m)	arχipelag	אַרְכִיפֶּלָג (ז)
baie (f)	mifrats	מִפְרָץ (ז)
port (m)	namal	נָמֵל (ז)
lagune (f)	la'guna	לָגוּנָה (נ)
cap (m)	kef	כֵּף (ז)
atoll (m)	atol	אָטוֹל (ז)
récif (m)	ʃunit	שׁוּנִית (נ)
corail (m)	almog	אַלְמוֹג (ז)
récif (m) de corail	ʃunit almogim	שׁוּנִית אַלְמוֹגִים (נ)
profond (adj)	amok	עָמוֹק
profondeur (f)	'omek	עוֹמֶק (ז)
abîme (m)	tehom	תְּהוֹם (נ)
fosse (f) océanique	maχteʃ	מַבְתֵּשׁ (ז)
courant (m)	'zerem	זֶרֶם (ז)
baigner (vt) (mer)	lehakif	לְהַקִּיף
littoral (m)	χof	חוֹף (ז)

côte (f)	χof yam	חוֹף יָם (ז)
marée (f) haute	ge'ut	גֵּאוּת (נ)
marée (f) basse	'ʃefel	שֵׁפֶל (ז)
banc (m) de sable	sirton	שִׂרְטוֹן (ז)
fond (m)	karka'it	קַרְקָעִית (נ)

vague (f)	gal	גַּל (ז)
crête (f) de la vague	pisgat hagal	פִּסְגַּת הַגַּל (נ)
mousse (f)	'keʦef	קֶצֶף (ז)

tempête (f) en mer	sufa	סוּפָה (נ)
ouragan (m)	hurikan	הוּרִיקָן (ז)
tsunami (m)	ʦu'nami	צוּנָאמִי (ז)
calme (m)	'roga	רוֹגַע (ז)
calme (tranquille)	ʃalev	שָׁלֵו

pôle (m)	'kotev	קוֹטֶב (ז)
polaire (adj)	kotbi	קוֹטְבִּי

latitude (f)	kav 'roχav	קַו רוֹחַב (ז)
longitude (f)	kav 'oreχ	קַו אוֹרֶךְ (ז)
parallèle (f)	kav 'roχav	קַו רוֹחַב (ז)
équateur (m)	kav hamaʃve	קַו הַמַּשְׁוֶה (ז)

ciel (m)	ʃa'mayim	שָׁמַיִם (ז"ר)
horizon (m)	'ofek	אוֹפֶק (ז)
air (m)	avir	אֲוִיר (ז)

phare (m)	migdalor	מִגְדַּלּוֹר (ז)
plonger (vi)	liʦlol	לִצְלֹל
sombrer (vi)	lit'bo'a	לִטְבֹּעַ
trésor (m)	oʦarot	אוֹצָרוֹת (ז"ר)

199. Les noms des mers et des océans

océan (m) Atlantique	ha'ok'yanus ha'at'lanti	הָאוֹקְיָינוֹס הָאַטְלַנְטִי (ז)
océan (m) Indien	ha'ok'yanus ha'hodi	הָאוֹקְיָינוֹס הַהוֹדִי (ז)
océan (m) Pacifique	ha'ok'yanus haʃaket	הָאוֹקְיָינוֹס הַשָּׁקֵט (ז)
océan (m) Glacial	ok'yanos ha'keraχ haʦfoni	אוֹקְיָינוֹס הַקֶּרַח הַצְּפוֹנִי (ז)

mer (f) Noire	hayam haʃaχor	הַיָּם הַשָּׁחוֹר (ז)
mer (f) Rouge	yam suf	יַם סוּף (ז)
mer (f) Jaune	hayam haʦahov	הַיָּם הַצָּהוֹב (ז)
mer (f) Blanche	hayam halavan	הַיָּם הַלָּבָן (ז)

mer (f) Caspienne	hayam ha'kaspi	הַיָּם הַכַּסְפִּי (ז)
mer (f) Morte	yam ha'melaχ	יַם הַמֶּלַח (ז)
mer (f) Méditerranée	hayam hatiχon	הַיָּם הַתִּיכוֹן (ז)

mer (f) Égée	hayam ha'e'ge'i	הַיָּם הָאֶגֵאִי (ז)
mer (f) Adriatique	hayam ha'adri'yati	הַיָּם הָאַדְרִיָּאתִי (ז)

mer (f) Arabique	hayam ha'aravi	הַיָּם הָעֲרָבִי (ז)
mer (f) du Japon	hayam haya'pani	הַיָּם הַיַּפָּנִי (ז)

mer (f) de Béring	yam 'bering	יָם בֶּרִינג (ז)
mer (f) de Chine Méridionale	yam sin hadromi	יָם סִין הַדְּרוֹמִי (ז)
mer (f) de Corail	yam ha'almogim	יָם הָאַלְמוֹגִים (ז)
mer (f) de Tasman	yam tasman	יָם טַסְמָן (ז)
mer (f) Caraïbe	hayam haka'ribi	הַיָּם הַקָּרִיבִּי (ז)
mer (f) de Barents	yam 'barents	יָם בָּרֶנְץ (ז)
mer (f) de Kara	yam 'kara	יָם קָארָה (ז)
mer (f) du Nord	hayam hatsfoni	הַיָּם הַצְּפוֹנִי (ז)
mer (f) Baltique	hayam ha'balti	הַיָּם הַבַּלְטִי (ז)
mer (f) de Norvège	hayam hanor'vegi	הַיָּם הַנּוֹרְבָגִי (ז)

200. Les montagnes

montagne (f)	har	הַר (ז)
chaîne (f) de montagnes	'reχes harim	רֶכֶס הָרִים (ז)
crête (f)	'reχes har	רֶכֶס הַר (ז)
sommet (m)	pisga	פִּסְגָּה (נ)
pic (m)	pisga	פִּסְגָּה (נ)
pied (m)	margelot	מַרְגְּלוֹת (נ״ר)
pente (f)	midron	מִדְרוֹן (ז)
volcan (m)	har 'ga'aʃ	הַר גַּעַשׁ (ז)
volcan (m) actif	har 'ga'aʃ pa'il	הַר גַּעַשׁ פָּעִיל (ז)
volcan (m) éteint	har 'ga'aʃ radum	הַר גַּעַשׁ רָדוּם (ז)
éruption (f)	hitpartsut	הִתְפָּרְצוּת (נ)
cratère (m)	lo'a	לוֹעַ (ז)
magma (m)	megama	מֶגְמָה (נ)
lave (f)	'lava	לָאבָה (נ)
en fusion (lave ~)	lohet	לוֹהֵט
canyon (m)	kanyon	קַנְיוֹן (ז)
défilé (m) (gorge)	gai	גַּיְא (ז)
crevasse (f)	'beka	בָּקַע (ז)
précipice (m)	tehom	תְּהוֹם (נ)
col (m) de montagne	ma'avar harim	מַעֲבַר הָרִים (ז)
plateau (m)	rama	רָמָה (נ)
rocher (m)	tsuk	צוּק (ז)
colline (f)	giv'a	גִּבְעָה (נ)
glacier (m)	karχon	קַרְחוֹן (ז)
chute (f) d'eau	mapal 'mayim	מַפַּל מַיִם (ז)
geyser (m)	'geizer	גֵּייזֶר (ז)
lac (m)	agam	אֲגַם (ז)
plaine (f)	miʃor	מִישׁוֹר (ז)
paysage (m)	nof	נוֹף (ז)
écho (m)	hed	הֵד (ז)
alpiniste (m)	metapes harim	מְטַפֵּס הָרִים (ז)

varappeur (m)	metapes sla'im	מְטַפֵּס סְלָעִים (ז)
conquérir (vt)	lixboʃ	לִכְבּוֹשׁ
ascension (f)	tipus	טִיפּוּס (ז)

201. Les noms des chaînes de montagne

Alpes (f pl)	harei ha"alpim	הָרֵי הָאֶלְפִּים (ז"ר)
Mont Blanc (m)	mon blan	מוֹן בְּלָאן (ז)
Pyrénées (f pl)	pire'ne'im	פִּירֶנְאִים (ז"ר)

Carpates (f pl)	kar'patim	קַרְפָּטִים (ז"ר)
Monts Oural (m pl)	harei ural	הָרֵי אוּרָל (ז"ר)
Caucase (m)	harei hakavkaz	הָרֵי הַקַּווְקָז (ז"ר)
Elbrous (m)	elbrus	אֶלְבְּרוּס (ז)

Altaï (m)	harei altai	הָרֵי אַלְטַאי (ז"ר)
Tian Chan (m)	tyan ʃan	טְיָאן שָׁאן (ז)
Pamir (m)	harei pamir	הָרֵי פָּאמִיר (ז"ר)
Himalaya (m)	harei hehima'laya	הָרֵי הַהִימָלָאיָה (ז"ר)
Everest (m)	everest	אֶווֶרֶסְט (ז)

| Andes (f pl) | harei ha"andim | הָרֵי הָאַנְדִים (ז"ר) |
| Kilimandjaro (m) | kiliman'dʒaro | קִילִימַנְגְ'רוֹ (ז) |

202. Les fleuves

rivière (f), fleuve (m)	nahar	נָהָר (ז)
source (f)	ma'ayan	מַעֲיָין (ז)
lit (m) (d'une rivière)	afik	אָפִיק (ז)
bassin (m)	agan nahar	אֲגַן נָהָר (ז)
se jeter dans ...	lehiʃapex	לְהִישָׁפֵךְ

| affluent (m) | yuval | יוּבַל (ז) |
| rive (f) | xof | חוֹף (ז) |

courant (m)	'zerem	זֶרֶם (ז)
en aval	bemorad hanahar	בְּמוֹרַד הַנָּהָר
en amont	bema'ale hanahar	בְּמַעֲלֵה הַנָּהָר

inondation (f)	hatsafa	הַצָּפָה (נ)
les grandes crues	ʃitafon	שִׁיטָפוֹן (ז)
déborder (vt)	la'alot al gdotav	לַעֲלוֹת עַל גְדוֹתָיו
inonder (vt)	lehatsif	לְהָצִיף

| bas-fond (m) | sirton | שִׂרְטוֹן (ז) |
| rapide (m) | 'eʃed | אֶשֶׁד (ז) |

barrage (m)	'sexer	סֶכֶר (ז)
canal (m)	te'ala	תְעָלָה (נ)
lac (m) de barrage	ma'agar 'mayim	מַאֲגַר מַיִם (ז)
écluse (f)	ta 'ʃayit	תָּא שַׁיִט (ז)
plan (m) d'eau	ma'agar 'mayim	מַאֲגַר מַיִם (ז)

marais (m)	bitsa	בִּיצָה (נ)
fondrière (f)	bitsa	בִּיצָה (נ)
tourbillon (m)	me'ar'bolet	מְעַרְבּוֹלֶת (נ)

ruisseau (m)	'naxal	נַחַל (ז)
potable (adj)	ʃel ʃtiya	שֶׁל שְׁתִיָּה
douce (l'eau ~)	metukim	מְתוּקִים

glace (f)	'kerax	קֶרַח (ז)
être gelé	likpo	לִקְפּוֹא

203. Les noms des fleuves

Seine (f)	hasen	הַסֶּן (ז)
Loire (f)	lu'ar	לוֹאָר (ז)

Tamise (f)	'temza	תֶמְזָה (ז)
Rhin (m)	hrain	הָרַיִן (ז)
Danube (m)	da'nuba	דָנוּבָּה (ז)

Volga (f)	'volga	וֹולְגָה (ז)
Don (m)	nahar don	נְהַר דוֹן (ז)
Lena (f)	'lena	לֶנָה (ז)

Huang He (m)	hvang ho	הוֹאַנג הוֹ (ז)
Yangzi Jiang (m)	yangtse	יַאנגצֶה (ז)
Mékong (m)	mekong	מֶקוֹנג (ז)
Gange (m)	'ganges	גַנגֶס (ז)

Nil (m)	'nilus	נִילוּס (ז)
Congo (m)	'kongo	קוֹנגוֹ (ז)
Okavango (m)	ok'vango	אוֹקָבַנגוֹ (ז)
Zambèze (m)	zam'bezi	זַמבֶּזִי (ז)
Limpopo (m)	limpopo	לִימפּוֹפּוֹ (ז)
Mississippi (m)	misi'sipi	מִיסִיסִיפִּי (ז)

204. La forêt

forêt (f)	'ya'ar	יַעַר (ז)
forestier (adj)	ʃel 'ya'ar	שֶׁל יַעַר

fourré (m)	avi ha'ya'ar	עֳבִי הַיַּעַר (ז)
bosquet (m)	xurʃa	חוּרְשָׁה (נ)
clairière (f)	ka'raxat 'ya'ar	קַכַּחַת יַעַר (נ)

broussailles (f pl)	svax	סְבַךְ (ז)
taillis (m)	'siax	שִׂיחַ (ז)

sentier (m)	ʃvil	שְׁבִיל (ז)
ravin (m)	'emek tsar	עֵמֶק צַר (ז)
arbre (m)	ets	עֵץ (ז)
feuille (f)	ale	עָלֶה (ז)

feuillage (m)	alva	עָלְוָה (נ)
chute (f) de feuilles	ʃa'leχet	שַׁלֶּכֶת (נ)
tomber (feuilles)	linʃor	לִנְשׁוֹר
sommet (m)	tsa'meret	צַמֶּרֶת (נ)

rameau (m)	anaf	עָנָף (ז)
branche (f)	anaf ave	עָנָף עָבֶה (ז)
bourgeon (m)	nitsan	נִיצָן (ז)
aiguille (f)	'maχat	מַחַט (נ)
pomme (f) de pin	itstrubal	אָצְטְרוּבָּל (ז)

creux (m)	χor ba'ets	חוֹר בָּעֵץ (ז)
nid (m)	ken	קֵן (ז)
terrier (m) (~ d'un renard)	meχila	מְחִילָה (נ)

tronc (m)	'geza	גֶּזַע (ז)
racine (f)	'ʃoreʃ	שׁוֹרֶשׁ (ז)
écorce (f)	klipa	קְלִיפָּה (נ)
mousse (f)	taχav	טַחַב (ז)

déraciner (vt)	la'akor	לַעֲקוֹר
abattre (un arbre)	liχrot	לִכְרוֹת
déboiser (vt)	levare	לְבָרֵא
souche (f)	'gedem	גֶּדֶם (ז)

feu (m) de bois	medura	מְדוּרָה (נ)
incendie (m)	srefa	שְׂרֵיפָה (נ)
éteindre (feu)	leχabot	לְכַבּוֹת

garde (m) forestier	ʃomer 'ya'ar	שׁוֹמֵר יַעַר (ז)
protection (f)	ʃmira	שְׁמִירָה (נ)
protéger (vt)	liʃmor	לִשְׁמוֹר
braconnier (m)	tsayad lelo reʃut	צַיָּד לְלֹא רְשׁוּת (ז)
piège (m) à mâchoires	mal'kodet	מַלְכּוֹדֶת (נ)

cueillir (vt)	lelaket	לְלַקֵּט
s'égarer (vp)	lit'ot	לִתְעוֹת

205. Les ressources naturelles

ressources (f pl) naturelles	otsarot 'teva	אוֹצָרוֹת טֶבַע (ז"ר)
minéraux (m pl)	mine'ralim	מִינֵרָלִים (ז"ר)
gisement (m)	mirbats	מִרְבָּץ (ז)
champ (m) (~ pétrolifère)	mirbats	מִרְבָּץ (ז)

extraire (vt)	liχrot	לִכְרוֹת
extraction (f)	kriya	כְּרִיָּה (נ)
minerai (m)	afra	עַפְרָה (נ)
mine (f) (site)	miχre	מִכְרֶה (ז)
puits (m) de mine	pir	פִּיר (ז)
mineur (m)	kore	כּוֹרֶה (ז)

gaz (m)	gaz	גָּז (ז)
gazoduc (m)	tsinor gaz	צִינוֹר גָּז (ז)

pétrole (m)	neft	נֶפְט (ז)
pipeline (m)	tsinor neft	צִינוֹר נֶפְט (ז)
tour (f) de forage	be'er neft	בְּאֵר נֶפְט (נ)
derrick (m)	migdal ki'duaχ	מִגְדַּל קִידוּחַ (ז)
pétrolier (m)	meχalit	מֵיכָלִית (נ)
sable (m)	χol	חוֹל (ז)
calcaire (m)	'even gir	אֶבֶן גִּיר (נ)
gravier (m)	χatsats	חָצָץ (ז)
tourbe (f)	kavul	כָּבוּל (ז)
argile (f)	tit	טִיט (ז)
charbon (m)	peχam	פֶּחָם (ז)
fer (m)	barzel	בַּרְזֶל (ז)
or (m)	zahav	זָהָב (ז)
argent (m)	'kesef	כֶּסֶף (ז)
nickel (m)	'nikel	נִיקֶל (ז)
cuivre (m)	ne'χoʃet	נְחוֹשֶׁת (נ)
zinc (m)	avats	אָבָץ (ז)
manganèse (m)	mangan	מַנְגָּן (ז)
mercure (m)	kaspit	כַּסְפִּית (נ)
plomb (m)	o'feret	עוֹפֶרֶת (נ)
minéral (m)	mineral	מִינָרָל (ז)
cristal (m)	gaviʃ	גָּבִישׁ (ז)
marbre (m)	'ʃayiʃ	שַׁיִשׁ (ז)
uranium (m)	u'ranyum	אוּרַנְיוּם (ז)

La Terre. Partie 2

206. Le temps

temps (m)	'mezeg avir	מֶזֶג אֲוִויר (ז)
météo (f)	taχazit 'mezeg ha'avir	תַּחֲזִית מֶזֶג הָאֲוִויר (נ)
température (f)	tempera'tura	טֶמְפֶּרָטוּרָה (נ)
thermomètre (m)	madχom	מַדְחוֹם (ז)
baromètre (m)	ba'rometer	בָּרוֹמֶטֶר (ז)

humide (adj)	laχ	לַח
humidité (f)	laχut	לַחוּת (נ)
chaleur (f) (canicule)	χom	חוֹם (ז)
torride (adj)	χam	חַם
il fait très chaud	χam	חַם

il fait chaud	χamim	חָמִים
chaud (modérément)	χamim	חָמִים

il fait froid	kar	קַר
froid (adj)	kar	קַר

soleil (m)	'ʃemeʃ	שֶׁמֶשׁ (נ)
briller (soleil)	lizhor	לִזְהֹר
ensoleillé (jour ~)	ʃimʃi	שִׁמְשִׁי
se lever (vp)	liz'roaχ	לִזְרֹחַ
se coucher (vp)	liʃ'ko'a	לִשְׁקֹעַ

nuage (m)	anan	עָנָן (ז)
nuageux (adj)	me'unan	מְעוּנָן
nuée (f)	av	עָב (ז)
sombre (adj)	sagriri	סַגְרִירִי

pluie (f)	'geʃem	גֶּשֶׁם (ז)
il pleut	yored 'geʃem	יוֹרֵד גֶּשֶׁם

pluvieux (adj)	gaʃum	גָּשׁוּם
bruiner (v imp)	letaftef	לְטַפְטֵף

pluie (f) torrentielle	matar	מָטָר (ז)
averse (f)	mabul	מַבּוּל (ז)
forte (la pluie ~)	χazak	חָזָק

flaque (f)	ʃlulit	שְׁלוּלִית (נ)
se faire mouiller	lehitratev	לְהִתְרַטֵּב

brouillard (m)	arapel	עֲרָפֶל (ז)
brumeux (adj)	me'urpal	מְעוּרְפָּל
neige (f)	'ʃeleg	שֶׁלֶג (ז)
il neige	yored 'ʃeleg	יוֹרֵד שֶׁלֶג

207. Les intempéries. Les catastrophes naturelles

orage (m)	sufat re'amim	סוּפַת רְעָמִים (נ)
éclair (m)	barak	בָּרָק (ז)
éclater (foudre)	livhok	לִבְהוֹק
tonnerre (m)	'ra'am	רַעַם (ז)
gronder (tonnerre)	lir'om	לִרְעוֹם
le tonnerre gronde	lir'om	לִרְעוֹם
grêle (f)	barad	בָּרָד (ז)
il grêle	yored barad	יוֹרֵד בָּרָד
inonder (vt)	lehatsif	לְהָצִיף
inondation (f)	ʃitafon	שִׁיטָפוֹן (ז)
tremblement (m) de terre	re'idat adama	רְעִידַת אֲדָמָה (נ)
secousse (f)	re'ida	רְעִידָה (נ)
épicentre (m)	moked	מוֹקֵד (ז)
éruption (f)	hitpartsut	הִתְפָּרְצוּת (נ)
lave (f)	'lava	לָאבָה (נ)
tourbillon (m)	hurikan	הוֹרִיקָן (ז)
tornade (f)	tor'nado	טוֹרְנָדוֹ (ז)
typhon (m)	taifun	טַייפוּן (ז)
ouragan (m)	hurikan	הוֹרִיקָן (ז)
tempête (f)	sufa	סוּפָה (נ)
tsunami (m)	tsu'nami	צוּנָאמִי (ז)
cyclone (m)	tsiklon	צִיקְלוֹן (ז)
intempéries (f pl)	sagrir	סַגְרִיר (ז)
incendie (m)	srefa	שְׂרֵיפָה (נ)
catastrophe (f)	ason	אָסוֹן (ז)
météorite (m)	mete'orit	מֶטֶאוֹרִיט (ז)
avalanche (f)	ma'polet ʃlagim	מַפּוֹלֶת שְׁלָגִים (נ)
éboulement (m)	ma'polet ʃlagim	מַפּוֹלֶת שְׁלָגִים (נ)
blizzard (m)	sufat ʃlagim	סוּפַת שְׁלָגִים (נ)
tempête (f) de neige	sufat ʃlagim	סוּפַת שְׁלָגִים (נ)

208. Les bruits. Les sons

silence (m)	'ʃeket	שֶׁקֶט (ז)
son (m)	tslil	צְלִיל (ז)
bruit (m)	'ra'aʃ	רַעַשׁ (ז)
faire du bruit	lir'oʃ	לִרְעוֹשׁ
bruyant (adj)	ro'eʃ	רוֹעֵשׁ
fort (adv)	bekol	בְּקוֹל
fort (voix ~e)	ram	רָם
constant (bruit, etc.)	ka'vu'a	קָבוּעַ

cri (m)	tse'aka	צְעָקָה (נ)
crier (vi)	lits'ok	לִצְעוֹק
chuchotement (m)	lexi∫a	לְחִישָׁה (נ)
chuchoter (vi, vt)	lilxo∫	לִלְחוֹש

| aboiement (m) | nevixa | נְבִיחָה (נ) |
| aboyer (vi) | lin'boax | לִנְבּוֹחַ |

gémissement (m)	anaka	אֲנָקָה (נ)
gémir (vi)	lehe'anek	לְהֵיאָנֵק
toux (f)	∫i'ul	שִׁיעוּל (ז)
tousser (vi)	lehi∫ta'el	לְהִשְׁתַּעֵל

sifflement (m)	∫rika	שְׁרִיקָה (נ)
siffler (vi)	li∫rok	לִשְׁרוֹק
coups (m pl) à la porte	haka∫a	הַקָּשָׁה (נ)
frapper (~ à la porte)	lidfok	לִדְפּוֹק

| craquer (vi) | lehitba'ke'a | לְהִתְבַּקֵּעַ |
| craquement (m) | naftsuts | נִפְצוּץ (ז) |

sirène (f)	tsofar	צוֹפָר (ז)
sifflement (m) (de train)	tsfira	צְפִירָה (נ)
siffler (train, etc.)	litspor	לִצְפּוֹר
coup (m) de klaxon	tsfira	צְפִירָה (נ)
klaxonner (vi)	litspor	לִצְפּוֹר

209. L'hiver

hiver (m)	'xoref	חוֹרֶף (ז)
d'hiver (adj)	xorpi	חוֹרְפִּי
en hiver	ba'xoref	בַּחוֹרֶף

neige (f)	'∫eleg	שֶׁלֶג (ז)
il neige	yored '∫eleg	יוֹרֵד שֶׁלֶג
chute (f) de neige	yeridat '∫eleg	יְרִידַת שֶׁלֶג (נ)
congère (f)	aremat '∫eleg	עֲרֵימַת שֶׁלֶג (נ)

flocon (m) de neige	ptit '∫eleg	פְּתִית שֶׁלֶג (ז)
boule (f) de neige	kadur '∫eleg	כַּדּוּר שֶׁלֶג (ז)
bonhomme (m) de neige	i∫ '∫eleg	אִישׁ שֶׁלֶג (ז)
glaçon (m)	netif 'kerax	נְטִיף קֶרַח (ז)

décembre (m)	de'tsember	דֶצֶמְבֶּר (ז)
janvier (m)	'yanu'ar	יָנוּאָר (ז)
février (m)	'febru'ar	פֶבְּרוּאָר (ז)

| gel (m) | kfor | כְּפוֹר (ז) |
| glacial (nuit ~) | kfori | כְּפוֹרִי |

au-dessous de zéro	mi'taxat la''efes	מִתַּחַת לָאֶפֶס
premières gelées (f pl)	kara	קָרָה (נ)
givre (m)	kfor	כְּפוֹר (ז)
froid (m)	kor	קוֹר (ז)

il fait froid	kar	קַר
manteau (m) de fourrure	me'il parva	מְעִיל פַּרְוָה (ז)
moufles (f pl)	kfafot	כְּפָפוֹת (נ״ר)
tomber malade	laχalot	לַחֲלוֹת
refroidissement (m)	hitstanenut	הִצְטַנְּנוּת (נ)
prendre froid	lehitstanen	לְהִצְטַנֵּן
glace (f)	'keraχ	קֶרַח (ז)
verglas (m)	ʃiχvat 'keraχ	שִׁכְבַת קֶרַח (נ)
être gelé	likpo	לִקְפּוֹא
bloc (m) de glace	karχon	קַרְחוֹן (ז)
skis (m pl)	ski	סְקִי (ז)
skieur (m)	goleʃ	גּוֹלֵשׁ (ז)
faire du ski	la'asot ski	לַעֲשׂוֹת סְקִי
patiner (vi)	lehaχlik	לְהַחְלִיק

La faune

210. Les mammifères. Les prédateurs

prédateur (m)	χayat 'teref	חַיַּת טֶרֶף (נ)
tigre (m)	'tigris	טִיגְרִיס (ז)
lion (m)	arye	אַרְיֵה (ז)
loup (m)	ze'ev	זְאֵב (ז)
renard (m)	ʃu'al	שׁוּעָל (ז)
jaguar (m)	yagu'ar	יָגוּאָר (ז)
léopard (m)	namer	נָמֵר (ז)
guépard (m)	bardelas	בַּרְדְּלָס (ז)
panthère (f)	panter	פַּנְתֵּר (ז)
puma (m)	'puma	פּוּמָה (נ)
léopard (m) de neiges	namer 'ʃeleg	נָמֵר שֶׁלֶג (ז)
lynx (m)	ʃunar	שׁוּנָר (ז)
coyote (m)	ze'ev ha'aravot	זְאֵב הָעֲרָבוֹת (ז)
chacal (m)	tan	תַּן (ז)
hyène (f)	tsa'vo'a	צָבוֹעַ (ז)

211. Les animaux sauvages

animal (m)	'ba'al χayim	בַּעַל חַיִּים (ז)
bête (f)	χaya	חַיָּה (נ)
écureuil (m)	sna'i	סְנָאִי (ז)
hérisson (m)	kipod	קִיפּוֹד (ז)
lièvre (m)	arnav	אַרְנָב (ז)
lapin (m)	ʃafan	שָׁפָן (ז)
blaireau (m)	girit	גִּירִית (נ)
raton (m)	dvivon	דְּבִיבוֹן (ז)
hamster (m)	oger	אוֹגֵר (ז)
marmotte (f)	mar'mita	מַרְמִיטָה (נ)
taupe (f)	χafar'peret	חֲפַרְפֶּרֶת (נ)
souris (f)	aχbar	עַכְבָּר (ז)
rat (m)	χulda	חוּלְדָּה (נ)
chauve-souris (f)	atalef	עֲטַלֵּף (ז)
hermine (f)	hermin	הֶרְמִין (ז)
zibeline (f)	tsobel	צוֹבֶּל (ז)
martre (f)	dalak	דָּלָק (ז)
belette (f)	χamus	חָמוּס (ז)
vison (m)	χorfan	חוֹרְפָן (ז)

| castor (m) | bone | בּוֹנֶה (ז) |
| loutre (f) | lutra | לוּטְרָה (נ) |

cheval (m)	sus	סוּס (ז)
élan (m)	ayal hakore	אַיָּל הַקּוֹרֵא (ז)
cerf (m)	ayal	אַיָּל (ז)
chameau (m)	gamal	גָּמָל (ז)

bison (m)	bizon	בִּיזוֹן (ז)
aurochs (m)	bizon ei'ropi	בִּיזוֹן אֵירוֹפִּי (ז)
buffle (m)	te'o	תְּאוֹ (ז)

zèbre (m)	'zebra	זֶבְּרָה (נ)
antilope (f)	anti'lopa	אַנְטִילוֹפָּה (ז)
chevreuil (m)	ayal hakarmel	אַיָּל הַכַּרְמֶל (ז)
biche (f)	yaxmur	יַחְמוּר (ז)
chamois (m)	ya'el	יָעֵל (ז)
sanglier (m)	xazir bar	חֲזִיר בָּר (ז)

baleine (f)	livyatan	לִוְיָתָן (ז)
phoque (m)	'kelev yam	כֶּלֶב יָם (ז)
morse (m)	sus yam	סוּס יָם (ז)
ours (m) de mer	dov yam	דֹּב יָם (ז)
dauphin (m)	dolfin	דּוֹלְפִין (ז)

ours (m)	dov	דֹּב (ז)
ours (m) blanc	dov 'kotev	דֹּב קוֹטֶב (ז)
panda (m)	'panda	פַּנְדָה (נ)

singe (m)	kof	קוֹף (ז)
chimpanzé (m)	ʃimpanze	שִׁימְפַּנְזֶה (נ)
orang-outang (m)	orang utan	אוֹרַנְג-אוּטָן (ז)
gorille (m)	go'rila	גּוֹרִילָה (נ)
macaque (m)	makak	מָקָק (ז)
gibbon (m)	gibon	גִּיבּוֹן (ז)

éléphant (m)	pil	פִּיל (ז)
rhinocéros (m)	karnaf	קַרְנַף (ז)
girafe (f)	dʒi'rafa	ג׳ירָפָה (נ)
hippopotame (m)	hipopotam	הִיפּוֹפּוֹטָם (ז)

| kangourou (m) | 'kenguru | קֶנְגּוּרוּ (ז) |
| koala (m) | ko''ala | קוֹאָלָה (ז) |

mangouste (f)	nemiya	נְמִיָּה (נ)
chinchilla (m)	tʃin'tʃila	צ׳ינצ׳ילָה (נ)
mouffette (f)	bo'eʃ	בּוֹאֵשׁ (ז)
porc-épic (m)	darban	דַּרְבָּן (ז)

212. Les animaux domestiques

chat (m) (femelle)	xatula	חֲתוּלָה (נ)
chat (m) (mâle)	xatul	חָתוּל (ז)
chien (m)	'kelev	כֶּלֶב (ז)

cheval (m)	sus	סוּס (ז)
étalon (m)	sus harba'a	סוּס הַרְבָּעָה (ז)
jument (f)	susa	סוּסָה (נ)

vache (f)	para	פָּרָה (נ)
taureau (m)	ʃor	שׁוֹר (ז)
bœuf (m)	ʃor	שׁוֹר (ז)

brebis (f)	kivsa	כִּבְשָׂה (נ)
mouton (m)	'ayil	אַיִל (ז)
chèvre (f)	ez	עֵז (נ)
bouc (m)	'tayiʃ	תַּיִשׁ (ז)

| âne (m) | χamor | חֲמוֹר (ז) |
| mulet (m) | 'pered | פֶּרֶד (ז) |

cochon (m)	χazir	חֲזִיר (ז)
pourceau (m)	χazarzir	חֲזַרְזִיר (ז)
lapin (m)	arnav	אַרְנָב (ז)

| poule (f) | tarne'golet | תַּרְנְגוֹלֶת (נ) |
| coq (m) | tarnegol | תַּרְנְגוֹל (ז) |

canard (m)	barvaz	בַּרְוָז (ז)
canard (m) mâle	barvaz	בַּרְוָז (ז)
oie (f)	avaz	אַוָּז (ז)

| dindon (m) | tarnegol 'hodu | תַּרְנְגוֹל הוֹדוּ (ז) |
| dinde (f) | tarne'golet 'hodu | תַּרְנְגוֹלֶת הוֹדוּ (נ) |

animaux (m pl) domestiques	χayot 'bayit	חַיּוֹת בַּיִת (נ"ר)
apprivoisé (adj)	mevuyat	מְבוּיָת
apprivoiser (vt)	levayet	לְבַיֵּת
élever (vt)	lehar'bi‘a	לְהַרְבִּיעַ

ferme (f)	χava	חַוָּה (נ)
volaille (f)	ofot 'bayit	עוֹפוֹת בַּיִת (נ"ר)
bétail (m)	bakar	בָּקָר (ז)
troupeau (m)	'eder	עֵדֶר (ז)

écurie (f)	urva	אוּרְוָה (נ)
porcherie (f)	dir χazirim	דִּיר חֲזִירִים (ז)
vacherie (f)	'refet	רֶפֶת (נ)
cabane (f) à lapins	arnaviya	אַרְנָבִיָּה (נ)
poulailler (m)	lul	לוּל (ז)

213. Le chien. Les races

chien (m)	'kelev	כֶּלֶב (ז)
berger (m)	'kelev ro‘e	כֶּלֶב רוֹעֶה (ז)
berger (m) allemand	ro'e germani	רוֹעֶה גֶּרְמָנִי (ז)
caniche (f)	'pudel	פּוּדֶל (ז)
teckel (m)	'taχaʃ	תַּחַשׁ (ז)
bouledogue (m)	buldog	בּוּלְדּוֹג (ז)

boxer (m)	'bokser	בּוֹקְסֶר (ז)
mastiff (m)	mastif	מַסְטִיף (ז)
rottweiler (m)	rot'vailer	רוֹטְוַוייְלֶר (ז)
doberman (m)	'doberman	דוֹבֶּרְמָן (ז)

basset (m)	'baset 'ha'und	בָּאסֶט־הָאוּנד (ז)
bobtail (m)	bobteil	בּוֹבְּטֵייל (ז)
dalmatien (m)	dal'mati	דַלְמָטִי (ז)
cocker (m)	'koker 'spani'el	קוֹקֶר סְפָּנִיאֶל (ז)

| terre-neuve (m) | nyu'fa'undlend | נְיוּפָאוּנדְלֶנד (ז) |
| saint-bernard (m) | sen bernard | סֶן בֶּרְנָרד (ז) |

husky (m)	'haski	הָאסְקִי (ז)
chow-chow (m)	'ʧa'u 'ʧa'u	צָ'או צָ'או (ז)
spitz (m)	ʃpits	שְׁפִּיץ (ז)
carlin (m)	pag	פָּאג (ז)

214. Les cris des animaux

aboiement (m)	neviχa	נְבִיחָה (נ)
aboyer (vi)	lin'boaχ	לִנְבּוֹחַ
miauler (vi)	leyalel	לְיַלֵּל
ronronner (vi)	legarger	לְגַרְגֵּר

meugler (vi)	lig'ot	לִגְעוֹת
beugler (taureau)	lig'ot	לִגְעוֹת
rugir (chien)	linhom	לִנְהוֹם

hurlement (m)	yelala	יְלָלָה (נ)
hurler (loup)	leyalel	לְיַלֵּל
geindre (vi)	leyabev	לְיַבֵּב

bêler (vi)	lif'ot	לִפְעוֹת
grogner (cochon)	leχarχer	לְחַרְחֵר
glapir (cochon)	lits'voaχ	לִצְווֹחַ

coasser (vi)	lekarker	לְקַרְקֵר
bourdonner (vi)	lezamzem	לְזַמְזֵם
striduler (vi)	letsartser	לְצַרְצֵר

215. Les jeunes animaux

bébé (m) (~ lapin)	gur	גוּר (ז)
chaton (m)	χataltul	חֲתַלְתוּל (ז)
souriceau (m)	aχbaron	עַכְבָּרוֹן (ז)
chiot (m)	klavlav	כְּלַבְלַב (ז)

levraut (m)	arnavon	אַרְנָבוֹן (ז)
lapereau (m)	ʃfanfan	שְׁפַנְפַן (ז)
louveteau (m)	gur ze'evim	גוּר זְאֵבִים (ז)
renardeau (m)	ʃu'alon	שׁוּעָלוֹן (ז)

ourson (m)	dubon	דּוּבּוֹן (ז)
lionceau (m)	gur arye	גּוּר אַרְיֵה (ז)
bébé (m) tigre	gur namerim	גּוּר נְמֵרִים (ז)
éléphanteau (m)	pilon	פִּילוֹן (ז)

pourceau (m)	xazarzir	חֲזַרְזִיר (ז)
veau (m)	'egel	עֵגֶל (ז)
chevreau (m)	gdi	גְּדִי (ז)
agneau (m)	tale	טָלֶה (ז)
faon (m)	'ofer	עוֹפֶר (ז)
bébé (m) chameau	'bexer	בֶּכֶר (ז)

| serpenteau (m) | gur naxaʃim | גּוּר נְחָשִׁים (ז) |
| bébé (m) grenouille | tsfarde'on | צְפַרְדְּעוֹן (ז) |

oisillon (m)	gozal	גּוֹזָל (ז)
poussin (m)	ef'roax	אֶפְרוֹחַ (ז)
canardeau (m)	barvazon	בַּרְוָזוֹן (ז)

216. Les oiseaux

oiseau (m)	tsipor	צִיפּוֹר (נ)
pigeon (m)	yona	יוֹנָה (נ)
moineau (m)	dror	דְּרוֹר (ז)
mésange (f)	yargazi	יַרְגָּזִי (ז)
pie (f)	orev nexalim	עוֹרֵב נְחָלִים (ז)

corbeau (m)	orev ʃaxor	עוֹרֵב שָׁחוֹר (ז)
corneille (f)	orev afor	עוֹרֵב אָפוֹר (ז)
choucas (m)	ka'ak	קָאָק (ז)
freux (m)	orev hamizra	עוֹרֵב הַמִּזְרָע (ז)

canard (m)	barvaz	בַּרְוָז (ז)
oie (f)	avaz	אָוָז (ז)
faisan (m)	pasyon	פַּסְיוֹן (ז)

aigle (m)	'ayit	עַיִט (ז)
épervier (m)	nets	נֵץ (ז)
faucon (m)	baz	בַּז (ז)
vautour (m)	ozniya	עוֹזְנִיָּה (ז)
condor (m)	kondor	קוֹנְדּוֹר (ז)

cygne (m)	barbur	בַּרְבּוּר (ז)
grue (f)	agur	עָגוּר (ז)
cigogne (f)	xasida	חֲסִידָה (נ)

perroquet (m)	'tuki	תּוּכִּי (ז)
colibri (m)	ko'libri	קוֹלִיבְּרִי (ז)
paon (m)	tavas	טָוָּס (ז)

autruche (f)	bat ya'ana	בַּת יַעֲנָה (נ)
héron (m)	anafa	אֲנָפָה (נ)
flamant (m)	fla'mingo	פְלָמִינְגוֹ (ז)
pélican (m)	saknai	שַׂקְנַאי (ז)

| rossignol (m) | zamir | זָמִיר (ז) |
| hirondelle (f) | snunit | סְנוּנִית (נ) |

merle (m)	kiχli	קִיכְלִי (ז)
grive (f)	kiχli mezamer	קִיכְלִי מְזַמֵּר (ז)
merle (m) noir	kiχli ʃaχor	קִיכְלִי שָׁחוֹר (ז)

martinet (m)	sis	סִיס (ז)
alouette (f) des champs	efroni	עֶפְרוֹנִי (ז)
caille (f)	slav	שְׂלָיו (ז)

pivert (m)	'neker	נֶקֶר (ז)
coucou (m)	kukiya	קוּקִיָּה (נ)
chouette (f)	yanʃuf	יַנְשׁוּף (ז)
hibou (m)	'oaχ	אוֹחַ (ז)
tétras (m)	seχvi 'ya'ar	שְׂכְוִי יַעַר (ז)
tétras-lyre (m)	seχvi	שְׂכְוִי (ז)
perdrix (f)	χogla	חוֹגְלָה (נ)

étourneau (m)	zarzir	זַרְזִיר (ז)
canari (m)	ka'narit	קָנָרִית (נ)
gélinotte (f) des bois	seχvi haya'arot	שְׂכְוִי הַיְּעָרוֹת (ז)
pinson (m)	paroʃ	פָּרוֹשׁ (ז)
bouvreuil (m)	admonit	אַדְמוֹנִית (נ)

mouette (f)	'ʃaχaf	שַׁחַף (ז)
albatros (m)	albatros	אַלְבַּטְרוֹס (ז)
pingouin (m)	pingvin	פִּינְגְּוִוין (ז)

217. Les oiseaux. Le chant, les cris

chanter (vi)	laʃir	לָשִׁיר
crier (vi)	lits'ok	לִצְעֹק
chanter (le coq)	lekarker	לְקַרְקֵר
cocorico (m)	kuku'riku	קוּקוּרִיקוּ

glousser (vi)	lekarker	לְקַרְקֵר
croasser (vi)	lits'roaχ	לִצְרֹחַ
cancaner (vi)	lega'a'ge'a	לְגַעְגֵּעַ
piauler (vi)	letsayets	לְצַיֵּץ
pépier (vi)	letsaftsef, letsayets	לְצַפְצֵף, לְצַיֵּץ

218. Les poissons. Les animaux marins

brème (f)	avroma	אַבְרוֹמָה (נ)
carpe (f)	karpiyon	קַרְפִּיּוֹן (ז)
perche (f)	'okunus	אוֹקוּנוֹס (ז)
silure (m)	sfamnun	שְׂפַמְנוּן (ז)
brochet (m)	ze'ev 'mayim	זְאֵב מַיִם (ז)

| saumon (m) | 'salmon | סַלְמוֹן (ז) |
| esturgeon (m) | χidkan | חִדְקָן (ז) |

hareng (m)	ma'liaχ	קָלִיחַ (ז)
saumon (m) atlantique	iltit	אִילְתִּית (נ)
maquereau (m)	makarel	מָקָרֵל (ז)
flet (m)	dag moʃe ra'benu	דַג מֹשֶׁה רַבֵּנוּ (ז)

sandre (f)	amnun	אַמְנוּן (ז)
morue (f)	ʃibut	שִׁיבּוּט (ז)
thon (m)	'tuna	טוּנָה (נ)
truite (f)	forel	פּוֹרֶל (ז)

anguille (f)	tslofaχ	צְלוֹפַח (ז)
torpille (f)	trisanit	תְּרִיסָנִית (נ)
murène (f)	mo'rena	מוֹרֶנָה (נ)
piranha (m)	pi'ranya	פִּירָנְיָה (נ)

requin (m)	kariʃ	כָּרִישׁ (ז)
dauphin (m)	dolfin	דוֹלְפִין (ז)
baleine (f)	livyatan	לִוְיָתָן (ז)

crabe (m)	sartan	סַרְטָן (ז)
méduse (f)	me'duza	מֶדוּזָה (נ)
pieuvre (f), poulpe (m)	tamnun	תַּמְנוּן (ז)

étoile (f) de mer	koχav yam	כּוֹכַב יָם (ז)
oursin (m)	kipod yam	קִיפּוֹד יָם (ז)
hippocampe (m)	suson yam	סוּסוֹן יָם (ז)

huître (f)	tsidpa	צִדְפָּה (נ)
crevette (f)	χasilon	חָסִילוֹן (ז)
homard (m)	'lobster	לוֹבְּסְטֶר (ז)
langoustine (f)	'lobster kotsani	לוֹבְּסְטֶר קוֹצָנִי (ז)

219. Les amphibiens. Les reptiles

serpent (m)	naχaʃ	נָחָשׁ (ז)
venimeux (adj)	arsi	אַרְסִי

vipère (f)	'tsefa	צֶפַע (ז)
cobra (m)	'peten	פֶּתֶן (ז)
python (m)	piton	פִּיתוֹן (ז)
boa (m)	χanak	חָנָק (ז)

couleuvre (f)	naχaʃ 'mayim	נָחָשׁ מַיִם (ז)
serpent (m) à sonnettes	ʃfifon	שְׁפִיפוֹן (ז)
anaconda (m)	ana'konda	אָנָקוֹנְדָה (נ)

lézard (m)	leta'a	לְטָאָה (נ)
iguane (m)	igu''ana	אִיגוּאָנָה (נ)
varan (m)	'koaχ	כּוֹחַ (ז)
salamandre (f)	sala'mandra	סָלָמַנְדְּרָה (נ)
caméléon (m)	zikit	זִיקִית (נ)
scorpion (m)	akrav	עַקְרָב (ז)
tortue (f)	tsav	צָב (ז)
grenouille (f)	tsfar'de'a	צְפַרְדֵּעַ (נ)

| crapaud (m) | karpada | קַרְפָּדָה (נ) |
| crocodile (m) | tanin | תַּנִין (ז) |

220. Les insectes

insecte (m)	χarak	חָרָק (ז)
papillon (m)	parpar	פַּרְפַּר (ז)
fourmi (f)	nemala	נְמָלָה (נ)
mouche (f)	zvuv	זְבוּב (ז)
moustique (m)	yatuʃ	יַתוּש (ז)
scarabée (m)	χipuʃit	חִיפּוּשִׁית (נ)

guêpe (f)	tsir'a	צִרְעָה (נ)
abeille (f)	dvora	דְּבוֹרָה (נ)
bourdon (m)	dabur	דַּבּוּר (ז)
œstre (m)	zvuv hasus	זְבוּב הַסּוּס (ז)

| araignée (f) | akaviʃ | עַכָּבִיש (ז) |
| toile (f) d'araignée | kurei akaviʃ | קוּרֵי עַכָּבִיש (ז"ר) |

libellule (f)	ʃapirit	שְׁפִּירִית (נ)
sauterelle (f)	χagav	חָגָב (ז)
papillon (m)	aʃ	עָש (ז)

cafard (m)	makak	מָקָק (ז)
tique (f)	kartsiya	קַרְצִיָּה (נ)
puce (f)	par'oʃ	פַּרְעוֹש (ז)
moucheron (m)	yavχuʃ	יַבְחוּש (ז)

criquet (m)	arbe	אַרְבֶּה (ז)
escargot (m)	χilazon	חִילָזוֹן (ז)
grillon (m)	tsartsar	צְרָצַר (ז)
luciole (f)	gaχlilit	גַּחְלִילִית (נ)
coccinelle (f)	parat moʃe ra'benu	פָּרַת מֹשֶׁה רַבֵּנוּ (נ)
hanneton (m)	χipuʃit aviv	חִיפּוּשִׁית אָבִיב (נ)

sangsue (f)	aluka	עֲלוּקָה (נ)
chenille (f)	zaχal	זַחַל (ז)
ver (m)	to'la'at	תּוֹלַעַת (נ)
larve (f)	'deren	דֶּרֶן (ז)

221. Les parties du corps des animaux

bec (m)	makor	מָקוֹר (ז)
ailes (f pl)	kna'fayim	כְּנָפַיִים (נ"ר)
patte (f)	'regel	רֶגֶל (נ)
plumage (m)	pluma	פְּלוּמָה (נ)
plume (f)	notsa	נוֹצָה (נ)
houppe (f)	tsitsa	צִיצָה (נ)

| ouïes (f pl) | zimim | זִימִים (ז"ר) |
| œufs (m pl) | beitsei dagim | בֵּיצֵי דָגִים (נ"ר) |

larve (f)	'deren	זֶרֶן (ז)
nageoire (f)	snapir	סְנַפִּיר (ז)
écaille (f)	kaskasim	קַשְׂקַשִּׂים (ז"ר)

croc (m)	niv	נִיב (ז)
patte (f)	'regel	רֶגֶל (נ)
museau (m)	partsuf	פַּרְצוּף (ז)
gueule (f)	lo'a	לוֹעַ (ז)
queue (f)	zanav	זָנָב (ז)
moustaches (f pl)	safam	שָׂפָם (ז)

| sabot (m) | parsa | פַּרְסָה (נ) |
| corne (f) | 'keren | קֶרֶן (נ) |

carapace (f)	ʃiryon	שִׁרְיוֹן (ז)
coquillage (m)	konχiya	קוֹנְכִיָּה (נ)
coquille (f) d'œuf	klipa	קְלִיפָּה (נ)

| poil (m) | parva | פַּרְוָה (נ) |
| peau (f) | or | עוֹר (ז) |

222. Les mouvements des animaux

| voler (vi) | la'uf | לָעוּף |
| faire des cercles | laχug | לָחוּג |

| s'envoler (vp) | la'uf | לָעוּף |
| battre des ailes | lenafnef | לְנַפְנֵף |

| picorer (vt) | lenaker | לְנַקֵּר |
| couver (vt) | lidgor | לִדְגּוֹר |

| éclore (vt) | liv'ko'a | לִבְקוֹעַ |
| faire un nid | lekanen | לְקַנֵּן |

ramper (vi)	lizχol	לִזְחוֹל
piquer (insecte)	la'akots	לַעֲקוֹץ
mordre (animal)	linʃoχ	לִנְשׁוֹךְ

flairer (vt)	leraχ'reaχ	לְרַחְרֵחַ
aboyer (vi)	lin'boaχ	לִנְבּוֹחַ
siffler (serpent)	lirʃof	לִרְשׁוֹף

| effrayer (vt) | lehafχid | לְהַפְחִיד |
| attaquer (vt) | litkof | לִתְקוֹף |

ronger (vt)	leχarsem	לְכַרְסֵם
griffer (vt)	lisrot	לִשְׂרוֹט
se cacher (vp)	lehistater	לְהִסְתַּתֵּר

jouer (chatons, etc.)	lesaχek	לְשַׂחֵק
chasser (vi, vt)	latsud	לָצוּד
être en hibernation	laχrof	לַחֲרוֹף
disparaître (dinosaures)	lehikaχed	לְהִכָּחֵד

223. Les habitats des animaux

habitat (m) naturel	beit gidul	בֵּית גִּידּוּל (ז)
migration (f)	hagira	הַגִּירָה (נ)
montagne (f)	har	הַר (ז)
récif (m)	ʃunit	שׁוּנִית (נ)
rocher (m)	'sela	סֶלַע (ז)
forêt (f)	'ya'ar	יַעַר (ז)
jungle (f)	'dʒungel	גַ׳ונְגֶל (ז)
savane (f)	sa'vana	סָוָונָה (נ)
toundra (f)	'tundra	טוּנְדְרָה (נ)
steppe (f)	arava	עֲרָבָה (נ)
désert (m)	midbar	מִדְבָּר (ז)
oasis (f)	neve midbar	נְוֵוה מִדְבָּר (ז)
mer (f)	yam	יָם (ז)
lac (m)	agam	אֲגַם (ז)
océan (m)	ok'yanos	אוֹקְיָאנוֹס (ז)
marais (m)	bitsa	בִּיצָה (נ)
d'eau douce (adj)	ʃel 'mayim metukim	שֶׁל מַיִם מְתוּקִים
étang (m)	breχa	בְּרֵיכָה (נ)
rivière (f), fleuve (m)	nahar	נָהָר (ז)
tanière (f)	me'ura	מְאוּרָה (נ)
nid (m)	ken	קֵן (ז)
creux (m)	χor ba'ets	חוֹר בָּעֵץ (ז)
terrier (m) (~ d'un renard)	meχila	מְחִילָה (נ)
fourmilière (f)	kan nemalim	קַן נְמָלִים (ז)

224. Les soins aux animaux

zoo (m)	gan hayot	גַּן חַיּוֹת (ז)
réserve (f) naturelle	ʃmurat 'teva	שְׁמוּרַת טֶבַע (נ)
pépinière (f)	beit gidul	בֵּית גִּידּוּל (ז)
volière (f)	kluv	כְּלוּב (ז)
cage (f)	kluv	כְּלוּב (ז)
niche (f)	meluna	מְלוּנָה (נ)
pigeonnier (m)	ʃovaχ	שׁוֹבָךְ (ז)
aquarium (m)	ak'varyum	אָקְוַוְריּוּם (ז)
delphinarium (m)	dolfi'naryum	דּוֹלְפִינָרְיּוּם (ז)
élever (vt)	legadel	לְגַדֵּל
nichée (f), portée (f)	tse'etsa'im	צֶאֱצָאִים (ז״ר)
apprivoiser (vt)	levayet	לְבַיֵּית
dresser (un chien)	le'alef	לְאַלֵּף
aliments (pl) pour animaux	mazon, mispo	מָזוֹן (ז), מִסְפּוֹא (ז)
nourrir (vt)	leha'aχil	לְהַאֲכִיל

magasin (m) d'animaux	χanut χayot	חֲנוּת חַיּוֹת (נ)
museliére (f)	maχsom	מַחְסוֹם (ז)
collier (m)	kolar	קוֹלָר (ז)
nom (m) (d'un animal)	kinui	כִּינוּי (ז)
pedigree (m)	ʃal'ʃelet yuχsin	שַׁלְשֶׁלֶת יוֹחֲסִין (נ)

225. Les animaux. Divers

meute (f) (~ de loups)	lahaka	לַהֲקָה (נ)
volée (f) d'oiseaux	lahaka	לַהֲקָה (נ)
banc (m) de poissons	lahaka	לַהֲקָה (נ)
troupeau (m)	'eder	עֵדֶר (ז)

| mâle (m) | zaχar | זָכָר (ז) |
| femelle (f) | nekeva | נְקֵבָה (נ) |

affamé (adj)	ra'ev	רָעֵב
sauvage (adj)	pra'i	פְּרָאִי
dangereux (adj)	mesukan	מְסֻכָּן

226. Les chevaux

| cheval (m) | sus | סוּס (ז) |
| race (f) | 'geza | גֶּזַע (ז) |

| poulain (m) | syaχ | סְיָח (ז) |
| jument (f) | susa | סוּסָה (נ) |

mustang (m)	mustang	מוּסְטַנְג (ז)
poney (m)	'poni	פּוֹנִי (ז)
cheval (m) de trait	sus avoda	סוּס עֲבוֹדָה (ז)

| crin (m) | ra'ama | רַעֲמָה (נ) |
| queue (f) | zanav | זָנָב (ז) |

sabot (m)	parsa	פַּרְסָה (נ)
fer (m) à cheval	parsa	פַּרְסָה (נ)
ferrer (vt)	lefarzel	לְפַרְזֵל
maréchal-ferrant (m)	'nefaχ	נַפָּח (ז)

selle (f)	ukaf	אוּכָּף (ז)
étrier (m)	arkuba	אַרְכּוּבָה (נ)
bride (f)	'resen	רֶסֶן (ז)
rênes (f pl)	moʃχot	מוֹשְׁכוֹת (נ"ר)
fouet (m)	ʃot	שׁוֹט (ז)

cavalier (m)	roχev	רוֹכֵב (ז)
seller (vt)	le'akef	לְאַכֵּף
se mettre en selle	la'alot al sus	לַעֲלוֹת עַל סוּס

| galop (m) | dehira | דְּהִירָה (נ) |
| aller au galop | lidhor | לִדְהוֹר |

trot (m)	tfifa	טְפִיפָה (נ)
au trot (adv)	bidhira	בִּדְהִירָה
aller au trot	litpof	לִטְפוֹף

| cheval (m) de course | sus merots | סוּס מֵירוֹץ (ז) |
| courses (f pl) à chevaux | merots susim | מֵירוֹץ סוּסִים (ז) |

écurie (f)	urva	אוּרְוָה (נ)
nourrir (vt)	leha'axil	לְהַאֲכִיל
foin (m)	xatsil	חָצִיל (ז)
abreuver (vt)	lehaʃkot	לְהַשְׁקוֹת
laver (le cheval)	lirxots	לִרְחוֹץ

charrette (f)	agala	עֲגָלָה (נ)
paître (vi)	lir'ot	לִרְעוֹת
hennir (vi)	litshol	לִצְהוֹל
ruer (vi)	liv'ot	לִבְעוֹט

La flore

227. Les arbres

arbre (m)	ets	עֵץ (ז)
à feuilles caduques	naʃir	נָשִׁיר
conifère (adj)	maχtani	מַחְטָנִי
à feuilles persistantes	yarok ad	יָרוֹק עַד
pommier (m)	ta'puaχ	תַּפּוּחַ (ז)
poirier (m)	agas	אַגָּס (ז)
merisier (m)	gudgedan	גּוּדְגְּדָן (ז)
cerisier (m)	duvdevan	דּוּבְדְּבָן (ז)
prunier (m)	ʃezif	שְׁזִיף (ז)
bouleau (m)	ʃadar	שְׁדָר (ז)
chêne (m)	alon	אַלּוֹן (ז)
tilleul (m)	'tilya	טִילְיָה (נ)
tremble (m)	aspa	אַסְפָּה (נ)
érable (m)	'eder	אֶדֶר (ז)
épicéa (m)	a'ʃuaχ	אַשּׁוּחַ (ז)
pin (m)	'oren	אוֹרֶן (ז)
mélèze (m)	arzit	אַרְזִית (נ)
sapin (m)	a'ʃuaχ	אַשּׁוּחַ (ז)
cèdre (m)	'erez	אֶרֶז (ז)
peuplier (m)	tsaftsefa	צַפְצָפָה (נ)
sorbier (m)	ben χuzrar	בֶּן־חֻזְרָר (ז)
saule (m)	arava	עֲרָבָה (נ)
aune (m)	alnus	אַלְנוּס (ז)
hêtre (m)	aʃur	אַשּׁוּר (ז)
orme (m)	bu'kitsa	בּוּקִיצָה (נ)
frêne (m)	mela	מֵילָה (נ)
marronnier (m)	armon	עַרְמוֹן (ז)
magnolia (m)	mag'nolya	מַגְנוֹלְיָה (נ)
palmier (m)	'dekel	דֶּקֶל (ז)
cyprès (m)	broʃ	בְּרוֹשׁ (ז)
palétuvier (m)	mangrov	מַנְגְּרוֹב (ז)
baobab (m)	ba'obab	בָּאוֹבָּב (ז)
eucalyptus (m)	eika'liptus	אֵיקָלִיפְּטוּס (ז)
séquoia (m)	sek'voya	סָקוֹוֹיָה (נ)

228. Les arbustes

buisson (m)	'siaχ	שִׂיחַ (ז)
arbrisseau (m)	'siaχ	שִׂיחַ (ז)

| vigne (f) | 'gefen | גֶּפֶן (ז) |
| vigne (f) (vignoble) | 'kerem | כֶּרֶם (ז) |

framboise (f)	'petel	פֶּטֶל (ז)
cassis (m)	'siaχ dumdemaniyot ʃχorot	שִׂיחַ דֻּמְדְּמָנִיּוֹת שְׁחוֹרוֹת (ז)
groseille (f) rouge	'siaχ dumdemaniyot adumot	שִׂיחַ דֻּמְדְּמָנִיּוֹת אֲדֻמּוֹת (ז)
groseille (f) verte	χazarzar	חֲזַרְזַר (ז)

acacia (m)	ʃita	שִׁיטָה (נ)
berbéris (m)	berberis	בַּרְבָּרִיס (ז)
jasmin (m)	yasmin	יַסְמִין (ז)

genévrier (m)	ar'ar	עַרְעָר (ז)
rosier (m)	'siaχ vradim	שִׂיחַ וְרָדִים (ז)
églantier (m)	'vered bar	וֶרֶד בָּר (ז)

229. Les champignons

champignon (m)	pitriya	פִּטְרִיָּה (נ)
champignon (m) comestible	pitriya ra'uya lema'aχal	פִּטְרִיָּה רְאוּיָה לְמַאֲכָל
champignon (m) vénéneux	pitriya ra'ila	פִּטְרִיָּה רְעִילָה (נ)
chapeau (m)	kipat pitriya	כִּיפַּת פִּטְרִיָּה (נ)
pied (m)	'regel	רֶגֶל (נ)

cèpe (m)	por'tʃini	פּוֹרְצִ׳ינִי (ז)
bolet (m) orangé	pitriyat 'kova aduma	פִּטְרִיַּת כּוֹבַע אֲדוּמָה (נ)
bolet (m) bai	pitriyat 'ya'ar	פִּטְרִיַּת יַעַר (נ)
girolle (f)	gvi'onit ne'e'χelet	גְּבִיעוֹנִית נֶאֱכֶלֶת (נ)
russule (f)	χarifit	חֲרִיפִית (נ)

morille (f)	gamtsuts	גַּמְצוּץ (ז)
amanite (f) tue-mouches	zvuvanit	זְבוּבָנִית (נ)
oronge (f) verte	pitriya ra'ila	פִּטְרִיָּה רְעִילָה (נ)

230. Les fruits. Les baies

fruit (m)	pri	פְּרִי (ז)
fruits (m pl)	perot	פֵּרוֹת (ז״ר)
pomme (f)	ta'puaχ	תַּפּוּחַ (ז)
poire (f)	agas	אַגָּס (ז)
prune (f)	ʃezif	שְׁזִיף (ז)

fraise (f)	tut sade	תּוּת שָׂדֶה (ז)
cerise (f)	duvdevan	דֻּבְדְּבָן (ז)
merise (f)	gudgedan	גּוּדְגְּדָן (ז)
raisin (m)	anavim	עֲנָבִים (ז״ר)

framboise (f)	'petel	פֶּטֶל (ז)
cassis (m)	dumdemanit ʃχora	דֻּמְדְּמָנִית שְׁחוֹרָה (נ)
groseille (f) rouge	dumdemanit aduma	דֻּמְדְּמָנִית אֲדוּמָה (נ)
groseille (f) verte	χazarzar	חֲזַרְזַר (ז)
canneberge (f)	χamutsit	חֲמוּצִית (נ)

orange (f)	tapuz	תַּפּוּז (ז)
mandarine (f)	klemen'tina	קְלֶמֶנְטִינָה (נ)
ananas (m)	'ananas	אָנָנָס (ז)
banane (f)	ba'nana	בָּנָנָה (נ)
datte (f)	tamar	תָּמָר (ז)

citron (m)	limon	לִימוֹן (ז)
abricot (m)	'mi∫me∫	מִשְׁמֵשׁ (ז)
pêche (f)	afarsek	אֲפַרְסֵק (ז)
kiwi (m)	'kivi	קִיוִוי (ז)
pamplemousse (m)	e∫kolit	אֶשְׁכּוֹלִית (נ)

baie (f)	garger	גַּרְגַּר (ז)
baies (f pl)	gargerim	גַּרְגְּרִים (ז״ר)
airelle (f) rouge	uχmanit aduma	אוּכְמָנִית אֲדוּמָה (נ)
fraise (f) des bois	tut 'ya‘ar	תּוּת יַעַר (ז)
myrtille (f)	uχmanit	אוּכְמָנִית (נ)

231. Les fleurs. Les plantes

fleur (f)	'peraχ	פֶּרַח (ז)
bouquet (m)	zer	זֵר (ז)

rose (f)	'vered	וֶרֶד (ז)
tulipe (f)	tsiv‘oni	צִבְעוֹנִי (ז)
oeillet (m)	tsi'poren	צִיפּוֹרֶן (ז)
glaïeul (m)	glad'yola	גְּלַדְיוֹלָה (נ)

bleuet (m)	dganit	דְּגָנִיָּה (נ)
campanule (f)	pa'amonit	פַּעֲמוֹנִית (נ)
dent-de-lion (f)	∫inan	שִׁינָן (ז)
marguerite (f)	kamomil	קָמוֹמִיל (ז)

aloès (m)	alvai	אַלְוַוי (ז)
cactus (m)	'kaktus	קַקְטוּס (ז)
ficus (m)	'fikus	פִיקוּס (ז)

lis (m)	∫o∫ana	שׁוֹשַׁנָּה (נ)
géranium (m)	ge'ranyum	גֵּרַנְיוּם (ז)
jacinthe (f)	yakinton	יָקִינְטוֹן (ז)

mimosa (m)	mi'moza	מִימוֹזָה (נ)
jonquille (f)	narkis	נַרְקִיס (ז)
capucine (f)	'kova hanazir	כּוֹבַע הַנָּזִיר (ז)

orchidée (f)	saχlav	סַחְלָב (ז)
pivoine (f)	admonit	אַדְמוֹנִית (נ)
violette (f)	sigalit	סִיגָלִית (נ)

pensée (f)	amnon vetamar	אַמְנוֹן וְתָמָר (ז)
myosotis (m)	ziχ'rini	זִכְרִינִי (ז)
pâquerette (f)	marganit	מַרְגָּנִית (נ)
coquelicot (m)	'pereg	פֶּרֶג (ז)
chanvre (m)	ka'nabis	קָנַאבִּיס (ז)

menthe (f)	'menta	קַנְתָה (נ)
muguet (m)	zivanit	זִיוָנִית (נ)
perce-neige (f)	ga'lantus	גָלַנְטוּס (ז)

ortie (f)	sirpad	סִרְפַּד (ז)
oseille (f)	χum'a	חוּמְעָה (נ)
nénuphar (m)	nufar	נוּפָר (ז)
fougère (f)	ʃaraχ	שֶׁרֶךְ (ז)
lichen (m)	χazazit	חֲזָזִית (נ)

serre (f) tropicale	χamama	חֲמָמָה (נ)
gazon (m)	midʃa'a	מִדְשָׁאָה (נ)
parterre (m) de fleurs	arugat praχim	עֲרוּגַת פְּרָחִים (נ)

plante (f)	'tsemaχ	צֶמַח (ז)
herbe (f)	'deʃe	דֶשֶׁא (ז)
brin (m) d'herbe	giv'ol 'esev	גִּבְעוֹל עֵשֶׂב (ז)

feuille (f)	ale	עָלֶה (ז)
pétale (m)	ale ko'teret	עָלֵה כּוֹתֶרֶת (ז)
tige (f)	giv'ol	גִּבְעוֹל (ז)
tubercule (m)	'pka'at	פְּקַעַת (נ)

| pousse (f) | 'nevet | נֶבֶט (ז) |
| épine (f) | kots | קוֹץ (ז) |

fleurir (vi)	lif'roaχ	לִפְרוֹחַ
se faner (vp)	linbol	לִנְבּוֹל
odeur (f)	'reaχ	רֵיחַ (ז)
couper (vt)	ligzom	לִגְזוֹם
cueillir (fleurs)	liktof	לִקְטוֹף

232. Les céréales

grains (m pl)	tvu'a	תְּבוּאָה (נ)
céréales (f pl) (plantes)	dganim	דְגָנִים (ז״ר)
épi (m)	ʃi'bolet	שִׁיבּוֹלֶת (נ)

blé (m)	χita	חִיטָה (נ)
seigle (m)	ʃifon	שִׁיפוֹן (ז)
avoine (f)	ʃi'bolet ʃu'al	שִׁיבּוֹלֶת שׁוּעָל (נ)

| millet (m) | 'doχan | דּוֹחַן (ז) |
| orge (f) | se'ora | שְׂעוֹרָה (נ) |

maïs (m)	'tiras	תִּירָס (ז)
riz (m)	'orez	אוֹרֶז (ז)
sarrasin (m)	ku'semet	כּוּסֶמֶת (נ)

pois (m)	afuna	אֲפוּנָה (נ)
haricot (m)	ʃu'it	שְׁעוּעִית (נ)
soja (m)	'soya	סוֹיָה (נ)
lentille (f)	adaʃim	עֲדָשִׁים (נ״ר)
fèves (f pl)	pol	פּוֹל (ז)

233. Les légumes

légumes (m pl)	yerakot	יְרָקוֹת (ז"ר)
verdure (f)	'yerek	יָרָק (ז)
tomate (f)	agvaniya	עַגְבָנִיָּה (נ)
concombre (m)	melafefon	מְלָפְפוֹן (ז)
carotte (f)	'gezer	גֶּזֶר (ז)
pomme (f) de terre	ta'puaχ adama	תַּפּוּחַ אֲדָמָה (ז)
oignon (m)	batsal	בָּצָל (ז)
ail (m)	ʃum	שׁוּם (ז)
chou (m)	kruv	כְּרוּב (ז)
chou-fleur (m)	kruvit	כְּרוּבִית (נ)
chou (m) de Bruxelles	kruv nitsanim	כְּרוּב נִצָּנִים (ז)
brocoli (m)	'brokoli	בְּרוֹקוֹלִי (ז)
betterave (f)	'selek	סֶלֶק (ז)
aubergine (f)	χatsil	חָצִיל (ז)
courgette (f)	kiʃu	קִישּׁוּא (ז)
potiron (m)	'dla'at	דְּלַעַת (נ)
navet (m)	'lefet	לֶפֶת (נ)
persil (m)	petro'zilya	פֶּטְרוֹזִילְיָה (נ)
fenouil (m)	ʃamir	שָׁמִיר (ז)
laitue (f) (salade)	'χasa	חַסָּה (נ)
céleri (m)	'seleri	סֶלֶרִי (ז)
asperge (f)	aspa'ragos	אַסְפָּרָגוֹס (ז)
épinard (m)	'tered	תֶּרֶד (ז)
pois (m)	afuna	אֲפוּנָה (נ)
fèves (f pl)	pol	פּוֹל (ז)
maïs (m)	'tiras	תִּירָס (ז)
haricot (m)	ʃu'it	שְׁעוּעִית (נ)
poivron (m)	'pilpel	פִּלְפֵּל (ז)
radis (m)	tsnonit	צְנוֹנִית (נ)
artichaut (m)	artiʃok	אַרְטִישׁוֹק (ז)

LA GÉOGRAPHIE RÉGIONALE

Les pays du monde. Les nationalités

234. L'Europe de l'Ouest

Europe (f)	ei'ropa	אֵירוֹפָּה (נ)
Union (f) européenne	ha'ixud ha'eiro'pe'i	הָאִיחוּד הָאֵירוֹפִּי (ז)
européen (m)	eiro'pe'i	אֵירוֹפָּאִי (ז)
européen (adj)	eiro'pe'i	אֵירוֹפָּאִי

Autriche (f)	'ostriya	אוֹסְטְרְיָה (נ)
Autrichien (m)	'ostri	אוֹסְטְרִי (ז)
Autrichienne (f)	'ostrit	אוֹסְטְרִית (נ)
autrichien (adj)	'ostri	אוֹסְטְרִי

Grande-Bretagne (f)	bri'tanya hagdola	בְּרִיטַנְיָה הַגְדוֹלָה (נ)
Angleterre (f)	'angliya	אַנְגְלִיָה (נ)
Anglais (m)	'briti	בְּרִיטִי (ז)
Anglaise (f)	'btitit	בְּרִיטִית (נ)
anglais (adj)	angli	אַנְגְלִי

Belgique (f)	'belgya	בֶּלְגְיָה (נ)
Belge (m)	'belgi	בֶּלְגִי (ז)
Belge (f)	'belgit	בֶּלְגִית (נ)
belge (adj)	'belgi	בֶּלְגִי

Allemagne (f)	ger'manya	גֶרְמַנְיָה (נ)
Allemand (m)	germani	גֶרְמָנִי (ז)
Allemande (f)	germaniya	גֶרְמָנְיָה (נ)
allemand (adj)	germani	גֶרְמָנִי

Pays-Bas (m)	'holand	הוֹלַנְד (נ)
Hollande (f)	'holand	הוֹלַנְד (נ)
Hollandais (m)	ho'landi	הוֹלַנְדִי (ז)
Hollandaise (f)	ho'landit	הוֹלַנְדִית (נ)
hollandais (adj)	ho'landi	הוֹלַנְדִי

Grèce (f)	yavan	יָוָן (נ)
Grec (m)	yevani	יְוָנִי (ז)
Grecque (f)	yevaniya	יְוָנְיָה (נ)
grec (adj)	yevani	יְוָנִי

Danemark (m)	'denemark	דֶנֶמַרְק (נ)
Danois (m)	'deni	דָנִי (ז)
Danoise (f)	'denit	דָנִית (נ)
danois (adj)	'deni	דָנִי
Irlande (f)	'irland	אִירְלַנְד (נ)
Irlandais (m)	'iri	אִירִי (ז)

Irlandaise (f)	ir'landit	אִירְלַנְדִּית (נ)
irlandais (adj)	'iri	אִירִי
Islande (f)	'island	אִיסְלַנְד (נ)
Islandais (m)	is'landi	אִיסְלַנְדִּי (ז)
Islandaise (f)	is'landit	אִיסְלַנְדִּית (נ)
islandais (adj)	is'landi	אִיסְלַנְדִּי
Espagne (f)	sfarad	סְפָרַד (נ)
Espagnol (m)	sfaradi	סְפָרַדִּי (ז)
Espagnole (f)	sfaradiya	סְפָרַדִּיָה (נ)
espagnol (adj)	sfaradi	סְפָרַדִּי
Italie (f)	i'talya	אִיטַלְיָה (נ)
Italien (m)	italki	אִיטַלְקִי (ז)
Italienne (f)	italkiya	אִיטַלְקִיָה (נ)
italien (adj)	italki	אִיטַלְקִי
Chypre (m)	kafrisin	קַפְרִיסִין (נ)
Chypriote (m)	kafri'sa'i	קַפְרִיסָאִי (ז)
Chypriote (f)	kafri'sa'it	קַפְרִיסָאִית (נ)
chypriote (adj)	kafri'sa'i	קַפְרִיסָאִי
Malte (f)	'malta	מַלְטָה (נ)
Maltais (m)	'malti	מַלְטִי (ז)
Maltaise (f)	'maltit	מַלְטִית (נ)
maltais (adj)	'malti	מַלְטִי
Norvège (f)	nor'vegya	נוֹרְבֶּגְיָה (נ)
Norvégien (m)	nor'vegi	נוֹרְבֶּגִי (ז)
Norvégienne (f)	nor'vegit	נוֹרְבֶּגִית (נ)
norvégien (adj)	nor'vegi	נוֹרְבֶּגִי
Portugal (m)	portugal	פּוֹרְטוּגָל (נ)
Portugais (m)	portu'gali	פּוֹרְטוּגָלִי (ז)
Portugaise (f)	portu'galit	פּוֹרְטוּגָלִית (נ)
portugais (adj)	portu'gezi	פּוֹרְטוּגֶזִי
Finlande (f)	'finland	פִינְלַנְד (נ)
Finlandais (m)	'fini	פִינִי (ז)
Finlandaise (f)	'finit	פִינִית (נ)
finlandais (adj)	'fini	פִינִי
France (f)	tsarfat	צָרְפַת (נ)
Français (m)	tsarfati	צָרְפָתִי (ז)
Française (f)	tsarfatiya	צָרְפָתִיָה (נ)
français (adj)	tsarfati	צָרְפָתִי
Suède (f)	'ʃvedya	שְׁבֶדְיָה (נ)
Suédois (m)	'ʃvedi	שְׁבֶדִי (ז)
Suédoise (f)	'ʃvedit	שְׁבֶדִית (נ)
suédois (adj)	'ʃvedi	שְׁבֶדִי
Suisse (f)	'ʃvaits	שְׁווַיִץ (נ)
Suisse (m)	ʃvei'tsari	שְׁווַיְצָרִי (ז)
Suissesse (f)	ʃvei'tsarit	שְׁווַיְצָרִית (נ)

suisse (adj)	ʃveʹtsari	שׁוֵיצָרִי
Écosse (f)	ʹskotland	סקוֹטְלֶנד (נ)
Écossais (m)	ʹskoti	סקוֹטִי (ז)
Écossaise (f)	ʹskotit	סקוֹטִית (נ)
écossais (adj)	ʹskoti	סקוֹטִי

Vatican (m)	vatikan	וָתִיקָן (ז)
Liechtenstein (m)	liχtenʃtain	לִיכְטֶנְשְׁטַיין (נ)
Luxembourg (m)	luksemburg	לוּקְסֶמְבּוּרג (נ)
Monaco (m)	moʹnako	מוֹנָקוֹ (נ)

235. L'Europe Centrale et l'Europe de l'Est

Albanie (f)	alʹbanya	אַלְבַּנְיָה (נ)
Albanais (m)	alʹbani	אַלְבָּנִי (ז)
Albanaise (f)	alʹbanit	אַלְבָּנִית (נ)
albanais (adj)	alʹbani	אַלְבָּנִי

Bulgarie (f)	bulʹgarya	בּוּלְגַּרְיָה (נ)
Bulgare (m)	bulʹgari	בּוּלְגָּרִי (ז)
Bulgare (f)	bulgariya	בּוּלְגָּרִיָּה (נ)
bulgare (adj)	bulʹgari	בּוּלְגָּרִי

Hongrie (f)	hunʹgarya	הוּנְגַּרְיָה (נ)
Hongrois (m)	hungari	הוּנְגָּרִי (ז)
Hongroise (f)	hungariya	הוּנְגָּרִיָּה (נ)
hongrois (adj)	hunʹgari	הוּנְגָּרִי

Lettonie (f)	ʹlatviya	לַטְבְיָה (נ)
Letton (m)	ʹlatvi	לַטְבִי (ז)
Lettonne (f)	ʹlatvit	לַטְבִית (נ)
letton (adj)	ʹlatvi	לַטְבִי

Lituanie (f)	ʹlita	לִיטָא (נ)
Lituanien (m)	litaʼi	לִיטָאִי (ז)
Lituanienne (f)	litaʼit	לִיטָאִית (נ)
lituanien (adj)	litaʼi	לִיטָאִי

Pologne (f)	polin	פּוֹלִין (נ)
Polonais (m)	polani	פּוֹלָנִי (ז)
Polonaise (f)	polaniya	פּוֹלָנְיָה (נ)
polonais (adj)	polani	פּוֹלָנִי

Roumanie (f)	roʹmanya	רוֹמַנְיָה (נ)
Roumain (m)	romani	רוֹמָנִי (ז)
Roumaine (f)	romaniya	רוֹמָנִיָּה (נ)
roumain (adj)	roʹmani	רוֹמָנִי

Serbie (f)	ʹserbya	סֶרְבִּיָה (נ)
Serbe (m)	ʹserbi	סֶרְבִּי (ז)
Serbe (f)	ʹserbit	סֶרְבִּית (נ)
serbe (adj)	ʹserbi	סֶרְבִּי
Slovaquie (f)	sloʹvakya	סְלוֹבַקְיָה (נ)
Slovaque (m)	sloʹvaki	סְלוֹבָקִי (ז)

| Slovaque (f) | slo'vakit | סלוֹבָקִית (נ) |
| slovaque (adj) | slo'vaki | סלוֹבָקִי |

Croatie (f)	kro"atya	קרוֹאָטְיָה (נ)
Croate (m)	kro"ati	קרוֹאָטִי (ז)
Croate (f)	kro"atit	קרוֹאָטִית (נ)
croate (adj)	kro"ati	קרוֹאָטִי

République (f) Tchèque	'tʃeχya	צֶ'כְיָה (נ)
Tchèque (m)	'tʃeχi	צֶ'כִי (ז)
Tchèque (f)	'tʃeχit	צֶ'כִית (נ)
tchèque (adj)	'tʃeχi	צֶ'כִי

Estonie (f)	es'tonya	אֶסטוֹנְיָה (נ)
Estonien (m)	es'toni	אֶסטוֹנִי (ז)
Estonienne (f)	es'tonit	אֶסטוֹנִית (נ)
estonien (adj)	es'toni	אֶסטוֹנִי

Bosnie (f)	'bosniya	בּוֹסנְיָה (נ)
Macédoine (f)	make'donya	מָקֶדוֹנְיָה (נ)
Slovénie (f)	slo'venya	סלוֹבֶנְיָה (נ)
Monténégro (m)	monte'negro	מוֹנטֶנֶגרוֹ (ז)

236. Les pays de l'ex-U.R.S.S.

Azerbaïdjan (m)	azerbaidʒan	אָזֶרבַּיְיגָ'ן (ז)
Azerbaïdjanais (m)	azerbai'dʒani	אָזֶרבַּיְיגָ'נִי (ז)
Azerbaïdjanaise (f)	azerbai'dʒanit	אָזֶרבַּיְיגָ'נִית (נ)
azerbaïdjanais (adj)	azerbai'dʒani	אָזֶרבַּיְיגָ'נִי

Arménie (f)	ar'menya	אַרמֶנְיָה (נ)
Arménien (m)	ar'meni	אַרמֶנִי (ז)
Arménienne (f)	ar'menit	אַרמֶנִית (נ)
arménien (adj)	ar'meni	אַרמֶנִי

Biélorussie (f)	'belarus	בֶּלָרוֹס (נ)
Biélorusse (m)	bela'rusi	בֶּלָרוֹסִי (ז)
Biélorusse (f)	bela'rusit	בֶּלָרוֹסִית (נ)
biélorusse (adj)	byelo'rusi	בֵּילוֹרוֹסִי

Géorgie (f)	'gruzya	גרוּזְיָה (נ)
Géorgien (m)	gru'zini	גרוּזִינִי (ז)
Géorgienne (f)	gru'zinit	גרוּזִינִית (נ)
géorgien (adj)	gru'zini	גרוּזִינִי

Kazakhstan (m)	kazaχstan	קָזַחסטָן (ז)
Kazakh (m)	ka'zaχi	קָזַחִי (ז)
Kazakhe (f)	ka'zaχit	קָזַחִית (נ)
kazakh (adj)	ka'zaχi	קָזַחִי

Kirghizistan (m)	kirgizstan	קִירגִיזסטָן (ז)
Kirghiz (m)	kir'gizi	קִירגִיזִי (ז)
Kirghize (f)	kir'gizit	קִירגִיזִית (נ)
kirghiz (adj)	kir'gizi	קִירגִיזִי

Moldavie (f)	mol'davya	מוֹלְדַּבְיָה (נ)
Moldave (m)	mol'davi	מוֹלְדַּבִּי (ז)
Moldave (f)	mol'davit	מוֹלְדַּבִּית (נ)
moldave (adj)	mol'davi	מוֹלְדַּבִּי
Russie (f)	'rusya	רוּסְיָה (נ)
Russe (m)	rusi	רוּסִי (ז)
Russe (f)	rusiya	רוּסִייָה (נ)
russe (adj)	rusi	רוּסִי
Tadjikistan (m)	tadʒikistan	טַגִ׳יקִיסְטָן (נ)
Tadjik (m)	ta'dʒiki	טַגִ׳יקִי (ז)
Tadjik (f)	ta'dʒikit	טַגִ׳יקִית (נ)
tadjik (adj)	ta'dʒiki	טַגִ׳יקִי
Turkménistan (m)	turkmenistan	טוּרקְמָנִיסְטָן (נ)
Turkmène (m)	turk'meni	טוּרקְמָנִי (ז)
Turkmène (f)	turk'menit	טוּרקְמָנִית (נ)
turkmène (adj)	turk'meni	טוּרקְמָנִי
Ouzbékistan (m)	uzbekistan	אוּזְבָּקִיסְטָן (נ)
Ouzbek (m)	uz'beki	אוּזְבָּקִי (ז)
Ouzbek (f)	uz'bekit	אוּזְבָּקִית (נ)
ouzbek (adj)	uz'beki	אוּזְבָּקִי
Ukraine (f)	uk'rayna	אוּקְרַאִינָה (נ)
Ukrainien (m)	ukra''ini	אוּקְרַאִינִי (ז)
Ukrainienne (f)	ukra''init	אוּקְרַאִינִית (נ)
ukrainien (adj)	ukra''ini	אוּקְרַאִינִי

237. L'Asie

Asie (f)	'asya	אַסְיָה (נ)
asiatique (adj)	as'yati	אַסְייָתִי
Vietnam (m)	vyetnam	וְייֶטְנָאם (נ)
Vietnamien (m)	vyet'nami	וְייֶטְנָאמִי (ז)
Vietnamienne (f)	vyet'namit	וְייֶטְנָאמִית (נ)
vietnamien (adj)	vyet'nami	וְייֶטְנָאמִי
Inde (f)	'hodu	הוֹדוּ (נ)
Indien (m)	'hodi	הוֹדִי (ז)
Indienne (f)	'hodit	הוֹדִית (נ)
indien (adj)	'hodi	הוֹדִי
Israël (m)	yisra'el	יִשְׂרָאֵל (נ)
Israélien (m)	yisra'eli	יִשְׂרָאֵלִי (ז)
Israélienne (f)	yisra'elit	יִשְׂרָאֵלִית (נ)
israélien (adj)	yisra'eli	יִשְׂרָאֵלִי
Juif (m)	yehudi	יְהוּדִי (ז)
Juive (f)	yehudiya	יְהוּדִייָה (נ)
juif (adj)	yehudi	יְהוּדִי
Chine (f)	sin	סִין (נ)

Chinois (m)	'sini	סִינִי (ז)
Chinoise (f)	'sinit	סִינִית (נ)
chinois (adj)	'sini	סִינִי

Coréen (m)	korei''ani	קוֹרֵיאָנִי (ז)
Coréenne (f)	korei''anit	קוֹרֵיאָנִית (נ)
coréen (adj)	korel''ani	קוֹרֵיאָנִי

Liban (m)	levanon	לְבָנוֹן (נ)
Libanais (m)	leva'noni	לְבָנוֹנִי (ז)
Libanaise (f)	leva'nonit	לְבָנוֹנִית (נ)
libanais (adj)	leva'noni	לְבָנוֹנִי

Mongolie (f)	mon'golya	מוֹנגוֹלִיָה (נ)
Mongole (m)	mon'goli	מוֹנגוֹלִי (ז)
Mongole (f)	mon'golit	מוֹנגוֹלִית (נ)
mongole (adj)	mon'goli	מוֹנגוֹלִי

Malaisie (f)	ma'lezya	מָלֶזְיָה (נ)
Malaisien (m)	ma'la'i	מָלָאִי (ז)
Malaisienne (f)	ma'la'it	מָלָאִית (נ)
malais (adj)	ma'la'i	מָלָאִי

Pakistan (m)	pakistan	פָּקִיסטָן (נ)
Pakistanais (m)	pakis'tani	פָּקִיסטָנִי (ז)
Pakistanaise (f)	pakis'tanit	פָּקִיסטָנִית (נ)
pakistanais (adj)	pakis'tani	פָּקִיסטָנִי

Arabie (f) Saoudite	arav hasa'udit	עֲרָב הַסָעוּדִית (נ)
Arabe (m)	aravi	עֲרָבִי (ז)
Arabe (f)	araviya	עֲרָבִיָה (נ)
arabe (adj)	aravi	עֲרָבִי

Thaïlande (f)	'tailand	תַאִילַנד (נ)
Thaïlandais (m)	tai'landi	תַאִילַנדִי (ז)
Thaïlandaise (f)	tai'landit	תַאִילַנדִית (נ)
thaïlandais (adj)	tai'landi	תַאִילַנדִי

Taïwan (m)	taivan	טַייוָון (נ)
Taïwanais (m)	tai'vani	טַייוָונִי (ז)
Taïwanaise (f)	tai'vanit	טַייוָונִית (נ)
taïwanais (adj)	tai'vani	טַייוָונִי

Turquie (f)	'turkiya	טוּרקִיָה (נ)
Turc (m)	turki	טוּרקִי (ז)
Turque (f)	turkiya	טוּרקִיָה (נ)
turc (adj)	turki	טוּרקִי

Japon (m)	yapan	יַפָן (נ)
Japonais (m)	ya'pani	יַפָנִי (ז)
Japonaise (f)	ya'panit	יַפָנִית (נ)
japonais (adj)	ya'pani	יַפָנִי

Afghanistan (m)	afganistan	אַפגָנִיסטָן (נ)
Bangladesh (m)	bangladeʃ	בַּנגלָדָש (נ)
Indonésie (f)	indo'nezya	אִינדוֹנֶזיָה (נ)

Jordanie (f)	yarden	יַרְדֵן (נ)
Iraq (m)	irak	עִירָאק (נ)
Iran (m)	iran	אִירָן (נ)
Cambodge (m)	kam'bodya	קַמְבּוֹדְיָה (נ)
Koweït (m)	kuveit	כּוּוֵית (נ)

Laos (m)	la'os	לָאוֹס (נ)
Myanmar (m)	miyanmar	מְיַאנְמָר (נ)
Népal (m)	nepal	נֶפָּאל (נ)
Fédération (f) des Émirats Arabes Unis	iχud ha'emi'royot ha'araviyot	אִיחוּד הָאֶמִירוּיוֹת הָעַרְבִיּוֹת (ז)

Syrie (f)	'surya	סוּרְיָה (נ)
Palestine (f)	falastin	פָּלַסְטִין (נ)
Corée (f) du Sud	ko'rei'a hadromit	קוֹרֵיאָה הַדְרוֹמִית (נ)
Corée (f) du Nord	ko'rei'a hatsfonit	קוֹרֵיאָה הַצְּפוֹנִית (נ)

238. L'Amérique du Nord

Les États Unis	artsot habrit	אַרְצוֹת הַבְּרִית (נ"ר)
Américain (m)	ameri'ka'i	אָמֶרִיקָאִי (ז)
Américaine (f)	ameri'ka'it	אָמֶרִיקָאִית (נ)
américain (adj)	ameri'ka'i	אָמֶרִיקָאִי

Canada (m)	'kanada	קָנָדָה (נ)
Canadien (m)	ka'nadi	קָנָדִי (ז)
Canadienne (f)	ka'nadit	קָנָדִית (נ)
canadien (adj)	ka'nadi	קָנָדִי

Mexique (m)	'meksiko	מֶקְסִיקוֹ (נ)
Mexicain (m)	meksi'kani	מֶקְסִיקָנִי (ז)
Mexicaine (f)	meksi'kanit	מֶקְסִיקָנִית (נ)
mexicain (adj)	meksi'kani	מֶקְסִיקָנִי

239. L'Amérique Centrale et l'Amérique du Sud

Argentine (f)	argen'tina	אַרְגֶּנְטִינָה (נ)
Argentin (m)	argentinai	אַרְגֶּנְטִינָאִי (ז)
Argentine (f)	argenti'na'it	אַרְגֶּנְטִינָאִית (נ)
argentin (adj)	argenti'na'it	אַרְגֶּנְטִינָאִי

Brésil (m)	brazil	בְּרָזִיל (נ)
Brésilien (m)	brazil'a'i	בְּרָזִילָאִי (ז)
Brésilienne (f)	brazi'la'it	בְּרָזִילָאִית (נ)
brésilien (adj)	brazi'la'i	בְּרָזִילָאִי

Colombie (f)	ko'lombya	קוֹלוֹמְבִּיָה (נ)
Colombien (m)	kolom'byani	קוֹלוֹמְבִּיָאנִי (ז)
Colombienne (f)	kolomb'yanit	קוֹלוֹמְבִּיָאנִית (נ)
colombien (adj)	kolom'byani	קוֹלוֹמְבִּיָאנִי
Cuba (f)	'kuba	קוּבָּה (נ)
Cubain (m)	ku'bani	קוּבָּנִי (ז)

| Cubaine (f) | ku'banit | קוּבָּנִית (נ) |
| cubain (adj) | ku'bani | קוּבָּנִי |

Chili (m)	'tʃile	צִ׳ילֶה (ז)
Chilien (m)	tʃili''ani	צִ׳ילְיָאנִי (ז)
Chilienne (f)	tʃili''anit	צִ׳ילְיָאנִית (נ)
chilien (adj)	tʃili''ani	צִ׳ילְיָאנִי

Bolivie (f)	bo'livya	בּוֹלִיבִיָה (נ)
Venezuela (f)	venetsu''ela	וֶנֶצוּאֶלָה (נ)
Paraguay (m)	paragvai	פָּרָגוַוי (ז)
Pérou (m)	peru	פֶּרוּ (ז)

Surinam (m)	surinam	סוּרִינָאם (ז)
Uruguay (m)	urugvai	אוּרוּגוַוי (ז)
Équateur (m)	ekvador	אֶקוָוֹדוֹר (ז)

Bahamas (f pl)	iyey ba'hama	אִיֵי בָּהָאמָה (נ״ר)
Haïti (m)	ha''iti	הָאִיטִי (ז)
République (f) Dominicaine	hare'publika hadomeni'kanit	הָרֶפּוּבְּלִיקָה הַדוֹמֵינִיקָנִית (נ)
Panamá (m)	pa'nama	פָּנָמָה (ז)
Jamaïque (f)	dʒa'maika	גָ׳מֵייקָה (נ)

240. L'Afrique

Égypte (f)	mits'rayim	מִצְרַיִם (נ)
Égyptien (m)	mitsri	מִצְרִי (ז)
Égyptienne (f)	mitsriya	מִצְרִיָה (נ)
égyptien (adj)	mitsri	מִצְרִי

Maroc (m)	ma'roko	מָרוֹקוֹ (ז)
Marocain (m)	maro'ka'i	מָרוֹקָאִי (ז)
Marocaine (f)	maro'ka'it	מָרוֹקָאִית (נ)
marocain (adj)	maro'ka'i	מָרוֹקָאִי

Tunisie (f)	tu'nisya	טוּנִיסְיָה (נ)
Tunisien (m)	tuni'sa'i	טוּנִיסָאִי (ז)
Tunisienne (f)	tuni'sa'it	טוּנִיסָאִית (נ)
tunisien (adj)	tuni'sa'i	טוּנִיסָאִי

Ghana (m)	'gana	גָאנָה (נ)
Zanzibar (m)	zanzibar	זָנזִיבָּר (ז)
Kenya (m)	'kenya	קֶנִיָה (נ)
Libye (f)	luv	לוּב (נ)
Madagascar (f)	madagaskar	מָדָגַסְקַר (ז)

Namibie (f)	na'mibya	נָמִיבִיָה (נ)
Sénégal (m)	senegal	סֶנֶגָל (ז)
Tanzanie (f)	tan'zanya	טַנזַנִיָה (נ)
République (f) Sud-africaine	drom 'afrika	דרוֹם אַפְרִיקָה (נ)

Africain (m)	afri'ka'i	אַפְרִיקָאִי (ז)
Africaine (f)	afri'ka'it	אַפְרִיקָאִית (נ)
africain (adj)	afri'ka'i	אַפְרִיקָאִי

241. L'Australie et Océanie

Australie (f)	ost'ralya	אוֹסטרלְיָה (נ)
Australien (m)	ost'rali	אוֹסטרלי (ז)
Australienne (f)	ost'ralit	אוֹסטרלית (נ)
australien (adj)	ost'rali	אוֹסטרלי
Nouvelle Zélande (f)	nyu 'ziland	ניו זילַנד (נ)
Néo-Zélandais (m)	nyu zi'landi	ניו זילַנדי (ז)
Néo-Zélandaise (f)	nyu zi'landit	ניו זילַנדית (נ)
néo-zélandais (adj)	nyu zi'landi	ניו זילַנדי
Tasmanie (f)	tas'manya	טסמַניָה (נ)
Polynésie (f) Française	poli'nezya hatsarfatit	פוֹלינֶזיָה הַצָרפָתית (נ)

242. Les grandes villes

Amsterdam (f)	'amsterdam	אַמסטֶרדָם (נ)
Ankara (m)	ankara	אַנקָרָה (נ)
Athènes (m)	a'tuna	אָתוֹנָה (נ)
Bagdad (m)	bagdad	בָּגדָד (נ)
Bangkok (m)	bangkok	בָּנגקוֹק (נ)
Barcelone (f)	bartse'lona	בָּרצֶלוֹנָה (נ)
Berlin (m)	berlin	בָּרלין (נ)
Beyrouth (m)	beirut	בֵּירוּת (נ)
Bombay (m)	bombei	בּוֹמבֵּי (נ)
Bonn (f)	bon	בּוֹן (נ)
Bordeaux (f)	bordo	בּוֹרדוֹ (נ)
Bratislava (m)	bratis'lava	בּרָטיסלָאבָה (נ)
Bruxelles (m)	brisel	בּריסֶל (נ)
Bucarest (m)	'bukareʃt	בּוּקָרֶשט (נ)
Budapest (m)	'budapeʃt	בּוּדָפֶשט (נ)
Caire (m)	kahir	קָהיר (נ)
Calcutta (f)	kol'kata	קוֹלקָטה (נ)
Chicago (f)	ʃi'kago	שיקָאגוֹ (נ)
Copenhague (f)	kopen'hagen	קוֹפֶּנהָגֶן (נ)
Dar es-Salaam (f)	dar e salam	דָאר אֶ־סָלָאם (נ)
Delhi (f)	'delhi	דֶלהי (נ)
Dubaï (f)	dubai	דוּבַּאי (נ)
Dublin (f)	'dablin	דַבּלין (נ)
Düsseldorf (f)	'diseldorf	דיסֶלדוֹרף (נ)
Florence (f)	fi'rentse	פירֶנצֶה (נ)
Francfort (f)	'frankfurt	פרַנקפוֹרט (נ)
Genève (f)	dʒe'neva	ג'נֶבָה (נ)
Hague (f)	hag	הָאג (נ)
Hambourg (f)	'hamburg	הַמבּוּרג (נ)
Hanoi (f)	hanoi	הָאנוֹי (נ)

Havane (f)	ha'vana	הַוָאנָה (נ)
Helsinki (f)	'helsinki	הֶלְסִינְקִי (נ)
Hiroshima (f)	hiro'ʃima	הִירוֹשִׁימָה (נ)
Hong Kong (m)	hong kong	הוֹנג קוֹנג (נ)
Istanbul (f)	istanbul	אִיסטַנבּוּל (נ)
Jérusalem (f)	yeruʃa'layim	יְרוּשָׁלַיִם (נ)
Kiev (f)	'kiyev	קִייֵב (נ)
Kuala Lumpur (f)	ku''ala lumpur	קוּאָלָה לוּמפּוּר (נ)
Lisbonne (f)	lisbon	לִיסבּוֹן (נ)
Londres (m)	'london	לוֹנדוֹן (נ)
Los Angeles (f)	los 'andʒeles	לוֹס אַנג׳לֶס (נ)
Lyon (f)	li'on	לִיאוֹן (נ)
Madrid (f)	madrid	מַדרִיד (נ)
Marseille (f)	marsei	מַרסֵי (נ)
Mexico (f)	'meksiko 'siti	מֶקסִיקוֹ סִיטִי (נ)
Miami (f)	ma'yami	מַיאָמִי (נ)
Montréal (f)	montri'ol	מוֹנטרִיאוֹל (נ)
Moscou (f)	'moskva	מוֹסקבָה (נ)
Munich (f)	'minχen	מִינכֶן (נ)
Nairobi (f)	nai'robi	נַיירוֹבִּי (נ)
Naples (f)	'napoli	נָפּוֹלִי (נ)
New York (f)	nyu york	נִיו יוֹרק (נ)
Nice (f)	nis	נִיס (נ)
Oslo (m)	'oslo	אוֹסלוֹ (נ)
Ottawa (m)	'otava	אוֹטָוָה (נ)
Paris (m)	pariz	פָּרִיז (נ)
Pékin (m)	beidʒing	בֵּייגׄ׳ינג (נ)
Prague (m)	prag	פּרָאג (נ)
Rio de Janeiro (m)	'riyo de ʒa'nero	רִיוֹ דָה זָ׳נֵרוֹ (נ)
Rome (f)	'roma	רוֹמָא (נ)
Saint-Pétersbourg (m)	sant 'petersburg	סָנט פֶּטֶרסבּוּרג (נ)
Séoul (m)	se'ul	סָאוּל (נ)
Shanghai (m)	ʃanχai	שַׁנחַאי (נ)
Sidney (m)	'sidni	סִידנִי (נ)
Singapour (f)	singapur	סִינגָפּוּר (נ)
Stockholm (m)	'stokholm	סטוֹקהוֹלם (נ)
Taipei (m)	taipe	טַייפֶּה (נ)
Tokyo (m)	'tokyo	טוֹקִיוֹ (נ)
Toronto (m)	to'ronto	טוֹרוֹנטוֹ (נ)
Varsovie (f)	'varʃa	וַרשָׁה (נ)
Venise (f)	ve'netsya	וֶנֶצִיה (נ)
Vienne (f)	'vina	וִינָה (נ)
Washington (f)	'voʃington	וֹשִׁינגטוֹן (נ)

243. La politique. Le gouvernement. Partie 1

politique (f)	po'litika	פּוֹלִיטִיקָה (נ)
politique (adj)	po'liti	פּוֹלִיטִי

homme (m) politique	politikai	פּוֹלִיטִיקַאי (ז)
état (m)	medina	מְדִינָה (נ)
citoyen (m)	ezraχ	אֶזְרָח (ז)
citoyenneté (f)	ezraχut	אֶזְרָחוּת (נ)

| armoiries (f pl) nationales | 'semel le'umi | סֶמֶל לְאוּמִי (ז) |
| hymne (m) national | himnon le'umi | הִמְנוֹן לְאוּמִי (ז) |

gouvernement (m)	memʃala	מֶמְשָׁלָה (נ)
chef (m) d'état	roʃ medina	רֹאשׁ מְדִינָה (ז)
parlement (m)	parlament	פַּרְלָמֶנְט (ז)
parti (m)	miflaga	מִפְלָגָה (נ)

| capitalisme (m) | kapitalizm | קָפִּיטָלִיזְם (ז) |
| capitaliste (adj) | kapita'listi | קָפִּיטָלִיסְטִי |

| socialisme (m) | sotsyalizm | סוֹצְיָאלִיזְם (ז) |
| socialiste (adj) | sotsya'listi | סוֹצְיָאלִיסְטִי |

communisme (m)	komunizm	קוֹמוּנִיזְם (ז)
communiste (adj)	komu'nisti	קוֹמוּנִיסְטִי
communiste (m)	komunist	קוֹמוּנִיסְט (ז)

démocratie (f)	demo'kratya	דֶמוֹקְרַטְיָה (נ)
démocrate (m)	demokrat	דֶמוֹקְרַט (ז)
démocratique (adj)	demo'krati	דֶמוֹקְרָטִי
parti (m) démocratique	miflaga demo'kratit	מִפְלָגָה דֶמוֹקְרָטִית (נ)

libéral (m)	libe'rali	לִיבֶּרָלִי (ז)
libéral (adj)	libe'rali	לִיבֶּרָלִי
conservateur (m)	ʃamran	שַׁמְרָן (ז)
conservateur (adj)	ʃamrani	שַׁמְרָנִי

république (f)	re'publika	רֶפּוּבְּלִיקָה (נ)
républicain (m)	republi'kani	רֶפּוּבְּלִיקָנִי (ז)
parti (m) républicain	miflaga republi'kanit	מִפְלָגָה רֶפּוּבְּלִיקָנִית (נ)

élections (f pl)	bχirot	בְּחִירוֹת (נ"ר)
élire (vt)	livχor	לִבְחוֹר
électeur (m)	mats'bi'a	מַצְבִּיעַ (ז)
campagne (f) électorale	masa bχirot	מַסַּע בְּחִירוֹת (ז)

vote (m)	hatsba'a	הַצְבָּעָה (נ)
voter (vi)	lehats'bi'a	לְהַצְבִּיעַ
droit (m) de vote	zχut hatsba'a	זְכוּת הַצְבָּעָה (נ)

candidat (m)	mu'amad	מוּעֲמָד (ז)
poser sa candidature	lehatsig mu'amadut	לְהַצִּיג מוּעֲמָדוּת
campagne (f)	masa	מַסָּע (ז)

| d'opposition (adj) | opozitsyoni | אוֹפּוֹזִיצְיוֹנִי |
| opposition (f) | opo'zitsya | אוֹפּוֹזִיצְיָה (נ) |

visite (f)	bikur	בִּיקּוּר (ז)
visite (f) officielle	bikur riʃmi	בִּיקּוּר רִשְׁמִי (ז)
international (adj)	benle'umi	בֵּינְלְאוּמִי

| négociations (f pl) | masa umatan | מַשָׂא וּמַתָּן (ז) |
| négocier (vi) | laset velatet | לָשֵׂאת וְלָתֵת |

244. La politique. Le gouvernement. Partie 2

société (f)	χevra	חֶבְרָה (נ)
constitution (f)	χuka	חוּקָה (נ)
pouvoir (m)	ʃilton	שִׁלְטוֹן (ז)
corruption (f)	ʃχitut	שְׁחִיתוּת (נ)

| loi (f) | χok | חוֹק (ז) |
| légal (adj) | χuki | חוּקִי |

| justice (f) | 'tsedek | צֶדֶק (ז) |
| juste (adj) | tsodek | צוֹדֵק |

comité (m)	'va'ad	וַעַד (ז)
projet (m) de loi	hatsa'at χok	הַצָעַת חוֹק (נ)
budget (m)	taktsiv	תַקְצִיב (ז)
politique (f)	mediniyut	מְדִינִיוּת (נ)
réforme (f)	re'forma	רֵפוֹרְמָה (נ)
radical (adj)	radi'kali	רָדִיקָלִי

puissance (f)	otsma	עוֹצְמָה (נ)
puissant (adj)	rav 'koaχ	רַב-כּוֹחַ
partisan (m)	tomeχ	תוֹמֵךְ (ז)
influence (f)	haʃpa'a	הַשְׁפָּעָה (נ)

régime (m)	miʃtar	מִשְׁטָר (ז)
conflit (m)	siχsuχ	סִכְסוּךְ (ז)
complot (m)	'keʃer	קֶשֶׁר (ז)
provocation (f)	provo'katsya, hitgarut	פְּרוֹבוֹקַצְיָה, הִתְגָרוּת (נ)

renverser (le régime)	leha'diaχ	לְהַדִיחַ
renversement (m)	hadaχa mikes malχut	הַדָחָה מִכֵּס מַלְכוּת (נ)
révolution (f)	mahapeχa	מַהְפֵּכָה (נ)

| coup (m) d'État | hafiχa | הֲפִיכָה (נ) |
| coup (m) d'État militaire | mahapaχ tsva'i | מַהֲפָךְ צְבָאִי (ז) |

crise (f)	maʃber	מַשְׁבֵּר (ז)
baisse (f) économique	mitun kalkali	מִיתוּן כַּלְכָּלִי (ז)
manifestant (m)	mafgin	מַפְגִין (ז)
manifestation (f)	hafgana	הַפְגָנָה (נ)
loi (f) martiale	miʃtar tsva'i	מִשְׁטָר צְבָאִי (ז)
base (f) militaire	basis tsva'i	בָּסִיס צְבָאִי (ז)

| stabilité (f) | yatsivut | יַצִיבוּת (נ) |
| stable (adj) | yatsiv | יַצִיב |

exploitation (f)	nitsul	נִיצוּל (ז)
exploiter (vt)	lenatsel	לְנַצֵל
racisme (m)	giz'anut	גִזְעָנוּת (נ)
raciste (m)	giz'ani	גִזְעָנִי (ז)

| fascisme (m) | faʃizm | פָשִׁיזְם (ז) |
| fasciste (m) | faʃist | פָשִׁיסְט (ז) |

245. Les différents pays du monde. Divers

étranger (m)	zar	זָר (ז)
étranger (adj)	zar	זָר
à l'étranger (adv)	beχul	בְּחוּ"ל

émigré (m)	mehager	מְהַגֵּר (ז)
émigration (f)	hagira	הֲגִירָה (נ)
émigrer (vi)	lehager	לְהַגֵּר

Ouest (m)	ma'arav	מַעֲרָב (ז)
Est (m)	mizraχ	מִזְרָח (ז)
Extrême Orient (m)	hamizraχ haraχok	הַמִּזְרָח הָרָחוֹק (ז)

civilisation (f)	tsivili'zatsya	צִיבִילִיזַצְיָה (נ)
humanité (f)	enoʃut	אֱנוֹשׁוּת (נ)
monde (m)	olam	עוֹלָם (ז)
paix (f)	ʃalom	שָׁלוֹם (ז)
mondial (adj)	olami	עוֹלָמִי

patrie (f)	mo'ledet	מוֹלֶדֶת (נ)
peuple (m)	am	עַם (ז)
population (f)	oχlusiya	אוֹכְלוּסִיָה (נ)
gens (m pl)	anaʃim	אֲנָשִׁים (ז"ר)
nation (f)	uma	אוּמָה (נ)
génération (f)	dor	דּוֹר (ז)
territoire (m)	'ʃetaχ	שֶׁטַח (ז)
région (f)	ezor	אֵזוֹר (ז)
état (m) (partie du pays)	medina	מְדִינָה (נ)

tradition (f)	ma'soret	מָסוֹרֶת (נ)
coutume (f)	minhag	מִנְהָג (ז)
écologie (f)	eko'logya	אֵקוֹלוֹגִיָה (נ)

indien (m)	ind'yani	אִינְדְיָאנִי (ז)
bohémien (m)	tso'ani	צוֹעֲנִי (ז)
bohémienne (f)	tso'aniya	צוֹעֲנִיָה (נ)
bohémien (adj)	tso'ani	צוֹעֲנִי

empire (m)	im'perya	אִימְפֶּרְיָה (נ)
colonie (f)	ko'lonya	קוֹלוֹנְיָה (נ)
esclavage (m)	avdut	עַבְדוּת (נ)
invasion (f)	pliʃa	פְּלִישָׁה (נ)
famine (f)	'ra'av	רָעָב (ז)

246. Les groupes religieux. Les confessions

| religion (f) | dat | דָּת (נ) |
| religieux (adj) | dati | דָּתִי |

foi (f)	emuna	אֱמוּנָה (נ)
croire (en Dieu)	leha'amin	לְהַאֲמִין
croyant (m)	ma'amin	מַאֲמִין
athéisme (m)	ate'izm	אָתֵאִיזְם (ז)
athée (m)	ate'ist	אָתֵאִיסְט (ז)
christianisme (m)	natsrut	נַצְרוּת (נ)
chrétien (m)	notsri	נוֹצְרִי (ז)
chrétien (adj)	notsri	נוֹצְרִי
catholicisme (m)	ka'toliyut	קָתוֹלִיּוּת (נ)
catholique (m)	ka'toli	קָתוֹלִי (ז)
catholique (adj)	ka'toli	קָתוֹלִי
protestantisme (m)	protes'tantiyut	פְּרוֹטֶסְטַנְטִיּוּת (נ)
Église (f) protestante	knesiya protes'tantit	כְּנֵסִיָּה פְּרוֹטֶסְטַנְטִית (נ)
protestant (m)	protestant	פְּרוֹטֶסְטַנְט (ז)
Orthodoxie (f)	natsrut orto'doksit	נַצְרוּת אוֹרְתּוֹדוֹקְסִית (נ)
Église (f) orthodoxe	knesiya orto'doksit	כְּנֵסִיָּה אוֹרְתּוֹדוֹקְסִית (נ)
orthodoxe (m)	orto'doksi	אוֹרְתּוֹדוֹקְסִי
Presbytérianisme (m)	presbiteryanizm	פְּרֶסְבִּיטֶרְיָאנִיזְם (ז)
Église (f) presbytérienne	knesiya presviteri"anit	כְּנֵסִיָּה פְּרֶסְבִּיטֶרִיאָנִית (נ)
presbytérien (m)	presbiter'yani	פְּרֶסְבִּיטֶרְיָאנִי (ז)
Église (f) luthérienne	knesiya lute'ranit	כְּנֵסִיָּה לוּתֶרָנִית (נ)
luthérien (m)	lute'rani	לוּתֶרָנִי (ז)
Baptisme (m)	knesiya bap'tistit	כְּנֵסִיָּה בַּפְּטִיסְטִית (נ)
baptiste (m)	baptist	בַּפְּטִיסְט (ז)
Église (f) anglicane	knesiya angli'kanit	כְּנֵסִיָּה אַנְגְלִיקָנִית (נ)
anglican (m)	angli'kani	אַנְגְלִיקָנִי (ז)
Mormonisme (m)	mor'monim	מוֹרְמוֹנִים (ז)
mormon (m)	mormon	מוֹרְמוֹן (ז)
judaïsme (m)	yahadut	יַהֲדוּת (נ)
juif (m)	yehudi, yehudiya	יְהוּדִי (ז), יְהוּדִיָּה (נ)
Bouddhisme (m)	budhizm	בּוּדְהִיזְם (ז)
bouddhiste (m)	budhist	בּוּדְהִיסְט (ז)
hindouisme (m)	hindu'izm	הִינְדוּאָיזְם (ז)
hindouiste (m)	'hindi	הִינְדִי (ז)
islam (m)	islam	אִיסְלָאם (ז)
musulman (m)	'muslemi	מוּסְלְמִי (ז)
musulman (adj)	'muslemi	מוּסְלְמִי
Chiisme (m)	islam 'ʃi'i	אִסְלָאם שִׁיעִי (ז)
chiite (m)	'ʃi'i	שִׁיעִי (ז)
Sunnisme (m)	islam 'suni	אִסְלָאם סֻנִּי (ז)
sunnite (m)	'suni	סֻנִּי (ז)

247. Les principales religions. Le clergé

prêtre (m)	'komer	כֹּמֶר (ז)
Pape (m)	apifyor	אַפִּיפְיוֹר (ז)
moine (m)	nazir	נָזִיר (ז)
bonne sœur (f)	nazira	נְזִירָה (נ)
pasteur (m)	'komer	כֹּמֶר (ז)
abbé (m)	roʃ minzar	רֹאש מִנְזָר (ז)
vicaire (m)	'komer hakehila	כֹּמֶר הַקְּהִילָה (ז)
évêque (m)	'biʃof	בִּישׁוֹף (ז)
cardinal (m)	χaʃman	חַשְׁמָן (ז)
prédicateur (m)	matif	מַטִיף (ז)
sermon (m)	hatafa, draʃa	הַטָפָה, דְרָשָׁה (נ)
paroissiens (m pl)	χaver kehila	חֲבֵר קְהִילָה (ז)
croyant (m)	ma'amin	מַאֲמִין (ז)
athée (m)	ate'ist	אָתֵאִיסְט (ז)

248. La foi. Le Christianisme. L'Islam

Adam	adam	אָדָם
Ève	χava	חַוָּה
Dieu (m)	elohim	אֱלוֹהִים
le Seigneur	adonai	אֲדוֹנָי
le Tout-Puissant	kol yaχol	כָּל יָכוֹל
péché (m)	χet	חֵטְא (ז)
pécher (vi)	laχato	לַחֲטוֹא
pécheur (m)	χote	חוֹטֵא (ז)
pécheresse (f)	χo'ta'at	חוֹטֵאת (נ)
enfer (m)	gehinom	גֵיהִינוֹם (ז)
paradis (m)	gan 'eden	גַּן עֵדֶן (ז)
Jésus	'yeʃu	יֵשׁוּ
Jésus Christ	'yeʃu hanotsri	יֵשׁוּ הַנוֹצְרִי
le Saint-Esprit	'ruaχ ha'kodeʃ	רוּחַ הַקּוֹדֶשׁ (נ)
le Sauveur	mo'ʃi'a	מוֹשִׁיעַ (ז)
la Sainte Vierge	'miryam hakdoʃa	מִרְיָם הַקְדוֹשָׁה
le Diable	satan	שָׂטָן (ז)
diabolique (adj)	stani	שְׂטָנִי
Satan	satan	שָׂטָן (ז)
satanique (adj)	stani	שְׂטָנִי
ange (m)	mal'aχ	מַלְאָךְ (ז)
ange (m) gardien	mal'aχ ʃomer	מַלְאָךְ שׁוֹמֵר (ז)
angélique (adj)	mal'aχi	מַלְאָכִי

apôtre (m)	ʃa'liaχ	שָׁלִיחַ (ז)
archange (m)	arχimalaχ	אַרְכִימַלְאָךְ (ז)
antéchrist (m)	an'tikrist	אַנְטִיכְרִיסְט (ז)

Église (f)	knesiya	כְּנֵסִיָּה (נ)
Bible (f)	tanaχ	תַּנַ"ךְ (ז)
biblique (adj)	tanaχi	תַּנַ"כִי

Ancien Testament (m)	habrit hayeʃana	הַבְּרִית הַיְשָׁנָה (נ)
Nouveau Testament (m)	habrit haχadaʃa	הַבְּרִית הַחֲדָשָׁה (נ)
Évangile (m)	evangelyon	אֱווַנְגֶּלְיוֹן (ז)
Sainte Écriture (f)	kitvei ha'kodeʃ	כִּתְבֵי הַקּוֹדֶשׁ (ז"ר)
Cieux (m pl)	malχut ʃa'mayim, gan 'eden	מַלְכוּת שָׁמַיִם (נ), גַּן עֵדֶן (ז)

commandement (m)	mitsva	מִצְווָה (נ)
prophète (m)	navi	נָבִיא (ז)
prophétie (f)	nevu'a	נְבוּאָה (נ)

Allah	'alla	אַלְלָה
Mahomet	mu'χamad	מוּחַמָד
le Coran	kur'an	קוּרְאָן (ז)

mosquée (f)	misgad	מִסְגָּד (ז)
mulla (m)	'mula	מוּלָא (ז)
prière (f)	tfila	תְּפִילָה (נ)
prier (~ Dieu)	lehitpalel	לְהִתְפַּלֵל

pèlerinage (m)	aliya le'regel	עֲלִיָּה לָרֶגֶל (נ)
pèlerin (m)	tsalyan	צַלְיָן (ז)
La Mecque	'meka	מֶכָּה (נ)

église (f)	knesiya	כְּנֵסִיָּה (נ)
temple (m)	mikdaʃ	מִקְדָּשׁ (ז)
cathédrale (f)	kated'rala	קָתֶדְרָלָה (נ)
gothique (adj)	'goti	גּוֹתִי
synagogue (f)	beit 'kneset	בֵּית כְּנֶסֶת (ז)
mosquée (f)	misgad	מִסְגָּד (ז)

chapelle (f)	beit tfila	בֵּית תְּפִילָה (ז)
abbaye (f)	minzar	מִנְזָר (ז)
couvent (m)	minzar	מִנְזָר (ז)
monastère (m)	minzar	מִנְזָר (ז)

cloche (f)	pa'amon	פַּעֲמוֹן (ז)
clocher (m)	migdal pa'amonim	מִגְדַּל פַּעֲמוֹנִים (ז)
sonner (vi)	letsaltsel	לְצַלְצֵל

croix (f)	tslav	צְלָב (ז)
coupole (f)	kipa	כִּיפָּה (נ)
icône (f)	ikonin	אִיקוֹנִין (ז)

âme (f)	neʃama	נְשָׁמָה (נ)
sort (m) (destin)	goral	גּוֹרָל (ז)
mal (m)	'ro'a	רוֹעַ (ז)
bien (m)	tuv	טוּב (ז)
vampire (m)	arpad	עַרְפָּד (ז)

sorcière (f)	maxʃefa	מְכַשֵּׁפָה (נ)
démon (m)	ʃed	שֵׁד (ז)
esprit (m)	'ruax	רוּחַ (נ)

rachat (m)	kapara	כַּפָּרָה (נ)
racheter (pécheur)	lexaper al	לְכַפֵּר עַל

office (m), messe (f)	'misa	מִיסָה (נ)
dire la messe	la'arox 'misa	לַעֲרוֹךְ מִיסָה
confession (f)	vidui	וִידּוּי (ז)
se confesser (vp)	lehitvadot	לְהִתְוַדּוֹת

saint (m)	kadoʃ	קָדוֹשׁ (ז)
sacré (adj)	mekudaʃ	מְקוּדָשׁ
l'eau bénite	'mayim kdoʃim	מַיִם קְדוֹשִׁים (ז״ר)

rite (m)	'tekes	טֶקֶס (ז)
rituel (adj)	ʃel 'tekes	שֶׁל טֶקֶס
sacrifice (m)	korban	קוֹרְבָּן (ז)

superstition (f)	emuna tfela	אֱמוּנָה תְּפֵלָה (נ)
superstitieux (adj)	ma'amin emunot tfelot	מַאֲמִין אֱמוּנוֹת תְּפֵלוֹת
vie (f) après la mort	ha'olam haba	הָעוֹלָם הַבָּא (ז)
vie (f) éternelle	xayei olam, xayei 'netsax	חַיֵּי עוֹלָם (ז״ר), חַיֵּי נֶצַח (ז״ר)

DIVERS

249. Quelques mots et formules utiles

aide (f)	ezra	עֶזְרָה (נ)
arrêt (m) (pause)	hafsaka	הַפְסָקָה (נ)
balance (f)	izun	אִיזוּן (ז)
barrière (f)	mixʃol	מִכְשׁוֹל (ז)
base (f)	basis	בָּסִיס (ז)
catégorie (f)	kate'gorya	קָטֵגוֹרְיָה (נ)
cause (f)	siba	סִיבָּה (נ)
choix (m)	bxina	בְּחִינָה (נ)
chose (f) (objet)	'xefets	חֵפֶץ (ז)
coïncidence (f)	hat'ama	הַתְאָמָה (נ)
comparaison (f)	haʃva'a	הַשְׁוָואָה (נ)
compensation (f)	pitsui	פִּיצוּי (ז)
confortable (adj)	'noax	נוֹחַ
croissance (f)	gidul	גִידוּל (ז)
début (m)	hatxala	הַתְחָלָה (נ)
degré (m) (~ de liberté)	darga	דַרְגָה (נ)
développement (m)	hitpatxut	הִתְפַּתְחוּת (נ)
différence (f)	'ʃoni	שׁוֹנִי (ז)
d'urgence (adv)	bidxifut	בְּדְחִיפוּת
effet (m)	efekt	אֶפֶקְט (ז)
effort (m)	ma'amats	מַאֲמָץ (ז)
élément (m)	element	אֶלֶמֶנְט (ז)
exemple (m)	dugma	דוּגְמָה (נ)
fait (m)	uvda	עוּבְדָה (נ)
faute, erreur (f)	ta'ut	טָעוּת (נ)
fin (f)	sof	סוֹף (ז)
fond (m) (arrière-plan)	'reka	רֶקַע (ז)
forme (f)	tsura	צוּרָה (נ)
fréquent (adj)	tadir	תָדִיר
genre (m) (type, sorte)	min	מִין (ז)
idéal (m)	ide'al	אִידֵיאָל (ז)
labyrinthe (m)	mavox	מָבוֹךְ (ז)
mode (m) (méthode)	'ofen	אוֹפֶן (ז)
moment (m)	'rega	רֶגַע (ז)
objet (m)	'etsem	עֶצֶם (ז)
obstacle (m)	maxsom	מַחְסוֹם (ז)
original (m)	makor	מָקוֹר (ז)
part (f)	'xelek	חֵלֶק (ז)
particule (f)	xelkik	חֶלְקִיק (ז)

pause (f)	hafuga	הֲפוּגָה (נ)
position (f)	emda	עֶמְדָּה (נ)
principe (m)	ikaron	עִיקָּרוֹן (ז)
problème (m)	be'aya	בְּעָיָה (נ)
processus (m)	tahalix	תַּהֲלִיךְ (ז)

progrès (m)	kidma	קִדְמָה (נ)
propriété (f) (qualité)	txuna, sgula	תְּכוּנָה, סְגוּלָה (נ)
réaction (f)	tguva	תְּגוּבָה (נ)
risque (m)	sikun	סִיכּוּן (ז)
secret (m)	sod	סוֹד (ז)

série (f)	sidra	סִדְרָה (נ)
situation (f)	matsav	מַצָּב (ז)
solution (f)	pitaron	פִּיתָּרוֹן (ז)
standard (adj)	tikni	תִּקְנִי
standard (m)	'teken	תֶּקֶן (ז)

style (m)	signon	סִגְנוֹן (ז)
système (m)	ʃita	שִׁיטָה (נ)
tableau (m) (grille)	tavla	טַבְלָה (נ)
tempo (m)	'ketsev	קֶצֶב (ז)

terme (m)	musag	מוּשָׂג (ז)
tour (m) (attends ton ~)	tor	תּוֹר (ז)
type (m) (~ de sport)	sug	סוּג (ז)
urgent (adj)	daxuf	דָחוּף

utilité (f)	to''elet	תּוֹעֶלֶת (נ)
vérité (f)	emet	אֶמֶת (נ)
version (f)	girsa	גִירְסָה (נ)
zone (f)	ezor	אֵזוֹר (ז)

250. Les adjectifs. Partie 1

affamé (adj)	ra'ev	רָעֵב
agréable (la voix)	na'im	נָעִים
aigre (fruits ~s)	xamuts	חָמוּץ
amer (adj)	marir	מָרִיר
ancien (adj)	atik	עַתִּיק

arrière (roue, feu)	axorani	אָחוֹרָנִי
artificiel (adj)	melaxuti	מְלָאכוּתִי
attentionné (adj)	do'eg	דוֹאֵג
aveugle (adj)	iver	עִיוֵור

bas (voix ~se)	ʃaket	שָׁקֵט
basané (adj)	ʃaxum	שָׁחוּם
beau (homme)	yafe	יָפֶה
beau, magnifique (adj)	mefo'ar	מְפוֹאָר

bien affilé (adj)	xad	חַד
bon (~ voyage!)	tov	טוֹב
bon (au bon cœur)	tov	טוֹב

bon (savoureux)	ta'im	טָעִים
bon marché (adj)	zol	זוֹל
bronzé (adj)	ʃazuf	שָׁזוּף
calme (tranquille)	ʃaket	שָׁקֵט
central (adj)	merkazi	מֶרְכָּזִי
chaud (modérément)	χamim	חָמִים
cher (adj)	yakar	יָקָר
civil (droit ~)	ezraχi	אֶזְרָחִי
clair (couleur)	bahir	בָּהִיר
clair (explication ~e)	barur	בָּרוּר
clandestin (adj)	maχtarti	מַחְתַּרְתִּי
commun (projet ~)	meʃutaf	מְשׁוּתָף
compatible (adj)	to'em	תּוֹאֵם
considérable (adj)	χaʃuv	חָשׁוּב
content (adj)	merutse	מְרוּצֶה
continu (incessant)	mitmaʃeχ	מִתְמַשֵׁךְ
continu (usage ~)	memuʃaχ	מְמוּשָׁךְ
convenu (approprié)	mat'im	מַתְאִים
court (de taille)	katsar	קָצָר
court (en durée)	katsar	קָצָר
cru (non cuit)	χai	חַי
d'à côté, voisin	karov	קָרוֹב
dangereux (adj)	mesukan	מְסוּכָּן
d'enfant (adj)	yaldi	יַלְדִּי
dense (brouillard ~)	tsafuf	צָפוּף
dernier (final)	aχaron	אַחֲרוֹן
différent (adj)	ʃone	שׁוֹנֶה
difficile (complexe)	mesubaχ	מְסוּבָּךְ
difficile (décision)	kaʃe	קָשֶׁה
divers (adj)	kol minei	כָּל מִינֵי
d'occasion (adj)	meʃumaʃ	מְשׁוּמָשׁ
douce (l'eau ~)	metukim	מְתוּקִים
droit (pas courbe)	yaʃar	יָשָׁר
droit (situé à droite)	yemani	יְמָנִי
dur (pas mou)	kaʃe	קָשֶׁה
éloigné (adj)	raχok	רָחוֹק
ensoleillé (jour ~)	ʃimʃi	שִׁמְשִׁי
entier (adj)	ʃalem	שָׁלֵם
épais (brouillard ~)	samuχ	סָמוּךְ
épais (mur, etc.)	ave	עָבֶה
étranger (adj)	zar	זָר
étroit (passage, etc.)	tsar	צַר
excellent (adj)	metsuyan	מְצוּיָּן
excessif (adj)	meyutar	מְיוּתָר
extérieur (adj)	χitsoni	חִיצוֹנִי
facile (adj)	kal	קַל
faible (lumière)	amum	עָמוּם

fatiguant (adj)	me'ayef	מְעַיֵּף
fatigué (adj)	ayef	עָיֵף
fermé (adj)	sagur	סָגוּר
fertile (le sol ~)	pore	פּוֹרֶה

fort (homme ~)	χazak	חָזָק
fort (voix ~e)	ram	רָם
fragile (vaisselle, etc.)	ʃavir	שָׁבִיר
frais (adj) (légèrement froid)	karir	קָרִיר
frais (du pain ~)	tari	טָרִי

froid (boisson ~e)	kar	קַר
gauche (adj)	smali	שְׂמָאלִי
géant (adj)	anaki	עֲנָקִי
gentil (adj)	neχmad	נֶחְמָד
grand (dimension)	gadol	גָּדוֹל

gras (repas ~)	ʃamen	שָׁמֵן
gratuit (adj)	χinam	חִינָם
heureux (adj)	me'uʃar	מְאוּשָׁר
hostile (adj)	oyen	עוֹיֵן
humide (adj)	laχ	לַח

immobile (adj)	χasar tnu'a	חֲסַר תְּנוּעָה
important (adj)	χaʃuv	חָשׁוּב
impossible (adj)	'bilti efʃari	בִּלְתִּי אֶפְשָׁרִי
indéchiffrable (adj)	'bilti muvan	בִּלְתִּי מוּבָן
indispensable (adj)	naχuts	נָחוּץ

intelligent (adj)	pi'keaχ	פִּיקֵּחַ
intérieur (adj)	pnimi	פְּנִימִי
jeune (adj)	tsa'ir	צָעִיר
joyeux (adj)	sa'meaχ	שָׂמֵחַ
juste, correct (adj)	naχon	נָכוֹן

251. Les adjectifs. Partie 2

large (~ route)	raχav	רָחָב
le même, pareil (adj)	zehe	זֶהֶה
le plus important	haχaʃuv beyoter	הֶחָשׁוּב בְּיוֹתֵר
le plus proche	hakarov beyoter	הַקָּרוֹב בְּיוֹתֵר
légal (adj)	χuki	חוּקִי

léger (pas lourd)	kal	קַל
libre (accès, etc.)	χofʃi	חוֹפְשִׁי
limité (adj)	mugbal	מוּגְבָּל
liquide (adj)	nozli	נוֹזְלִי
lisse (adj)	χalak	חָלָק

lointain (adj)	raχok	רָחוֹק
long (~ chemin)	aroχ	אָרוֹךְ
lourd (adj)	kaved	כָּבֵד
maigre (adj)	raze	רָזֶה
malade (adj)	χole	חוֹלֶה

mat (couleur)	mat	מַט
mauvais (adj)	ra	רַע
méticuleux (~ travail)	kapdani	קַפְדָּנִי
miséreux (adj)	ani	עָנִי
mort (adj)	met	מֵת
mou (souple)	raχ	רַך
mûr (fruit ~)	baʃel	בָּשֵׁל
myope (adj)	ktsar re'iya	קְצַר רְאִיָה
mystérieux (adj)	mistori	מִסְתּוֹרִי
natal (ville, pays)	ʃel mo'ledet	שֶׁל מוֹלֶדֶת
nécessaire (adj)	daruʃ	דָּרוּשׁ
négatif (adj)	ʃlili	שְׁלִילִי
négligent (adj)	meruʃal	מְרוּשָׁל
nerveux (adj)	atsbani	עַצְבָּנִי
neuf (adj)	χadaʃ	חָדָשׁ
normal (adj)	nor'mali	נוֹרְמָלִי
obligatoire (adj)	heχreχi	הֶכְרֵחִי
opposé (adj)	negdi	נֶגְדִּי
ordinaire (adj)	ragil	רָגִיל
original (peu commun)	mekori	מְקוֹרִי
ouvert (adj)	pa'tuaχ	פָּתוּחַ
parfait (adj)	metsuyan	מְצוּיָן
pas clair (adj)	lo barur	לֹא בָּרוּר
pas difficile (adj)	lo kaʃe	לֹא קָשֶׁה
pas grand (adj)	lo gadol	לֹא גָּדוֹל
passé (le mois ~)	ʃe'avar	שֶׁעָבַר
passé (participe ~)	ʃe'avar	שֶׁעָבַר
pauvre (adj)	ani	עָנִי
permanent (adj)	ka'vu'a	קָבוּעַ
personnel (adj)	prati	פְּרָטִי
petit (adj)	katan	קָטָן
peu expérimenté (adj)	χasar nisayon	חֲסַר נִיסָיוֹן
peu important (adj)	χasar χaʃivut	חֲסַר חֲשִׁיבוּת
peu profond (adj)	radud	רָדוּד
plat (l'écran ~)	ʃa'tuaχ	שָׁטוּחַ
plat (surface ~e)	χalak	חָלָק
plein (rempli)	male	מָלֵא
poli (adj)	menumas	מְנוּמָס
ponctuel (adj)	daikan	דַּיְּקָן
possible (adj)	efʃari	אֶפְשָׁרִי
précédent (adj)	kodem	קוֹדֵם
précis, exact (adj)	meduyak	מְדוּיָק
présent (moment ~)	noχeχi	נוֹכְחִי
principal (adj)	raʃi	רָאשִׁי
principal (idée ~e)	ikari	עִיקָרִי
privé (réservé)	iʃi	אִישִׁי
probable (adj)	efʃari	אֶפְשָׁרִי

proche (pas lointain)	karov	קָרוֹב
propre (chemise ~)	naki	נָקִי
public (adj)	tsiburi	צִיבּוּרִי
rapide (adj)	mahir	מָהִיר

rare (adj)	nadir	נָדִיר
reconnaissant (adj)	asir toda	אָסִיר תּוֹדָה
risqué (adj)	mesukan	מְסוּכָּן
salé (adj)	ma'luax	מָלוּחַ
sale (pas propre)	meluxlax	מְלוּכְלָךְ

sans nuages (adj)	lelo ananim	לְלֹא עֲנָנִים
satisfait (client, etc.)	mesupak	מְסוּפָּק
sec (adj)	yavef	יָבֵשׁ
serré, étroit (vêtement)	tsar	צַר
similaire (adj)	dome	דוֹמֶה

simple (adj)	pafut	פָּשׁוּט
solide (bâtiment, etc.)	mutsak	מוּצָק
sombre (paysage ~)	koder	קוֹדֵר
sombre (pièce ~)	xafux	חָשׁוּךְ
spacieux (adj)	meruvax	מְרוּוָח

spécial (adj)	meyuxad	מְיוּחָד
stupide (adj)	tipef	טִיפֵּשׁ
sucré (adj)	matok	מָתוֹק
suivant (vol ~)	haba	הַבָּא
supplémentaire (adj)	nosaf	נוֹסָף

suprême (adj)	haga'voha beyoter	הַגָּבוֹהַ בְּיוֹתֵר
sûr (pas dangereux)	ba'tuax	בָּטוּחַ
surgelé (produits ~s)	kafu	קָפוּא
tendre (affectueux)	rax	רַךְ
tranquille (adj)	falev	שָׁלֵו

transparent (adj)	fakuf	שָׁקוּף
trempé (adj)	ratuv	רָטוֹב
très chaud (adj)	xam	חַם
triste (adj)	atsuv	עָצוּב
triste (regard ~)	atsuv	עָצוּב

trop maigre (émacié)	raze	רָזֶה
unique (exceptionnel)	meyuxad bemino	מְיוּחָד בְּמִינוֹ
vide (bouteille, etc.)	rek	רֵיק
vieux (bâtiment, etc.)	yafan	יָשָׁן
voisin (maison ~e)	samux	סָמוּךְ

LES 500 VERBES LES PLUS UTILISÉS

252. Les verbes les plus courants (de A à C)

abaisser (vt)	lehorid	לְהוֹרִיד
accompagner (vt)	lelavot	לְלַוּוֹת
accoster (vi)	la'agon	לַעֲגוֹן
accrocher (suspendre)	litlot	לִתְלוֹת
accuser (vt)	leha'aʃim	לְהַאֲשִׁים
acheter (vt)	liknot	לִקְנוֹת
admirer (vt)	lehitpa'el	לְהִתְפַּעֵל
affirmer (vt)	lit'on	לִטְעוֹן
agir (vi)	lif'ol	לִפְעוֹל
agiter (les bras)	lenafnef	לְנַפְנֵף
aider (vt)	la'azor	לַעֲזוֹר
aimer (apprécier)	le'ehov	לֶאֱהוֹב
aimer (qn)	le'ehov	לֶאֱהוֹב
ajouter (vt)	lehosif	לְהוֹסִיף
aller (à pied)	la'leχet	לָלֶכֶת
aller (en voiture, etc.)	lin'so'a	לִנְסוֹעַ
aller bien (robe, etc.)	lehat'im	לְהַתְאִים
aller se coucher	liʃkav liʃon	לִשְׁכַּב לִישׁוֹן
allumer (~ la cheminée)	lehadlik	לְהַדְלִיק
allumer (la radio, etc.)	lehadlik	לְהַדְלִיק
amener, apporter (vt)	lehavi	לְהָבִיא
amputer (vt)	lik'to'a	לִקְטוֹעַ
amuser (vt)	levader	לְבַדֵּר
annoncer (qch a qn)	leya'de'a	לְיַידֵעַ
annuler (vt)	levatel	לְבַטֵּל
apercevoir (vt)	lasim lev	לָשִׂים לֵב
apparaître (vi)	leho'fi'a	לְהוֹפִיעַ
appartenir à ...	lehiʃtayeχ	לְהִשְׁתַּיֵּךְ
appeler (au secours)	likro	לִקְרוֹא
appeler (dénommer)	likro	לִקְרוֹא
appeler (vt)	likro le...	לִקְרוֹא לְ...
applaudir (vi)	limχo ka'payim	לִמְחוֹא כַּפַּיִם
apprendre (qch à qn)	lelamed	לְלַמֵּד
arracher (vt)	litloʃ	לִתְלוֹשׁ
arriver (le train)	leha'gi'a	לְהַגִּיעַ
arroser (plantes)	lehaʃkot	לְהַשְׁקוֹת
aspirer à ...	liʃof	לִשְׁאוֹף
assister (vt)	la'azor	לַעֲזוֹר

attacher à ...	likʃor	לִקְשׁוֹר
attaquer (mil.)	litkof	לִתְקוֹף
atteindre (lieu)	lehasig	לְהַשִּׂיג
atteindre (objectif)	lehasig	לְהַשִּׂיג
attendre (vt)	lehamtin	לְהַמְתִּין
attraper (vt)	litfos	לִתְפּוֹס
attraper ... (maladie)	lehibadek	לְהִיבָּדֵק
augmenter (vi)	ligdol	לִגְדּוֹל
augmenter (vt)	lehagdil	לְהַגְדִּיל
autoriser (vt)	leharʃot	לְהַרְשׁוֹת
avertir (du danger)	lehazhir	לְהַזְהִיר
aveugler (par les phares)	lisanver	לְסַנְווֵר
avoir (vt)	lehaχzik	לְהַחְזִיק
avoir confiance	liv'toaχ	לִבְטוֹחַ
avoir peur	lefaχed	לְפַחֵד
avouer (vi, vt)	lehodot be...	לְהוֹדוֹת בְּ...
baigner (~ les enfants)	lirχots	לִרְחוֹץ
battre (frapper)	lehakot	לְהַכּוֹת
boire (vt)	liʃtot	לִשְׁתּוֹת
briller (vi)	lizhor	לִזְהוֹר
briser, casser (vt)	liʃbor	לִשְׁבּוֹר
brûler (des papiers)	lisrof	לִשְׂרוֹף
cacher (vt)	lehastir	לְהַסְתִּיר
calmer (enfant, etc.)	lehar'gi‘a	לְהַרְגִּיעַ
caresser (vt)	lelatef	לְלַטֵּף
céder (vt)	levater	לְווַתֵּר
cesser (vt)	lehafsik	לְהַפְסִיק
changer (~ d'avis)	leʃanot	לְשַׁנּוֹת
changer (échanger)	lehaχlif	לְהַחְלִיף
charger (arme)	lit‘on	לִטְעוֹן
charger (véhicule, etc.)	leha‘amis	לְהַעֲמִיס
charmer (vt)	lehaksim	לְהַקְסִים
chasser (animaux)	latsud	לָצוּד
chasser (faire partir)	legareʃ	לְגָרֵשׁ
chauffer (vt)	leχamem	לְחַמֵּם
chercher (vt)	leχapes	לְחַפֵּשׂ
choisir (vt)	livχor	לִבְחוֹר
citer (vt)	letsatet	לְצַטֵּט
combattre (vi)	lehilaχem	לְהִילָּחֵם
commander (~ le menu)	lehazmin	לְהַזְמִין
commencer (vt)	lehatχil	לְהַתְחִיל
comparer (vt)	lehaʃvot	לְהַשְׁווֹת
compenser (vt)	lefatsot	לְפַצּוֹת
compliquer (vt)	lesabeχ	לְסַבֵּךְ
composer (musique)	lehalχin	לְהַלְחִין
comprendre (vt)	lehavin	לְהָבִין

compromettre (vt)	lehav'iʃ et reχo	לְהַבְאִישׁ אֶת רֵיחוֹ
compter (l'argent, etc.)	lispor	לִסְפּוֹר
compter sur ...	lismoχ al	לִסְמוֹךְ עַל
concevoir (créer)	letaχnen	לְתַכְנֵן
concurrencer (vt)	lehitχarot	לְהִתְחָרוֹת
condamner (vt)	ligzor din	לִגְזוֹר דִין

conduire une voiture	linhog	לִנְהוֹג
confondre (vt)	lehitbalbel	לְהִתְבַּלְבֵּל
connaître (qn)	lehakir et	לְהַכִּיר אֶת
conseiller (vt)	leya'ets	לְיַעֵץ
consulter (docteur, etc.)	lehitya'ets im	לְהִתְיַעֵץ עִם

contaminer (vt)	lehadbik	לְהַדְבִּיק
continuer (vt)	lehamʃiχ	לְהַמְשִׁיךְ
contrôler (vt)	liʃlot	לִשְׁלוֹט
convaincre (vt)	leʃaχ'ne'a	לְשַׁכְנֵעַ

coopérer (vi)	leʃatef pe'ula	לְשַׁתֵּף פְּעוּלָה
coordonner (vt)	leta'em	לְתָאֵם
corriger (une erreur)	letaken	לְתַקֵן
couper (avec une hache)	liχrot	לִכְרוֹת

couper (un doigt, etc.)	laχtoχ	לַחְתוֹךְ
courir (vi)	laruts	לָרוּץ
coûter (vt)	la'alot	לַעֲלוֹת
cracher (vi)	lirok	לִירוֹק
créer (vt)	litsor	לִיצוֹר

creuser (vt)	laχpor	לַחְפּוֹר
crier (vi)	lits'ok	לִצְעוֹק
croire (vi, vt)	leha'amin	לְהַאֲמִין
cueillir (fleurs, etc.)	liktof	לִקְטוֹף
cultiver (plantes)	legadel	לְגַדֵל

253. Les verbes les plus courants (de D à E)

dater de ...	leta'areχ	לְתָאֵר
décider (vt)	lehaχlit	לְהַחְלִיט
décoller (avion)	lehamri	לְהַמְרִיא
décorer (~ la maison)	lekaʃet	לְקַשֵׁט

décorer (de la médaille)	leha'anik	לְהַעֲנִיק
découvrir (vt)	legalot	לְגַלוֹת
dédier (vt)	lehakdiʃ	לְהַקְדִישׁ
défendre (vt)	lehagen	לְהָגֵן
déjeuner (vi)	le'eχol aruχat tsaha'rayim	לֶאֱכוֹל אֲרוּחַת צָהֳרַיִים

demander (de faire qch)	levakeʃ	לְבַקֵשׁ
dénoncer (vt)	lehalʃin	לְהַלְשִׁין
dépasser (village, etc.)	la'avor	לַעֲבוֹר
dépendre de ...	lihyot talui be...	לִהְיוֹת תָלוּי בְּ...
déplacer (des meubles)	lehaziz	לְהָזִיז
déranger (vt)	lehatrid	לְהַטְרִיד

descendre (vi)	la'redet	לָרֶדֶת
désirer (vt)	lirtsot	לִרצוֹת
détacher (vt)	lehatir 'keʃer	לְהַתִּיר קֶשֶׁר
détruire (~ des preuves)	leχasel	לְחַסֵּל
devenir (vi)	lahafoχ le...	לַהֲפוֹךְ ל...
devenir pensif	liʃko'a bemaχʃavot	לִשׁקוֹעַ בְּמַחשָׁבוֹת
deviner (vt)	lenaχeʃ	לְנַחֵשׁ
devoir (v aux)	lihyot χayav	לִהיוֹת חַיָּב
diffuser (distribuer)	lehafits	לְהָפִיץ
diminuer (vt)	lehaktin	לְהַקטִין
dîner (vi)	le'eχol aruχat 'erev	לֶאֱכוֹל אֲרוּחַת עֶרֶב
dire (vt)	lomar	לוֹמַר
diriger (~ une usine)	lenahel	לְנַהֵל
diriger (vers ...)	leχaven	לְכַוֵּון
discuter (vt)	ladun	לָדוּן
disparaître (vi)	lehe'alem	לְהֵיעָלֵם
distribuer (bonbons, etc.)	leχalek	לְחַלֵּק
diviser (~ par 2)	leχalek	לְחַלֵּק
dominer (château, etc.)	lehitromem	לְהִתרוֹמֵם
donner (qch à qn)	latet	לָתֵת
doubler (la mise, etc.)	lehaχpil	לְהַכפִּיל
douter (vt)	lefakpek	לְפַקפֵּק
dresser (~ une liste)	lena'seaχ, la'aroχ	לְנַסֵּחַ, לַעֲרוֹךְ
dresser (un chien)	le'alef	לְאַלֵּף
éclairer (soleil)	leha'ir	לְהָאִיר
écouter (vt)	lehakʃiv	לְהַקשִׁיב
écouter aux portes	leha'azin be'seter	לְהַאֲזִין בְּסֵתֶר
écraser (cafard, etc.)	lirmos	לִרמוֹס
écrire (vt)	liχtov	לִכתּוֹב
effacer (vt)	limχok	לִמחוֹק
éliminer (supprimer)	lehasir	לְהָסִיר
embaucher (vt)	leha'asik	לְהַעֲסִיק
employer (utiliser)	lehiʃtameʃ be...	לְהִשׁתַּמֵּשׁ בְּ...
emporter (vt)	lehotsi	לְהוֹצִיא
emprunter (vt)	lilvot	לִלווֹת
enlever (~ des taches)	lehasir	לְהָסִיר
enlever (un objet)	lehorid	לְהוֹרִיד
enlever la boue	lenakot	לְנַקּוֹת
entendre (bruit, etc.)	liʃmo'a	לִשׁמוֹעַ
entraîner (vt)	le'amen	לְאַמֵּן
entreprendre (vt)	linkot	לִנקוֹט
entrer (vi)	lehikanes	לְהִיכָּנֵס
envelopper (vt)	le'eroz	לֶאֱרוֹז
envier (vt)	lekane	לְקַנֵּא
envoyer (vt)	liʃloaχ	לִשׁלוֹחַ
épier (vt)	lehatsits	לְהָצִיץ

équiper (vt)	letsayed	לְצַיֵּד
espérer (vi)	lekavot	לְקַוּוֹת
essayer (de faire qch)	lenasot	לְנַסּוֹת
éteindre (~ la lumière)	leχabot	לְכַבּוֹת

| éteindre (incendie) | leχabot | לְכַבּוֹת |
| étonner (vt) | lehaf'ti'a | לְהַפְתִּיעַ |

être (vi)	lihyot	לִהְיוֹת
être allongé (personne)	liʃkav	לִשְׁכַּב
être assez (suffire)	lehasmik	לְהַסְמִיק
être assis	la'ʃevet	לָשֶׁבֶת

être basé (sur ...)	lehitbases	לְהִתְבַּסֵּס
être convaincu de ...	lehiʃtaχ'ne'a	לְהִשְׁתַּכְנֵעַ
être d'accord	lehaskim	לְהַסְכִּים
être différent	lehibadel	לְהִיבָּדֵל

être en tête (de ...)	la'amod beroʃ	לַעֲמֹוד בְּרֹאשׁ
être fatigué	lehit'ayef	לְהִתְעַיֵּף
être indispensable	lehidareʃ	לְהִידָרֵשׁ
être la cause de ...	ligrom le...	לִגְרוֹם לְ...

être nécessaire	lehidareʃ	לְהִידָרֵשׁ
être perplexe	lit'moha	לִתְמוֹהַ
être pressé	lemaher	לְמַהֵר
étudier (vt)	lilmod	לִלְמוֹד

éviter (~ la foule)	lehimana	לְהִימָנַע
examiner (une question)	livχon	לִבְחוֹן
exclure, expulser (vt)	lesalek	לְסַלֵּק
excuser (vt)	lis'loaχ	לִסְלוֹחַ

exiger (vt)	lidroʃ	לִדְרוֹשׁ
exister (vi)	lehitkayem	לְהִתְקַיֵּים
expliquer (vt)	lehasbir	לְהַסְבִּיר
exprimer (vt)	levate	לְבַטֵּא

254. Les verbes les plus courants (de F à N)

fâcher (vt)	lehargiz	לְהַרְגִּיז
faciliter (vt)	lehakel al	לְהָקֵל עַל
faire (vt)	la'asot	לַעֲשׂוֹת
faire allusion	lirmoz	לִרְמוֹז

faire connaissance	lehakir	לְהַכִּיר
faire de la publicité	lefarsem	לְפַרְסֵם
faire des copies	leʃaχpel	לְשַׁכְפֵּל
faire la guerre	lehilaχem	לְהִילָחֵם

faire la lessive	leχabes	לְכַבֵּס
faire le ménage	lesader	לְסַדֵּר
faire surface (sous-marin)	latsuf	לָצוּף
faire tomber	lehapil	לְהַפִּיל

faire un rapport	leda'veaχ	לְדַוֵוח
fatiguer (vt)	le'ayef	לְעַיֵף
féliciter (vt)	levareχ	לְבָרֵך
fermer (vt)	lisgor	לִסְגוֹר

finir (vt)	lesayem	לְסַיֵם
flatter (vt)	lehaχnif	לְהַחֲנִיף
forcer (obliger)	lehaχ'riaχ	לְהַכְרִיחַ
former (composer)	le'atsev	לְעַצֵב

frapper (~ à la porte)	lidfok	לִדְפוֹק
garantir (vt)	lehav'tiaχ	לְהַבְטִיחַ
garder (lettres, etc.)	liʃmor	לִשְׁמוֹר
garder le silence	liʃtok	לִשְׁתוֹק

griffer (vt)	lisrot	לִשְׂרוֹט
gronder (qn)	linzof	לִנְזוֹף
habiter (vt)	lagur	לָגוּר
hériter (vt)	la'reʃet	לָרֶשֶׁת

imaginer (vt)	ledamyen	לְדַמְיֵן
imiter (vt)	leχakot	לְחַקוֹת
importer (vt)	leyabe	לְיַיֵבָּא
indiquer (le chemin)	lenatev	לְנַתֵב

influer (vt)	lehaʃ'pi'a	לְהַשְׁפִּיעַ
informer (vt)	leho'dia	לְהוֹדִיעַ
inquiéter (vt)	lehad'ig	לְהַדְאִיג
inscrire (sur la liste)	lehosif	לְהוֹסִיף
insérer (~ la clé)	lehaχnis	לְהַכְנִיס

insister (vi)	lehit'akeʃ	לְהִתְעַקֵשׁ
inspirer (vt)	lehalhiv	לְהַלְהִיב
instruire (vt)	lehadriχ	לְהַדְרִיך
insulter (vt)	leha'aliv	לְהַעֲלִיב

interdire (vt)	le'esor	לֶאֱסוֹר
intéresser (vt)	le'anyen	לְעַנְיֵין
intervenir (vi)	lehit'arev	לְהִתְעָרֵב
inventer (machine, etc.)	lehamtsi	לְהַמְצִיא

inviter (vt)	lehazmin	לְהַזְמִין
irriter (vt)	le'atsben	לְעַצְבֵּן
isoler (vt)	levoded	לְבוֹדֵד
jeter (une pierre)	lizrok	לִזְרוֹק

jouer (acteur)	lesaχek	לְשַׂחֵק
jouer (s'amuser)	lesaχek	לְשַׂחֵק
laisser (oublier)	lehaʃ'ir	לְהַשְׁאִיר
lancer (un projet)	lehaf'il	לְהַפְעִיל
larguer les amarres	lehaflig	לְהַפְלִיג

laver (vt)	liʃtof	לִשְׁטוֹף
libérer (ville, etc.)	leʃaχrer	לְשַׁחְרֵר
ligoter (vt)	likʃor	לִקְשׁוֹר
limiter (vt)	lehagbil	לְהַגְבִּיל

lire (vi, vt)	likro	לִקְרוֹא
louer (barque, etc.)	liskor	לִשְׂכּוֹר
louer (prendre en location)	liskor	לִשְׂכּוֹר
lutter (~ contre …)	lehilaχem	לְהִילָחֵם
lutter (sport)	lehe'avek	לְהֵיאָבֵק
manger (vi, vt)	le'eχol	לֶאֱכוֹל
manquer (l'école)	lehaχsir	לְהַחְסִיר
marquer (sur la carte)	lesamen	לְסַמֵן
mélanger (vt)	le'arbev	לְעַרְבֵּב
mémoriser (vt)	lizkor	לִזְכּוֹר
menacer (vt)	le'ayem	לְאַיֵים
mentionner (vt)	lehazkir	לְהַזְכִּיר
mentir (vi)	leʃaker	לְשַׁקֵר
mépriser (vt)	lezalzel be…	לְזַלְזֵל בְּ…
mériter (vt)	lihyot ra'ui	לִהְיוֹת רָאוּי
mettre (placer)	lasim	לָשִׂים
montrer (vt)	lehar'ot	לְהַרְאוֹת
multiplier (math)	lehaχpil	לְהַכְפִּיל
nager (vi)	lisχot	לִשְׂחוֹת
négocier (vi)	laset velatet	לָשֵׂאת וְלָתֵת
nettoyer (vt)	lenakot	לְנַקוֹת
nier (vt)	liʃlol	לִשְׁלוֹל
nommer (à une fonction)	lemanot	לְמַנוֹת
noter (prendre en note)	lesamen	לְסַמֵן
nourrir (vt)	leha'aχil	לְהַאֲכִיל

255. Les verbes les plus courants (de O à R)

obéir (vt)	letsayet	לְצַיֵית
objecter (vt)	lehitnaged	לְהִתְנַגֵד
observer (vt)	litspot, lehaʃkif	לִצְפּוֹת, לְהַשְׁקִיף
offenser (vt)	lif'go'a	לִפְגוֹעַ
omettre (vt)	lehaʃmit	לְהַשְׁמִיט
ordonner (mil.)	lifkod	לִפְקוֹד
organiser (concert, etc.)	le'argen	לְאַרְגֵן
oser (vt)	leha'ez	לְהָעֵז
oublier (vt)	lifʼkoaχ	לִשְׁכּוֹחַ
ouvrir (vt)	lif'toaχ	לִפְתוֹחַ
paraître (livre)	latset le'or	לָצֵאת לָאוֹר
pardonner (vt)	lis'loaχ	לִסְלוֹחַ
parler avec …	ledaber	לְדַבֵּר
participer à …	lehiʃtatef	לְהִשְׁתַתֵף
partir (~ en voiture)	la'azov	לַעֲזוֹב
payer (régler)	leʃalem	לְשַׁלֵם
pécher (vi)	laχato	לַחֲטוֹא
pêcher (vi)	ladug	לָדוּג

pénétrer (vt)	laχdor	לַחְדֹּר
penser (croire)	lisbor	לִסְבֹּר
penser (vi, vt)	laχʃov	לַחְשֹׁב
perdre (les clefs, etc.)	le'abed	לְאַבֵּד
permettre (vt)	leharʃot	לְהַרְשׁוֹת
peser (~ 100 kilos)	liʃkol	לִשְׁקֹל
photographier (vt)	letsalem	לְצַלֵּם
placer (mettre)	la'aroχ	לַעֲרֹךְ
plaire (être apprécié)	limtso χen be'ei'nayim	לִמְצֹא חֵן בְּעֵינַיִם
plaisanter (vi)	lehitba'deaχ	לְהִתְבַּדֵּחַ
planifier (vt)	letaχnen	לְתַכְנֵן
pleurer (vi)	livkot	לִבְכּוֹת
plonger (vi)	litslol	לִצְלֹל
posséder (vt)	lihyot 'ba'al ʃel	לִהְיוֹת בַּעַל שֶׁל
pousser (les gens)	lidχof	לִדְחֹף
pouvoir (v aux)	yaχol	יָכוֹל
prédominer (vi)	ligbor	לִגְבֹּר
préférer (vt)	leha'adif	לְהַעֲדִיף
prendre (vt)	la'kaχat	לָקַחַת
prendre en note	lirʃom	לִרְשֹׁם
prendre le petit déjeuner	le'eχol aruχat 'boker	לֶאֱכֹל אֲרוּחַת בֹּקֶר
prendre un risque	la'kaχat sikun	לָקַחַת סִיכּוּן
préparer (le dîner)	levaʃel	לְבַשֵּׁל
préparer (vt)	lehaχin	לְהָכִין
présenter (faire connaître)	lehatsig	לְהַצִּיג
présenter (qn)	lehatsig	לְהַצִּיג
préserver (~ la paix)	leʃamer	לְשַׁמֵּר
pressentir (le danger)	laχuʃ	לָחוּשׁ
presser (qn)	lezarez	לְזָרֵז
prévoir (vt)	laχazot	לַחֲזוֹת
prier (~ Dieu)	lehitpalel	לְהִתְפַּלֵּל
priver (vt)	liʃlol	לִשְׁלֹל
progresser (vi)	lehitkadem	לְהִתְקַדֵּם
promettre (vt)	lehav'tiaχ	לְהַבְטִיחַ
prononcer (vt)	levate	לְבַטֵּא
proposer (vt)	leha'tsi'a	לְהַצִּיעַ
protéger (la nature)	liʃmor	לִשְׁמֹר
protester (vi, vt)	limχot	לִמְחוֹת
prouver (une théorie, etc.)	leho'χiaχ	לְהוֹכִיחַ
provoquer (vt)	lehitgarot	לְהִתְגָּרוֹת
punir (vt)	leha'aniʃ	לְהַעֲנִישׁ
quitter (famille, etc.)	la'azov	לַעֲזֹב
raconter (une histoire)	lesaper	לְסַפֵּר
ranger (jouets, etc.)	lefanot	לְפַנּוֹת
rappeler (évoquer un souvenir)	lehazkir	לְהַזְכִּיר

réaliser (vt)	lehagʃim	לְהַגְשִׁים
recommander (vt)	lehamlits	לְהַמְלִיץ
reconnaître (erreurs)	lehakir be...	לְהַכִּיר בְּ...
reconnaître (qn)	lezahot	לְזַהוֹת
refaire (vt)	la'asot meχadaʃ	לַעֲשׂוֹת מֵחָדָשׁ

refuser (vt)	lesarev	לְסָרֵב
regarder (vi, vt)	lehistakel	לְהִסְתַּכֵּל
régler (~ un conflit)	lesader	לְסַדֵּר
regretter (vt)	lehitsta'er	לְהִצְטַעֵר

remarquer (qn)	lir'ot	לִרְאוֹת
remercier (vt)	lehodot	לְהוֹדוֹת
remettre en ordre	lesader	לְסַדֵּר
remplir (une bouteille)	lemale	לְמַלֵּא

renforcer (vt)	leχazek	לְחַזֵּק
renverser (liquide)	liʃpoχ	לִשְׁפּוֹךְ
renvoyer (colis, etc.)	liʃloaχ baχazara	לִשְׁלוֹחַ בַּחֲזָרָה
répandre (odeur)	lehafits	לְהָפִיץ

réparer (vt)	letaken	לְתַקֵּן
repasser (vêtement)	legahets	לְגַהֵץ
répéter (dire encore)	laχazor al	לַחֲזוֹר עַל
répondre (vi, vt)	la'anot	לַעֲנוֹת
reprocher (qch à qn)	linzof	לִנְזוֹף

réserver (une chambre)	leʃaryen	לְשַׁרְיֵן
résoudre (le problème)	liftor	לִפְתּוֹר
respirer (vi)	linʃom	לִנְשׁוֹם
ressembler à ...	lihyot dome	לִהְיוֹת דּוֹמֶה
retenir (empêcher)	lerasen	לְרַסֵּן

retourner (pierre, etc.)	lahafoχ	לַהֲפוֹךְ
réunir (regrouper)	le'aχed	לְאַחֵד
réveiller (vt)	leha'ir	לְהָעִיר
revenir (vi)	laʃuv	לָשׁוּב

rêver (en dormant)	laχalom	לַחֲלוֹם
rêver (faut pas ~!)	laχalom	לַחֲלוֹם
rire (vi)	litsχok	לִצְחוֹק
rougir (vi)	lehasmik	לְהַסְמִיק

256. Les verbes les plus courants (de S à V)

s'adresser (vp)	lifnot el	לִפְנוֹת אֶל
saluer (vt)	lomar ʃalom	לוֹמַר שָׁלוֹם
s'amuser (vp)	lehanot	לֵיהָנוֹת
s'approcher (vp)	lehitkarev	לְהִתְקָרֵב

s'arrêter (vp)	la'atsor	לַעֲצוֹר
s'asseoir (vp)	lehityaʃev	לְהִתְיַישֵּׁב
satisfaire (vt)	lesapek	לְסַפֵּק
s'attendre (vp)	letsapot	לְצַפּוֹת

sauver (la vie à qn)	lehatsil	לְהַצִּיל
savoir (qch)	la'da'at	לָדַעַת
se baigner (vp)	lehitraxets	לְהִתְרַחֵץ
se battre (vp)	lehitkotet	לְהִתְקוֹטֵט
se concentrer (vp)	lehitrakez	לְהִתְרַכֵּז
se conduire (vp)	lehitnaheg	לְהִתְנַהֵג
se conserver (vp)	lehiʃtamer	לְהִשְׁתַּמֵּר
se débarrasser de ...	lehipater mi...	...לְהִיפָּטֵר מְ
se défendre (vp)	lehitgonen	לְהִתְגּוֹנֵן
se détourner (vp)	lehafnot 'oref le...	...לְהַפְנוֹת עוֹרֶף לְ
se fâcher (contre ...)	lehitragez	לְהִתְרַגֵּז
se fendre (mur, sol)	lehisadek	לְהִיסָּדֵק
se joindre (vp)	lehitstaref	לְהִצְטָרֵף
se laver (vp)	lehitraxets	לְהִתְרַחֵץ
se lever (tôt, tard)	lakum	לָקוּם
se marier (prendre pour épouse)	lehitxaten	לְהִתְחַתֵּן
se moquer (vp)	lil'og	לִלְעוֹג
se noyer (vp)	lit'bo'a	לִטְבּוֹעַ
se peigner (vp)	lehistarek	לְהִסְתָּרֵק
se plaindre (vp)	lehitlonen	לְהִתְלוֹנֵן
se préoccuper (vp)	lid'og	לִדְאוֹג
se rappeler (vp)	lizkor	לִזְכּוֹר
se raser (vp)	lehitga'leax	לְהִתְגַּלֵּחַ
se renseigner (sur ...)	levarer	לְבָרֵר
se renverser (du sucre)	lehiʃapex	לְהִישָׁפֵךְ
se reposer (vp)	la'nuax	לָנוּחַ
se rétablir (vp)	lehaxlim	לְהַחְלִים
se rompre (la corde)	lehikara	לְהִיקָּרַע
se salir (vp)	lehitlaxlex	לְהִתְלַכְלֵךְ
se servir de ...	lehiʃtameʃ be...	...לְהִשְׁתַּמֵּשׁ בְּ
se souvenir (vp)	lehizaxer	לְהִיזָּכֵר
se taire (vp)	lehiʃtatek	לְהִשְׁתַּתֵּק
se tromper (vp)	lit'ot	לִטְעוֹת
se trouver (sur ...)	lihyot munax	לִהְיוֹת מוּנָח
se vanter (vp)	lehitravrev	לְהִתְרַבְרֵב
se venger (vp)	linkom	לִנְקוֹם
s'échanger (des ...)	lehitxalef	לְהִתְחַלֵּף
sécher (vt)	leyabeʃ	לְיַבֵּשׁ
secouer (vt)	lena'er	לְנַעֵר
sélectionner (vt)	livxor	לִבְחוֹר
semer (des graines)	liz'ro'a	לִזְרוֹעַ
s'ennuyer (vp)	lehiʃta'amem	לְהִשְׁתַּעֲמֵם
sentir (~ les fleurs)	leha'riax	לְהָרִיחַ
sentir (avoir une odeur)	leha'riax	לְהָרִיחַ
s'entraîner (vp)	lehit'amen	לְהִתְאַמֵּן

serrer dans ses bras	leχabek	לְחַבֵּק
servir (au restaurant)	leʃaret	לְשָׁרֵת
s'étonner (vp)	lehitpale	לְהִתְפַּלֵּא
s'excuser (vp)	lehitnatsel	לְהִתְנַצֵּל
signer (vt)	laχtom	לַחְתּוֹם
signifier (avoir tel sens)	lomar	לוֹמַר
signifier (vt)	lomar	לוֹמַר
simplifier (vt)	lefaʃet	לְפַשֵּׁט
s'indigner (vp)	lehitra'em	לְהִתְרַעֵם
s'inquiéter (vp)	lid'og	לִדְאוֹג
s'intéresser (vp)	lehit'anyen	לְהִתְעַנְיֵין
s'irriter (vp)	lehitragez	לְהִתְרַגֵּז
soigner (traiter)	letapel be...	לְטַפֵּל בְּ...
sortir (aller dehors)	latset	לָצֵאת
souffler (vent)	linʃov	לִנְשׁוֹב
souffrir (vi)	lisbol	לִסְבּוֹל
souligner (vt)	lehadgiʃ	לְהַדְגִּישׁ
soupirer (vi)	lehe'anaχ	לְהֵיאָנַח
sourire (vi)	leχayeχ	לְחַיֵּיךְ
sous-estimer (vt)	leham'it be''ereχ	לְהַמְעִיט בְּעֶרֶךְ
soutenir (vt)	litmoχ be...	לִתְמוֹךְ בְּ...
suivre ... (suivez-moi)	la'akov aχarei	לַעֲקוֹב אַחֲרֵי
supplier (vt)	lehitχanen	לְהִתְחַנֵּן
supporter (la douleur)	lisbol	לִסְבּוֹל
supposer (vt)	leʃa'er	לְשַׁעֵר
surestimer (vt)	leha'ariχ 'yeter al hamida	לְהַעֲרִיךְ יָתָר עַל הַמִּידָה
suspecter (vt)	laχʃod	לַחְשׁוֹד
tenter (vt)	lenasot	לְנַסּוֹת
tirer (~ un coup de feu)	lirot	לִירוֹת
tirer (corde)	limʃoχ	לִמְשׁוֹךְ
tirer une conclusion	lehasik	לְהַסִּיק
tomber amoureux	lehit'ahev	לְהִתְאַהֵב
toucher (de la main)	lin'go'a	לִנְגּוֹעַ
tourner (~ à gauche)	lifnot	לִפְנוֹת
traduire (vt)	letargem	לְתַרְגֵּם
transformer (vt)	leʃanot tsura	לְשַׁנּוֹת צוּרָה
travailler (vi)	la'avod	לַעֲבוֹד
trembler (de froid)	lir'od	לִרְעוֹד
tressaillir (vi)	lir'od	לִרְעוֹד
tromper (vt)	leramot	לְרַמּוֹת
trouver (vt)	limtso	לִמְצוֹא
tuer (vt)	laharog	לַהֲרוֹג
vacciner (vt)	leχasen	לְחַסֵּן
vendre (vt)	limkor	לִמְכּוֹר
verser (à boire)	limzog	לִמְזוֹג

viser ... (cible)	leχaven	לְכַוּוֵן
vivre (vi)	liχyot	לִחְיוֹת
voler (avion, oiseau)	la'uf	לָעוּף
voler (qch à qn)	lignov	לִגְנוֹב
voter (vi)	lehats'bi'a	לְהַצְבִּיעַ
vouloir (vt)	lirtsot	לִרְצוֹת